财务管理国家一流专业建设点系列教材

财务分析与公司估值

Financial Analysis and Corporate Valuation

谢香兵　张肖飞 ◎ 主编

中国财经出版传媒集团

经济科学出版社

Economic Science Press

图书在版编目（CIP）数据

财务分析与公司估值/谢香兵，张肖飞主编．—北京：经济科学出版社，2021.9
财务管理国家一流专业建设点系列教材
ISBN 978-7-5218-2925-9

Ⅰ.①财… Ⅱ.①谢… ②张… Ⅲ.①会计分析-高等学校-教材②公司-资产评估-高等学校-教材 Ⅳ.①F231.2②F276.6

中国版本图书馆 CIP 数据核字（2021）第 197992 号

责任编辑：杜　鹏　孙倩靖
责任校对：王肖楠
责任印制：王世伟

财务分析与公司估值

谢香兵　张肖飞　主编

经济科学出版社出版、发行　新华书店经销
社址：北京市海淀区阜成路甲 28 号　邮编：100142
编辑部电话：010-88191441　发行部电话：010-88191522
网址：www.esp.com.cn
电子邮箱：esp_bj@163.com
天猫网店：经济科学出版社旗舰店
网址：http://jjkxcbs.tmall.com
固安华明印业有限公司印装
787×1092　16 开　15.5 印张　350 000 字
2021 年 10 月第 1 版　2021 年 10 月第 1 次印刷
ISBN 978-7-5218-2925-9　定价：39.00 元
（图书出现印装问题，本社负责调换。电话：010-88191510）
（版权所有　侵权必究　打击盗版　举报热线：010-88191661
QQ：2242791300　营销中心电话：010-88191537
电子邮箱：dbts@esp.com.cn）

前言

进入新经济时代，信息资源的重要性日益凸显，已成为企业开拓市场、获取商机、确立竞争优势、赚取超额利润的无形资产。"管理的重心在经营，经营的重心在决策。"在新时代、新经济、新模式背景下，任何决策都离不开信息。财务报表所提供的信息是企业利益相关者据以决策所必不可少的信息，信息资源在企业中发挥着核心竞争力和提升价值创造能力的作用。因此，任何利益相关者都要学会理解财务报表，并善于运用财务报表辅助决策。

财务报表分析是对企业财务报表所提供的数据进行加工、分析、比较、评价和解释。本教材是以公司估值为目的展开财务报表分析的，具体内容分为上、下两篇。上篇是财务报表分析，下篇是财务报表分析与公司估值的运用。

上篇财务报表分析部分，主要让读者对财务报表的结构和格式、财务报表的编制原理、财务报表分析的基本方法有一个基本的了解，熟悉财务报表分析的基础，包括信息基础和理论基础；接着基于哈佛分析框架，从战略分析、会计分析、财务比率分析、综合分析以及前景分析等视角详细介绍如何评价一家企业，并以美的集团为例，介绍了财务状况质量分析的基本概念、基本框架及分析维度，分析该公司的财务状况和经营效果。具体包括四章内容，第一章财务报表分析概论，第二章财务报表分析的理论逻辑，第三章以价值为核心的财务报表分析，第四章财务报表质量分析。上篇注重各财务项目信息含义的解读和报表项目之间的逻辑关联关系，以掌握公司所拥有的经济资源、运营能力以及真实的盈利能力，并评估公司的成长性和风险状况，为预测公司的未来盈利和公司估值打下基础。

下篇财务报表分析与公司估值部分，以讲解估值方法的运用为主，重点讲解现实中最常用的三类核心估值方法的适用范围和条件，以便在估值时，对不同的公司类型以及处于不同发展阶段的公司，能够选择适合的估值方法。具体包括三章内容，第五章基于财务报表分析与估值框架做了一个介绍，与其他类似教材一样的是，本教材同样讲述了三类最核心的公司估值方法。第六章以新经济模式下企业价值创造模式的演变为出发点，介绍了估值关键价值驱动因素，不仅包括关键价值驱动因素的概念及分类，还有对关键价值驱动因素的基础分析，以及通用的价值驱动因素分析，也简单分析了关键价值驱动因素分析的例外情形和存在的难点。第七章以宇通客车财务报表分析及其预测为基础，演示不同估值方法下价值估计的内在一致性。

本教材的框架结构、内容设计除了以财务报表分析与公司估值为逻辑主线外，还尽量体现如下特点：（1）系统梳理了财务报表分析的基本方法和基本原理，并着力体现以价值为核心的财务报表分析，体现了"系统性"；（2）着力突出财务报表质量分析，并尝试重构财务报表，体现了"创新性"；（3）将财务报表信息分析和公司估值方法有机结合在一起，解决原理和实务相分离的缺陷，以凸显公司估值的合理性，体现了"适用性"；（4）各章节后面配有复习思考题及案例分析，力求培养学生的独立思考和知识应用能力，体现了"深度性"。

本教材经过多位学者长时间的酝酿和共同努力完成，其中，第一章、第三章由河南财经政法大学谢香兵教授完成，第四章由谢香兵、蒋旭靖、余文桥完成；第二章、第五章、第六章、第七章由河南财经政法大学张肖飞教授完成。本教材在编写过程中，还受到河南财经政法大学副校长薛玉莲教授的特别指导，薛玉莲教授设定了本教材的框架。本教材的编写参考了大量同行专家的相关书目，在此一并表示感谢。本教材由谢香兵和张肖飞审定。

本教材的结构安排、内容设计、案例分析吸收并借鉴了最近几年财务报表分析与公司估值最新的理论和案例，希望本教材的出版能够让读者对财务报表分析与公司估值有一个全面、细致的认识和了解。本教材不仅适合本科生使用，而且适合 EMBA、MBA、MPAcc 等专业学位硕士研究生以及希望理解财务报表分析原理的企业职业经理人使用。

由于编者学识水平有限，本教材在编写过程中难免存在疏漏，恳请读者批评指正。

编者
2021 年 8 月

目 录

上篇　财务报表分析

第一章　财务报表分析概论 3
　　第一节　财务报表分析原理 3
　　第二节　财务报表分析的基础 6
　　第三节　财务报表分析的基本方法 18
　　第四节　财务报表分析的基本框架 24
　　本章小结 27
　　复习思考题 27
　　案例分析 28

第二章　财务报表分析的理论逻辑 30
　　第一节　会计的标准与企业的本质 30
　　第二节　企业财务报告的制度框架概述 38
　　第三节　财务报表分析的理论基础 44
　　第四节　实证会计与财务报表分析 52
　　本章小结 57
　　复习思考题 57
　　案例分析 57

第三章　以价值为核心的财务报表分析 59
　　第一节　战略分析 59
　　第二节　会计分析 64
　　第三节　财务比率分析 70
　　本章小结 87
　　复习思考题 87
　　案例分析 88

第四章　财务报表质量分析 89
　　第一节　财务报表项目之间的逻辑关系 89
　　第二节　财务状况质量分析框架与应用 91
　　第三节　基于存量与流量视角的企业经营分析 98

第四节　财务报表重构 …………………………………………………… 112
　　第五节　哈佛分析框架实际应用：以美的集团为例 …………………… 121
　本章小结 ………………………………………………………………………… 127
　复习思考题 ……………………………………………………………………… 128
　案例分析 ………………………………………………………………………… 128

下篇　财务报表分析与公司估值

第五章　财务报表分析与估值框架 ……………………………………………… 131
　　第一节　公司估值概述 …………………………………………………… 131
　　第二节　现金流量折现估值策略 ………………………………………… 137
　　第三节　基于乘数的价值评估策略 ……………………………………… 146
　　第四节　剩余收益估值策略 ……………………………………………… 159
　本章小结 ………………………………………………………………………… 162
　复习思考题 ……………………………………………………………………… 162
　案例分析 ………………………………………………………………………… 162

第六章　估值关键价值驱动因素 ………………………………………………… 166
　　第一节　企业价值创造与企业可持续发展 ……………………………… 166
　　第二节　关键价值驱动因素的界定 ……………………………………… 169
　　第三节　关键价值驱动因素的基础分析 ………………………………… 170
　　第四节　通用的营业价值驱动因素 ……………………………………… 174
　　第五节　关键价值驱动因素的例外情形 ………………………………… 179
　　第六节　关键价值驱动因素分析的难点 ………………………………… 183
　本章小结 ………………………………………………………………………… 190
　复习思考题 ……………………………………………………………………… 190
　案例分析 ………………………………………………………………………… 190

第七章　公司估值在实践中的综合应用 ………………………………………… 192
　　第一节　公司估值方法的抉择 …………………………………………… 192
　　第二节　对宇通客车的基础分析 ………………………………………… 193
　　第三节　宇通客车的现金流量折现价值评估 …………………………… 199
　　第四节　其他价值评估模型的估值分析 ………………………………… 211
　　第五节　估值结果的综合比较 …………………………………………… 215
　本章小结 ………………………………………………………………………… 215
　复习思考题 ……………………………………………………………………… 215
　案例分析 ………………………………………………………………………… 216

主要参考文献 …………………………………………………………………… 240

上篇　财务报表分析

财务报表分析是对企业财务报表所提供的数据进行加工、分析、比较、评价和解释。财务报表分析的目的在于判断企业的财务状况和诊察企业经营管理的得失。通过财务分析，对于企业一定时期的财务活动进行总结，判断企业财务状况是否良好、企业的经营管理是否健全，同时对未来财务活动进行筹划和控制。本教材上篇首先介绍财务报表概述，让大家对财务报表的结构和格式、财务报表的编制原理、财务报表分析的基本方法有一个基本的了解；其次基于哈佛分析框架，从战略分析、会计分析、财务比率分析、综合分析以及前景分析等视角详细介绍如何评价一家企业；最后着重介绍财务状况质量分析的基本概念、基本框架及分析维度，并以美的集团为案例，分析该公司的财务状况和经营效果。

第一章 财务报表分析概论

【学习重点】
- 了解财务报表分析的基本原理；
- 熟悉财务报表分析的基础；
- 熟悉三大财务报表的格式和内容；
- 掌握财务报表分析的基本方法和基本框架。

第一节 财务报表分析原理

企业财务报表用"会计语言"总结了企业经济活动的财务后果。企业会计系统提供了一种机制，通过这种机制，对企业的经济活动进行确认、计量，以财务报表的形式对外报告，从而完成了从企业经济活动到企业财务报表的转化过程。

一、财务报表分析的概念

财务报表分析是财务分析的狭义概念，即以企业对外公开的财务报告及其他资料为主要依据，对企业的财务状况、经营成果、现金流量及其发展趋势进行分析和评价，以便为报表使用者的投资决策、信贷决策及其他决策提供有用信息的一种分析活动。

广义的财务分析是指以财务报表分析为基础，强调依据企业财务报表之外的其他信息来源（包括公开或非公开的财务信息和非财务信息），进行更广泛的企业战略制定与实施情况分析、管理特征与质量分析、行业竞争状况与企业自身竞争优势分析、未来风险与挑战分析、发展前景与投资价值分析等。这种分析活动的主要依据除了企业财务报告之外，还包括会计核算资料、统计资料、业务资料、行业资料、国家政策、国际形势，甚至企业经营业务的基本特点、基本知识也都是财务分析所需要的资料。通过对这些资料的计算、对比、分析，判断和评价企业的财务状况、经营成果、现金流量及其发展趋势，更科学地预测企业的发展趋势。

如果说财务报表的产生过程是一种"综合",把企业各个方面、各个部分、各种因素的变化所产生的经济业务,按照一定的规则加以分类、汇总,从而在整体上反映企业的财务状况、经营成果和现金流量,那么财务报表分析则是更进一步的"综合",它通过专门的分析方法和分析工具,对财务报表所反映的信息做进一步的提炼、处理和加工,揭示企业的各种经营活动和管理活动与企业财务状况之间的内在联系、企业各种战略的制定与实施对企业财务状况造成的影响,这有利于更为恰当地评价企业整体的财务状况、经营成果及现金流量等[①]。

二、财务报表分析的主体和目的

财务报表分析按照分析的主体不同,可分为内部报表分析和外部报表分析。内部报表分析是指企业对自身财务状况的分析;外部报表分析是指企业外部人员对企业财务状况进行的分析,包括企业对另外一个企业的财务状况的分析。不同的报表分析主体的利益各有差异,投资者、债权人、客户和供应商、管理层、政府部门等各有其效用函数,其关注企业经营的侧重点应该各有差异,因而其分析重点和方法也可能存在差别。

1. 投资者。投资者作为企业的股东或投资人,拥有企业的净收益索取权,是风险的最终承担者。当投资者将资本投入企业之后,除非破产清算,一般不能抽回投资,只能通过利润分配收回投资成本,因此,投资者既会高度关注企业的营运能力、盈利能力(这将决定他们对企业投资的回报率),也会高度关注企业的资产结构和资产质量(这将决定企业的投资风险水平)。同时,投资者作为股东,需要根据委托代理合约,对企业的代理人(管理层)的经营成果进行评价,以确定经营者的受托责任履行情况。

此外,投资者对企业的偿债能力、资金营运状况及其发展趋势也十分关心。投资者通过财务分析,评价企业经营者的盈利能力、风险状况,据以评估企业价值或股票价值,为其投资决策提供依据。

2. 债权人。债权人主要是指为企业提供贷款的金融机构和为企业提供商品或劳务的供应商。供应商为企业提供商业信用,企业应在信用期内支付货款;金融机构向企业提供贷款,企业到期还本付息。因此,债权人主要关心企业能否按期还本付息或支付货款,一般侧重于分析企业的偿债能力。作为长期债权人,他们不仅关心企业的长期偿债能力,还十分关心企业的盈利能力和现金流量的情况;作为短期债权人,他们主要关心企业的短期偿债能力。此外,企业的盈利能力、资产质量和现金流量状况会在根本上决定企业的偿债能力,企业的营运能力又在很大程度上决定了企业资产的流动性,因此,债权人也会关注企业的盈利能力、营运能力以及资产质量和现金流量状况等方面的信息。

---

① 张新民,钱爱民.财务报表分析(第5版)[M].中国人民大学出版社,2019.

3. 企业管理层。企业管理层接受股东委托，对企业所从事的各项经济活动及其经营成果和财务状况进行有效的管理和控制，以实现企业长短期的经营目标。由于企业管理层要参与企业实际管理工作的全过程，会涉及方方面面的问题，因而其财务报表分析的目的呈现出多样化的特点。

为满足不同利益主体的需要，协调各方面的利益关系，企业管理层必须对涉及企业财务状况的各个方面予以详尽的了解和掌握，关注企业各种财务能力，并且关注影响企业财务状况、经营成果变动的原因，以便寻求提高经济效益、改善财务状况的措施，在此基础上，管理层通过财务报表分析及时发现经营管理过程中的问题，采取对策，进行科学的投融资决策，规划和修订市场定位目标，制定和调整资源配置战略、资本引入战略等各方面战略，进一步挖掘潜力，为经济效益的持续增长稳定奠定基础。同时，管理层还需要借助财务报表分析对企业的各个部门和员工进行业绩评价，为日后的生产经营编制科学的预算，实现高效的控制与监督。

4. 政府部门。政府部门包括工商部门、税务部门以及各级国有资产监督管理委员会（国资委），它们也会关注企业的财务状况和经营成果。工商行政部门主要审核企业经营的合法性，进行产品质量监督和安全检查；税务部门主要关注企业的盈利能力与资产的增减变动情况，监督企业是否遵守相关政策法规，检查企业税收缴纳情况；各级国资委作为国有企业的直接出资人，除关注投资的社会效应外，还必然关注其投资的经济效益，关注企业的资本保值增值情况。因此，政府部门通过对企业财务情况的分析，了解企业纳税情况、遵守法规和制度的情况，以加强对企业的监管；同时，政府部门通过财务分析了解经济的运行趋势，以便适时调整经济政策。

5. 其他财务报表分析的主体。除上述财务报表分析主体之外，社会中介机构、企业的客户和供应商、企业员工、竞争对手以及社会公众等都可能需要通过财务报表分析来了解企业的财务状况，以便做出各种决策。

社会中介机构通常包括会计师事务所、资产评估师事务所、律师事务所以及咨询机构等。它们以独立的第三方身份为企业服务，包括对企业相关事项做出客观公正的评价，提出中肯的意见和建议。它们通过财务报表分析，了解企业的财务状况、经营成果，发现企业在生产经营过程中存在的问题，为报表使用者提供非常有价值的判断依据。

企业的客户和供应商通过财务报表分析，了解或掌握企业连续提供商品或劳务的能力，以便评价企业的持续经营能力、偿还货款能力和发展前景，并据此做出是否供货或者提供商业信用的决策，因而他们关注企业的盈利能力指标和财务杠杆指标。

企业员工通常与企业存在长久、持续的关系。他们关心工作岗位的稳定性、工作环境的安全性以及获取工资薪酬的增长的可能性，因而他们会关注企业的盈利能力和偿债能力。

尽管不同报表使用者基于不同目的进行财务分析，但一般情况下，企业报表财务分析的直接目的应该包括：（1）评价企业的财务状况。通过财务分析，可以了解企业资产的流动性、负债水平以及偿还债务的能力，从而评价企业的财务状况和经营风险，为企业管理当局和投资者提供有用的财务信息。（2）评价企业的资产管理水平。通过财务分析，可以了解企业对资产的管理水平和资金周转状况，为评价企业的经营管理水平提供科学依据。（3）评价企业的获利能力。通过财务分析，可以了解企业利润目标的完成情况和不同年度盈利水平的变动情况，预测企业的盈利前景。（4）评价企业的发展趋势。通过财务分析，可以判断企业的发展趋势，预测企业的经营前景，从而为企业经营管理者进行经营决策和投资决策提供重要的依据。

对于管理层而言，财务报表分析的终极目的是促进股东财富最大化目标的实现。它有赖于通过财务指标的设计和分析，揭示企业经营理财的成绩与问题，以便及时采取有效措施，克服短期化行为，引导和促进企业经营理财活动沿着股东财富最大化目标良性运行。

第二节　财务报表分析的基础

企业财务报表用"会计特有语言"总结了企业经济活动的财务后果。财务报表分析是对企业的财务报表所提供的数据进行加工、分析、比较、评价和解释。

一、财务报表的编制原理

会计是对企业的经营活动进行确认、计量、记录和报告的过程。企业在日常经营活动中会发生各种各样的经济业务，企业为了向财务报表使用者提供真实完整的会计信息，就要根据日常发生的经济业务和经济活动，通过一系列的会计基本步骤，将这些发生的经济业务产生的数据转化为会计信息。会计语言描述的是企业的经济活动，财务部门根据企业的经济活动进行汇总，编制财务报表。

（一）会计恒等式

会计等式是反映会计各要素之间基本关系的恒等式，是指各个会计要素在总额上必须相等的一种关系式。由于在会计的六要素中，资产、负债和所有者权益反映企业的财务状况，收入、费用和利润反映企业的经营成果，因而形成了两个基本的会计等式。

1. 反映财务状况的会计等式。企业要从事生产经营活动，要有一定的资产。一般资产包括现金、存货、机器设备等。企业占用的资产都有一定的资金来源，企业资金的来源主要分为两类：一类是来自所有者的投资，形成所有者权益；另一类是来自债权人的投资，形成债权人的权益。所以，企业所拥有的各项资产是资金的占用形态，负债和所有者权益就是企业占用资金的来源。因此，企业的资产总额一定等于企业的权益总额，即债权人的权益和所有者的权益，这样就形成了一个反映企业财务状况的会计恒等式：

资产 = 负债 + 所有者权益

该会计恒等式反映了企业在某一时点的财务状况，它既是设置账户、进行会计复式记账的基础，也是编制资产负债表的基础，被称为静态会计等式。

2. 反映经营成果的会计等式。企业在日常的经营活动中会发生许多经济业务，企业一方面通过这些经营活动获得收入，另一方面企业也会产生各种相关的费用。在一定的会计期间，企业获得的收入大于企业产生的费用，就形成企业的利润。相反的，如果企业获得的收入小于产生的费用，企业就发生了亏损，因而就形成了反映企业收入、费用和利润之间基本关系的会计恒等式：

收入 − 费用 = 利润

该等式反映企业在一定会计期间的经营成果，被称为动态会计等式。

（二）借贷记账法

企业经济活动产生的信息需要通过一定的方法转换为所需要的会计信息。借贷记账法是指以会计等式作为记账原理，以"借""贷"为记账符号，用以记录经济业务的一种复式记账方法。借贷记账法现在是世界各国通用的一种复式记账方法，也是我国所有企业进行会计核算必须采用的记账方法。

借贷记账法以"借""贷"为记账符号，反映会计要素的增减变化。在借贷记账法下，所有的账户结构都是左方为借方，右方为贷方，但借方、贷方反映会计要素数量变化的增减性是不固定的，这取决于账户的基本性质。

根据上面提到的第一个会计基本等式"资产 = 负债 + 所有者权益"，在借贷记账法下，资产类账户的借方记录增加额，贷方记录减少额，期末余额在借方；负债和所有者权益类账户的贷方记录增加额，借方记录减少额，期末余额在贷方。

根据第二个会计基本等式"收入 − 费用 = 利润"，可以分析出这三类账户的性质，从而确定其在借贷记账法下的账户结构。收入类账户贷方记录本期增加额，借方记录本期减少额或转出额；在期末时，企业实现的收入都要转入本年利润，因此，收入类账户没有余额。而费用类账户的结构与收入类账户的结构相反，对于费用类账户，借方记录本期增加额，贷方记录本期减少额；在会计期末，企业本期发生的费用都要转入本年利润账户，所以费用类账户期末也没有余额。对于利润账户，在每个会计期末，企业当期实现的收入都要转入利润账户的贷方，当期发生的费用都要转入利润账户的借方。如果企业当期实现收入大于发生费用，即为当期实现的利润；如果当期发生的费用大于实现的收入，则为当期发生的亏损。

借贷记账法的记账规则是，根据复式记账的基本原理，对每一项经济业务进行记账时，一方面要记入一个（或几个）账户的借方，另一方面要记入一个（或几个）账户的贷方，借方记入的金额与贷方记入的金额必须相等。所以，借贷记账法的记账规则可以简要概括为"有借必有贷，借贷必相等"。根据上述记账规则，企业在处理发生的经济业务时，应当先判别该经济业务所涉及的账户和发生的金额，然后分析记入相关账户的金额应当增加还是减少，最后根据账户的性质和结构确定应当记入账户的借方或贷方。

（三）权责发生制与收付实现制

在会计主体的经济活动中，经济业务的发生和货币的收支不是完全一致的，企业实现利润并不意味着就有相应的现金，即存在现金流动与经济活动的分离，因而产生了两个确认和记录会计要素的标准，一个标准是以取得收款权利和付款责任作为记录收入或费用的依据，称为权责发生制；另一个标准是根据货币收支是否作为收入或费用确认和记录的依据，称为收付实现制。资产负债表和利润表使用的是权责发生制，现金流量表使用的是收付实现制。

权责发生制又称"应收应付制"，它是以取得收取款项的权利或支付款项的义务为标志来确定本期收入和费用的会计核算基础。凡是在本期已经实现的收入和本期已经发生的或应当负担的费用，无论其款项是否收到或付出，都应作为本期的收入和费用；反之，凡是不属于本期的收入和费用，即使款项在本期收到或支付，也不应作为本期的收入和费用。权责发生制以权利和义务为基础，依据持续经营和会计分期两个基本前提来正确划分不同会计期间资产、负债、收入、费用等会计要素的归属，并且运用应收、应付、预收、待摊等项目来记录由此形成的资产和负债等会计要素。公司在编制资产负债表和利润表时，要判断收入和费用所归属的期间，以便做出更多的会计政策选择和会计估计判断，从而更加准确地判断会计期间的实际财务状况和经营业绩。

收付实现制又称"现收现付制"，是以现金的实际收付为标志确定本期收入和支出的核算方法。凡是在本期内实际收到或付出的款项，无论其发生时间早晚或是否应该由本期承担，都应当作为本期的收入和支出；反之，凡是在本期没有以现款收到和支付的款项，即使它归属于本期，也不应当作为本期的收入和费用处理。收付实现制以现金为基础，没有涉及跨期确认的问题，现金流量表的编制是基于收付实现制，它向投资者和债权人提供了一套比较完整的现金流量资料，以帮助报表使用者更好地评价企业的财务状况。

企业发生了经济业务之后，需要运用复式记账法将经济活动产生的信息转化成会计信息，财务部门根据会计基本等式，按照权责发生制和收付实现制的规则将会计信息里的数据记录、加工、汇总，最终编制成企业的财务报表。

二、资产负债表的内容及分析

资产负债表是反映企业某一特定日期全部资产、负债和所有者权益情况的会计报表，是企业经营活动的静态体现。它是根据"资产＝负债＋所有者权益"这一平衡公式，按照一定的分类标准和一定的次序，将某一特定日期的资产、负债、所有者权益的具体项目予以适当排列编制而成，反映企业在某一时点的资产、负债和所有者权益的基本情况。表1-1是美的集团公司2019年年度报告中的合并资产负债表。

表1-1　　　　　　　　　　　合并资产负债表
编制单位：美的集团股份有限公司　　2019年12月31日　　　　　　　　单位：千元

项目	年末余额	年初余额
流动资产：		
货币资金	70 916 841.00	27 888 280.00
交易性金融资产	1 087 351.00	2 654 045.00
衍生金融资产	197 412.00	220 197.00
应收票据	4 768 520.00	11 049 539.00
应收账款	18 663 819.00	18 641 979.00
应收款项融资	7 565 776.00	2 254 950.00
预付款项	2 246 177.00	2 215 888.00
发放贷款和垫款	10 869 396.00	11 328 392.00
其他应收款	2 712 974.00	2 960 939.00
存货	32 443 399.00	29 645 018.00
其他流动资产	55 011 027.00	74 952 820.00
流动资产合计	216 482 692.00	183 812 047.00
非流动资产：		
可供出售金融资产		
长期应收款	1 208 079.00	34 815.00
发放贷款和垫款	790 101.00	
长期股权投资	2 790 806.00	2 713 316.00
其他权益工具投资		
其他非流动金融资产	1 750 107.00	784 269.00
投资性房地产	399 335.00	391 765.00
固定资产	21 664 682.00	22 437 212.00
在建工程	1 194 650.00	2 077 621.00
无形资产	15 484 179.00	16 186 675.00
商誉	28 207 065.00	29 100 390.00
长期待摊费用	1 267 127.00	1 191 373.00
递延所得税资产	5 768 993.00	4 421 313.00
其他非流动资产	4 947 603.00	550 352.00
非流动资产合计	85 472 727.00	79 889 101.00
资产总计	301 955 419.00	263 701 148.00

续表

项目	年末余额	年初余额
流动负债：		
短期借款	5 701 838.00	870 390.00
向中央银行借款		99 754.00
吸收存款及同业存放	62 477.00	44 386.00
交易性金融负债		
衍生金融负债	27 100.00	756 299.00
应付票据	23 891 600.00	23 325 115.00
应付账款	42 535 777.00	36 901 626.00
预收款项	16 231 854.00	16 781 666.00
合同负债		
应付职工薪酬	6 436 109.00	5 788 004.00
应交税费	5 096 267.00	3 875 298.00
其他应付款	3 800 568.00	3 346 129.00
其中：应付利息		
应付股利		
持有待售负债		
一年内到期的非流动负债	1 460 117.00	7 122 712.00
其他流动负债	39 074 777.00	31 319 709.00
流动负债合计	144 318 484.00	130 231 088.00
非流动负债：		
长期借款	41 298 377.00	32 091 439.00
长期应付款	33 646.00	88 890.00
长期应付职工薪酬	2 418 563.00	2 480 318.00
预计负债	353 269.00	268 887.00
递延收益	617 155.00	647 583.00
递延所得税负债	4 556 002.00	4 422 074.00
其他非流动负债	863 826.00	1 016 352.00
非流动负债合计	50 140 838.00	41 015 543.00
负债合计	194 459 322.00	171 246 631.00
股东权益：		
股本	6 971 900.00	6 663 031.00
其他权益工具		
其中：优先股	—	—
永续债	—	—
资本公积	19 640 313.00	18 451 307.00
减：库存股	3 759 732.00	4 918 427.00
其他综合收益	-711 554.00	-1 332 153.00
一般风险准备	366 947.00	366 947.00
盈余公积	6 447 658.00	5 079 096.00

续表

项目	年末余额	年初余额
未分配利润	72 713 631.00	58 762 315.00
归属于母公司股东权益合计	101 669 163.00	83 072 116.00
少数股东权益	5 826 934.00	9 382 401.00
股东权益合计	107 496 097.00	92 454 517.00
负债和股东权益总计	301 955 419.00	263 701 148.00

法定代表人：×× 　　　主管会计工作负责人：×× 　　　会计机构负责人：××

资料来源：美的集团 2019 年年报。

资产负债表可以综合反映企业的财务状况、资产规模、资产结构、资产流动性、负债情况以及所有者权益等相关内容。资产负债表可以反映的具体信息如下。

1. 反映企业的资产构成情况。分析企业在某一特定日期所拥有的资产及其构成情况，可以了解企业资产的实际流动性和质量状况。企业的资产结构反映其生产经营过程的特点，有利于报表使用者进一步分析企业生产经营的稳定性。

2. 反映企业资金来源的构成情况。资产负债表反映了企业资本和负债的情况，因而有助于报表使用者更好地了解企业的财务实力和财务风险的大小，有助于评估企业的财务安全性。

3. 反映企业资产的变动情况。将期初、期末资产的变动情况与收入的变动情况相结合，可以解释、评价和预测企业的财务弹性，有助于报表使用者对资产负债进行动态比较，进而评价公司的盈利能力。

三、利润表的内容与分析

利润表是反映企业在一定会计期间的经营成果的财务报表。企业在一定会计期间的经营成果既可能表现为盈利也可能表现为亏损，所以利润表也称损益表，它全面地揭示了企业在一定会计期间实现的收入、发生的费用与成本和企业实现的利润或发生亏损的情况。利润表是根据"利润＝收入－费用"的基本公式来编制的，从反映企业经营资金运动的角度看，利润表主要提供了与企业经营成果相关的信息，是一种反映企业经营资金表现的动态会计报表。表 1－2 是美的集团股份公司 2019 年的合并利润表。

表 1－2 　　　　　　　　　　合并利润表
2019 年 1～12 月 　　　　　　　　　　　　单位：千元

项目	本期发生额	上期发生额
一、营业总收入	279 380 506	261 819 635
其中：营业收入	278 216 017	259 664 820
利息收入	1 163 180	2 154 392
手续费及佣金收入	1 309	423

续表

项目	本期发生额	上期发生额
减：营业成本	197 913 928	188 164 557
利息支出	122 618	189 490
手续费及佣金支出	11 633	3 214
税金及附加	1 720 616	1 617 566
销售费用	34 611 231	31 085 879
管理费用	9 531 361	9 571 639
研发费用	9 638 137	8 377 201
财务费用	-2 231 636	-1 823 040
其中：利息费用	880 703	703 991
利息收入	-3 807 136	-2 155 862
加：其他收益	1 194 665	1 316 904
投资收益（损失以"-"号填列）	164 132	907 326
其中：对联营企业和合营企业的投资收益	506 225	349 321
以摊余成本计量的金融资产终止确认收益（损失以"-"号填列）	-709	
净敞口套期收益（损失以"-"号填列）		
公允价值变动收益（损失以"-"号填列）	1 361 163	-810 450
信用减值损失（损失以"-"号填列）	-96 446	
资产减值损失（损失以"-"号填列）	-871 909	-447 864
资产处置收益（损失以"-"号填列）	-131 131	-34 934
二、营业利润（亏损以"-"号填列）	29 683 092	25 564 111
加：营业外收入	613 310	434 756
减：营业外支出	367 288	225 809
三、利润总额（亏损总额以"-"号填列）	29 929 114	25 773 058
减：所得税费用	4 651 970	4 122 639
四、净利润（净亏损以"-"号填列）	25 277 144	21 650 419
（一）按经营持续性分类：		
1. 持续经营净利润（净亏损以"-"号填列）	25 277 144	21 650 419
2. 终止经营净利润（净亏损以"-"号填列）		
（二）按所有权归属分类：		
1. 归属于母公司股东的净利润（净亏损以"-"号填列）	24 211 222	20 230 779
2. 少数股东损益（净亏损以"-"号填列）	1 065 922	1 419 640
五、其他综合收益的税后净额	348 040	-1 215 825
（一）归属母公司股东的其他综合收益的税后净额	283 152	-1 087 461
1. 不能重分类进损益的其他综合收益	-142 753	-1023
（1）重新计量设定受益计划变动额	-142 753	-1023
（2）权益法下不能转损益的其他综合收益		
（3）其他权益工具投资公允价值变动		
（4）企业自身信用风险公允价值变动		
2. 将重分类进损益的其他综合收益	425 905	-1 086 438

续表

项目	本期发生额	上期发生额
（1）权益法下可转损益的其他综合收益	-6 590	51 924
（2）其他债权投资公允价值变动		
（3）金融资产重分类计入其他综合收益的金额		-489 228
（4）其他债权投资信用减值准备		
（5）现金流量套期储备	113 890	-424 417
（6）外币财务报表折算差额	318 605	-224 717
（7）其他		
（二）归属于少数股东的其他综合收益的税后净额	64 888	-128 364
六、综合收益总额	25 625 184	20 434 594
（一）归属于母公司股东的综合收益总额	24 494 374	19 143 318
（二）归属于少数股东的综合收益总额	1 130 810	1 291 276
七、每股收益		
（一）基本每股收益	3.60	3.08
（二）稀释每股收益	3.58	3.05

法定代表人：×× 主管会计工作负责人：×× 会计机构负责人：××

资料来源：美的集团2019年年报。

有人说利润表准确计量了一个企业赚得的可以用于经营的资金。其实不然，它是建立在一系列会计假设、会计原则和会计政策基础上的。现行财务会计是一种权责发生制会计，它以权责发生及影响时间确认经济业务。简单地说，收入与现金收入，费用与现金支出，在数额、时间上并不等同。最典型的例证就是折旧，它不是一种现金流出量，但是，在会计学上，根据权责发生制，它却是一种费用。再如赊销，在权责发生制下，它是一种收入，但是却没有导致现金流入。这就是"亏损企业发放股利，盈利企业走向破产"的原因。其实，利润表只是企业财务成果的一段"精彩录像"。

编制利润表主要是为了把企业的经营成果信息提供给各报表使用者，以供他们做出相应的决策。通过利润表分析可以得到下列基本信息。

1. 反映企业一定会计期间的收入实现情况。通过利润表，可以了解企业在一定会计期间实现的主营业务收入有多少、实现的其他业务收入有多少、实现的投资收益有多少、实现的营业外收入有多少等。

2. 反映企业一定会计期间的费用耗费情况。通过利润表，可以了解企业在一定会计期间耗费的主营业务成本、销售费用、管理费用、财务费用、营业外支出等各有多少。

3. 反映企业的经营成果和获利能力。通过利润表，可以看出企业净利润的实现情况，将利润表中的信息与资产负债表中的信息相结合，进行财务分析，可以表现出企业的盈利能力和水平，以便财务报表使用者判断企业未来的发展趋势，做出正确的经济决策。

四、现金流量表的内容与分析

现金流量表反映了企业在一定会计期间现金和现金等价物流入和流出的报表。通过现金流量表，可以概括反映经营活动、投资活动和筹资活动对企业现金流进流出的影响，便于财务报表使用者了解和评价企业获取现金和现金等价物的能力，据以预测企业未来现金流量。现金流量表的编制基础是现金和现金等价物，现金是企业库存现金以及可以随时用于支付的存款，包括库存现金、银行存款和其他货币资金等；现金等价物是指企业持有的期限短、流动性强、易于转换为已知金额现金、价值变动风险很小的投资。表1-3为美的集团股份有限公司2019年度的合并现金流量表。

表1-3　　　　　　　　　　　合并现金流量表　　　　　　　　　　单位：千元

项目	本期发生额	上期发生额
一、经营活动产生的现金流量：		
销售商品、提供劳务收到的现金	238 815 589	211 230 723
发放贷款及垫款净减少额		864 209
吸收存款和同业存放款项净增加额	18 091	
存放中央银行款项净减少额	693 023	708 879
向中央银行借款净增加额		99 754
收取利息、手续费及佣金的现金	1 315 921	2 174 661
收到的税费返还	6 271 733	5 705 259
收到其他与经营活动有关的现金	5 008 821	5 558 221
经营活动现金流入小计	252 123 178	226 341 706
购买商品、接受劳务支付的现金	130 099 497	127 367 813
发放贷款及垫款净增加额	318 859	
吸收存款和同业存放款项净减少额		64 540
存放中央银行款项净减少额	99 754	
支付利息、手续费及佣金的现金	134 251	198 761
支付给职工以及为职工支付的现金	26 851 139	24 709 578
支付的各项税费	14 897 513	13 739 262
支付其他与经营活动有关的现金	41 131 761	32 400 672
经营活动现金流出小计	213 532 774	198 480 626
经营活动产生的现金流量净额	38 590 404	27 861 080
二、投资活动产生的现金流量：		
收回投资收到的现金	84 852 601	65 711 622
取得投资收益收到的现金	4 026 590	2 097 948
处置固定资产、无形资产和其他长期资产收回的现金净额	125 419	164 070
处置子公司及其他营业单位收到的现金净额		24 406
收到其他与投资活动有关的现金		

续表

项目	本期发生额	上期发生额
投资活动现金流入小计	89 004 610	67 998 046
购建固定资产、无形资产和其他长期资产支付的现金	3 451 856	5 611 851
投资支付的现金	108 457 398	80 713 830
取得子公司及其他营业单位支付的现金净额	203 057	314 653
支付其他与投资活动有关的现金		
投资活动现金流出小计	112 112 311	86 640 334
投资活动产生的现金流量净额	-23 107 701	-18 642 288
三、筹资活动产生的现金流量：		
吸收投资收到的现金	2 897 917	2 713 366
其中：子公司吸收少数股东投资收到的现金	120 427	615 092
取得借款收到的现金	17 117 677	2 524 315
收到其他与筹资活动有关的现金		
筹资活动现金流入小计	20 015 594	5 237 681
偿还债务支付的现金	8 643 875	3 378 492
分配股利、利润或偿付利息支付的现金	11 055 769	9 303 222
其中：子公司支付给少数股东的股利、利润	1 651 504	815 998
支付其他与筹资活动有关的现金	3 589 551	5 943 131
筹资活动现金流出小计	23 289 195	18 624 845
筹资活动产生的现金流量净额	-3 273 601	-13 387 164
四、汇率变动对现金及现金等价物的影响	280 376	283 001
五、现金及现金等价物净增加额	12 489 478	-3 879 371
加：期初现金及现金等价物余额	17 952 282	21 831 653
六、期末现金及现金等价物余额	30 441 760	17 952 282

资料来源：美的集团 2019 年年报。

为了便于理解，我们可以把现金流量表比喻为一个由"经营活动""投资活动""筹资活动"三个"小蓄水池"组成的"大蓄水池"，把"现金"视为"蓄水池"里高度流动的"水"，并用两类"水表"分别计量三个"小蓄水池"里"水"的"流入量"和"流出量"。在一定时期内，如果某个"小蓄水池"的"流入量"大于其"流出量"，那么该"蓄水池"的"水"的存量就越来越多，即企业期末现金存量增加；反之，如果"小蓄水池"的"流入量"小于"流出量"，该"蓄水池"的"水"的存量就越来越少乃至干枯，即企业期末现金存量减少乃至现金短缺。两类"水表"计量的差量就是某个时期内"现金流量净额"。现金流量表详细地描述了"蓄水池"的"进水量""出水量""存量"。

现金流量表实际上既是对"亏损企业发放股利，盈利企业走向破产"的解释，也是对资产负债表结果的解释。可以说，资产负债表体现企业理财的结果，而现金流量表则体现企业理财的过程。现金流量表揭示了企业的现金从哪里来，到何处去。最终企业必须靠持续的经营活动产生的现金流量才能维持下去。短期内企业可以通过筹资产生的现金流入量满足经营活动和投资活动产生的现金流出量要求。但是，从长期的角度看，必须有理由证明经营活动产生的现金流量能够偿付筹资活动所带来的未来现金流出的需求。否则，企业难以实现可持续发展。

通过现金流量表分析，可以反映出以下基本信息。

1. 反映企业的现金流量，评价企业未来产生现金净流量的能力。企业在创造利润的同时也创造现金收益，通过对现金流入来源分析，可以对企业创造现金的能力做出评价，并对企业未来获取现金的能力做出预测。

2. 反映企业偿还债务能力、支付能力和周转能力，谨慎判断企业财务状况。现金流量表所揭示的现金流量信息可以从现金角度对企业偿债能力、支付能力以及周转能力做出更加可靠的评价。

3. 反映企业的收益质量和影响现金净流量的因素。企业的净利润是以权责发生制为基础计算出来的，而现金流量表是以收付实现制为基础的，通过对现金流量和净利润的比较分析，可以对收益质量做出评价。

4. 反映企业的投资策略和融资策略以及合理性。对企业现金流量表中所揭示的投资活动和筹资活动产生的现金流入和现金流出信息，结合企业经营活动产生的现金流量和净收益进行分析，对企业的投资活动和筹资活动做出评价。

五、所有者权益变动表的内容与分析

所有者权益变动表反映了企业在一定时期内所有者权益总额及其各个组成部分的变动情况。所有者权益变动表应当全面反映一定时期所有者权益变动情况，以便报表使用者准确理解所有者权益增减变动的根源。根据财务报表列报准则的规定，企业需要提供比较所有者权益变动表，因此，所有者权益变动表就各项目再分为"本年金额"和"上年金额"两栏分别填列。表1-4为美的集团股份有限公司2019年年度财务报告列示的所有者权益变动表简表。

所有者权益变动表是反映构成所有者权益的各组成部分当期的增减变动情况的报表。通过所有者权益变动表分析，可以为报表使用者提供所有者权益总量增减变动的结构性信息，特别是能够让报表使用者理解所有者权益增减变动的根源。

六、财务报表附注

财务报表附注是对资产负债表、利润表、现金流量表和所有者权益变动表等报表中列示项目的文字描述或明细资料，以及未能在这些报表中列示项目的说明等。附注是财务报表不可缺少的一部分。

财务报表附注有助于财务报表使用者更加深入了解基本财务报表的内容。财务报表附注的内容主要包括：企业所采用的主要会计处理方法；会计处理方法的变更情况、变更原因以及对财务状况和经营业绩的影响；发生的非经常性项目；一些重要报表项目的明细情况；或有事项；期后事项；其他对理解和分析财务报表重要的信息。

表1-4 所有者权益变动表简表

单位：千元

项目	实收资本（或股本）	资本公积	减：库存股	其他综合收益	本年金额 一般风险准备	盈余公积	未分配利润	少数股东权益	所有者权益合计
一、上年年末余额	6 663 031	18 451 307	-4 918 427	-1 332 153	366 947	5 079 096	58 762 315	9 382 401	92 454 517
加：会计政策变更				337 447			-337 447		
二、本年年初余额	6 663 031	18 451 307	-4 918 427	-994 706	366 947	5 079 096	58 424 868	9 382 401	92 454 517
三、本期增减变动金额									15 041 580
（一）综合收益总额				283 152			24 211 222	1 130 810	25 625 184
（二）所有者投入和减少资本									-211 271
1. 所有者投入资本	87 150	2 426 916	-57 088					120 427	2 577 405
2. 企业合并		144 287						82 268	226 555
3. 股份支付计入所有者权益的金额									
4. 其他	221 719	-1 221 661	1 215 783					-3 231 072	-3 015 231
（三）利润分配							-1 368 562		-10 372 333
1. 提取盈余公积						1 368 562			
2. 提取一般风险准备									
3. 对所有者（或股东）的分配							-8 553 897	-1 670 654	-10 224 551
4. 其他		-160 536						12 754	-147 782
四、本期期末余额	6 971 900	19 640 313	-3 759 732	-711 554	366 947	6 447 658	72 713 631	5 826 934	107 496 097

资料来源：美的集团2019年年报。

财务报表中的数字是经过分类和汇总后的结果，是对企业发生的经济业务的高度简化和数字浓缩。如果没有形成这些数字所使用的会计政策、理解这些数字所必需的披露，财务报表就不可能充分发挥其作用。因此，财务报表附注与资产负债表、利润表、现金流量表、所有者权益变动表等报表具有同等的重要性，是财务报表不可或缺的组成部分。

企业编制财务报表附注的目的是通过对财务报表本身做补充说明，从而更加全面、准确、系统地反映企业的财务状况、经营成果和现金流量的具体情况，向财务报表使用者提供更加可靠、有用的决策信息，帮助其做出更加科学合理的决策。财务报表使用者想要深入了解企业的财务状况、经营成果和现金流量，应当全面阅读附注。

第三节　财务报表分析的基本方法

在财务报表分析中，分析者可以根据其分析目的，采用一种或多种分析方法，以更深入地了解企业财务状况、经营成果和现金流量发生变动的程度、方向及其原因。财务报表分析基本方法如图1-1所示。

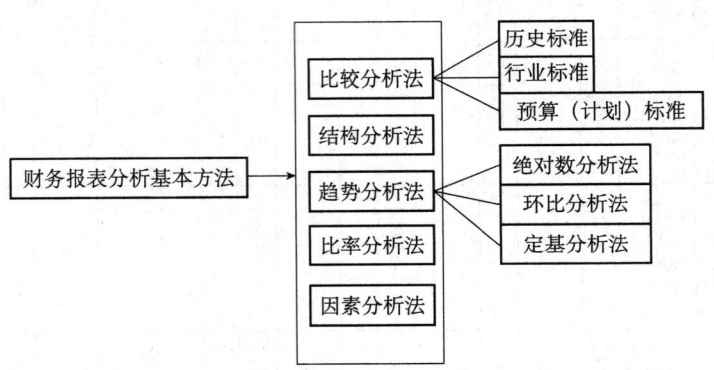

图1-1　财务报表分析基本方法

一、比较分析法

财务分析者在进行财务分析时，主要利用企业的财务报表数据。但是，孤立地看待企业财务报表数据可能意义不大，因为单看某个时间点或时间段的企业财务报表，无法从其财务报表数据中判断企业的财务状况、经营成果和现金流量的好坏，我们需要借助一些评价标准。如果分析者选择不同的评价标准，即使分析评价一个问题，也可能得出不同的结论。在实践中，财务报表比较分析的评价标准主要包括历史标准、行业标准以及预算（计划）标准。

(一) 财务报表分析的历史标准

历史标准是指本企业过去某一时期（如上年或上年同期）该指标的实际值。历史标准对于评价企业自身经营情况和财务状况是否得到改善非常有用。因为任何两个企业即使行业、规模一致，其经营方式，内部管理等细节都可能千差万别，而企业的现在是在过去的基础上发展起来的，用企业历史数据作为标准，能很好地评价企业的成长情况。历史标准可以选择本企业历史最高水平，也可以选择企业正常经营条件下的业绩水平，或者可以用以往连续多年的平均水平。以美的集团为例，其2015~2020年基本每股收益与每股净资产的历史比较具体见表1-5。

表1-5　美的集团2015~2020年基本每股收益与每股净资产的历史比较　　单位：元

项目	2015年	2016年	2017年	2018年	2019年	2020年
基本每股收益	2.00	2.29	2.31	3.08	3.60	3.93
每股净资产	11.53	9.46	11.24	12.47	14.58	16.72

资料来源：美的集团2015~2020年年报。

从表1-5中美的集团2015~2020年的基本每股收益数据来看，公司为股东创造的收益呈现逐年增长的态势，相比较2015年度，2020年度的公司每股收益增加了1.93元，每股净资产增加了5.19元。

基于历史标准的比较，我们可以称为纵向对比，使用历史标准来衡量企业财务状况的好处主要有以下两点。

1. 比较可靠和客观。因为上期的数据也来源于本企业，是对本企业最客观真实的评价。

2. 本期与历史标准具有较强的可比性。只要企业没有大的投资项目或经济波动，历史标准是本期数据最好的尺子。

财务报表分析的历史标准评价可能存在两点不足。

1. 评价结果往往比较保守。"不进步就是倒退，因为别人都在进步"，如果以发展的眼光来看企业，历史数据应该都是偏低的。

2. 适用范围较窄。历史标准一般只能说明企业自身的发展变化，不能全面评价企业竞争能力。当企业主体发生重大变化，如企业合并时，历史标准就会失去了意义，或至少不应该再直接使用。并且，当企业外部环境发生突变时，历史标准的效用也会出现局限性。

(二) 财务报表分析的行业标准

财务报表分析用到的行业标准，可以是同行业财务状况的平均水平，也可以是同行业中某一比较先进企业的业绩水平。要全面地评价一个企业的竞争力水平，就需要参照行业标准。美的集团2020年基本每股收益、每股净资产行业比较见表1-6。

表1-6　　美的集团2020年基本每股收益、每股净资产行业比较　　　　单位：元

项目	美的集团	格力电器	海尔智家	TCL科技
基本每股收益	3.93	3.71	1.34	0.337
每股净资产	16.72	19.15	7.14	2.41

资料来源：根据新浪财经网相关资料整理。

从表1-6中可以看出，美的集团相比较同行业的几家公司，其基本每股收益和每股净资产相对较高，说明美的集团在行业内的盈利能力比较靠前。基于行业标准的比较分析，我们称之为横向比较，采用行业标准的优点主要体现在以下两个方面。

1. 可以说明企业在行业中所处的地位和水平。在充满竞争的社会，知己知彼才能百战不殆，与行业标准比较能使企业认清自己的水平。

2. 通过与行业标准比较，企业可以判断自身的发展趋势。例如，正常情况下，行业的平均利润率为10%，而企业的利润率为12%，当经济危机来临时，行业的平均利润率下降到5%，而企业的利润率下降到8%左右，那么，我们就可以认为该企业的盈利状况相对于经济环境而言已经相当好了，虽然较经济危机前有降低，但降低幅度和降低后的绝对值都优于行业平均值，因而本年度的公司经营绩效评价应该是正向积极的，而非负向消极的。

但财务报表分析中单纯采用行业标准，可能因为同一行业内的两个公司，由于其内部管理水平差异、地域差异、规模差异等影响，财务数据并不一定完全具有可比性；同时，同行业不同企业，会计计量、会计估计等的运用也可能存在差异，这也可能使行业标准偏离企业本源。

（三）财务报表分析的预算（计划）标准

所谓预算标准，是指实行预算管理的企业所制定的预算指标。一般集团公司都会制定周密的销售预算和财务预算，这些预算既结合了企业自身的实际状况，又考虑了经济发展形势和行业特点，可以说是为企业"量身打造"的，用预算标准来考量企业的优点主要有：符合战略及目标管理的要求，对各项指标是否达到和怎么达到都有规划在先、考量在后。

预算标准也存在一些不足，主要表现在以下两个方面。

1. 因为制定预算前不可能考虑到所有外部因素的影响，所以预算标准本身是不完全可靠的。

2. 预算编制时，或多或少地掺入了制定者的主观因素，本来客观的数据，由于带主观意识的标准来评价，就有可能得到不真实的结论。

二、结构分析法

结构分析法也称为共同比分析法，将报表中的一个总体指标作为100%，分析各个项目的占比，便于比较一个报表内的各个项目的增减变动以及判断有关财

务活动的变化趋势。表1-7为某公司的利润表简表。

表1-7 利润表简表的结构分析
2019年1~12月

项目	本期发生额	
	金额（千元）	百分比（%）
营业收入	279 380 506	100.00
营业成本	197 913 928	70.84
税金及附加	1 720 616	0.62
销售费用	34 611 231	12.39
管理费用	9 531 361	3.41
研发费用	9 638 137	3.45
财务费用	-2 231 636	-0.80
营业利润	29 683 092	10.62
营业外收入	613 310	0.22
营业外支出	367 288	0.13
利润总额	29 929 114	10.71
所得税费用	4 651 970	1.67
净利润	25 277 144	9.05

结构百分比是用百分率表示某一报表项目的内部结构。它反映该项目内各组成部分的比例关系，代表了企业某一方面的特征、属性或能力。结构百分比实际上是一种特殊形式的财务比率。它们同样排除了规模的影响，使不同比较对象建立起可比性，可以用于本企业历史比较、与其他企业比较和与预算比较。从表1-7中可以看出，营业成本占营业收入的比重为70.84%，营业利润占营业收入的比为10.62%，净利润占营业收入的比重为9.05%。

三、趋势分析法

趋势分析法是将两期或连续数期报表中的相同指标进行对比，通过分析增减变动方向确定企业财务状况以及经营成果的变动趋势。其中，趋势分析法又可以分为三种具体趋势分析。

1. 绝对数分析法。在分析中，常用的绝对数指标反映公司某些项目的总量，如营业总收入、总资产、总负债等，是将有关项目的几期绝对数进行比较，从而容易看出项目波动的绝对数额。美的集团2016~2020年度的营业总收入见表1-8。

表1-8 美的集团2016~2020年度的营业总收入　　　　　　　　单位：亿元

项目	2016年	2017年	2018年	2019年	2020年
营业总收入	1 598.42	2 419.19	2 618.20	2 793.81	2 857.10
较上年增长数额	—	820.77	199.01	175.61	63.29

从表1-8中可以看出，美的集团从2016~2020年，每年营业总收入都有所

增长，但每年的增长绝对额逐年下降。

2. 环比分析法。环比分析法是计算有关项目相邻两期变化率，即计算环比变动百分比，其计算公式为：

$$环比变动百分比 = \frac{分析期某项目数值 - 前期某项目数值}{前期某项目数值} \times 100\%$$

【例 1-1】根据表 1-8 中的数据，计算美的集团营业总收入的环比变动百分比（见表 1-9）。

表 1-9　美的集团 2016~2020 年度的营业总收入环比变动百分比

项目	2016 年	2017 年	2018 年	2019 年	2020 年
营业总收入（亿元）	1 598.42	2 419.19	2 618.20	2 793.81	2 857.10
较上年增长数额（亿元）	—	820.77	199.01	175.61	63.29
环比变动百分比（%）	—	51.35	8.23	6.71	2.27

从表 1-9 中可以看出，美的集团 2017 年度营业总收入环比增长了 51.35%，以后逐年下降，到 2020 年，其营业总收入环比增长了 2.27%。

通过分析与前期（上季、上年同期）财务报表中有关项目金额的对比，可以从差异中及时发现问题，查找原因，改进工作。连续数期的财务报表项目的比较，能够反映出企业的发展动态，以揭示当期财务状况和营业情况增减变化，判断引起变动的主要项目是什么，这种变化的性质是有利还是不利，发现问题并评价企业财务管理水平，同时也可以预测企业未来的发展趋势。

3. 定基分析法。定基分析法是选择一个固定的期间作为基期，计算相关项目在各分析期的水平相对于基期水平的变动百分比。通过计算定基变动百分比，能看出不同时期的变动方向，便于多期的公平对比，更便于长期的趋势分析。定基变动百分比的计算公式为：

$$定基变动百分比 = \frac{分析期某项目数值 - 基期某项目数值}{基期某项目数值} \times 100\%$$

在国民经济核算中，为进行国际比较和满足社会各界的需要，国家统计局从 2001 年 1 月开始，按照固定基期编制居民消费价格指数，首轮基期固定在 2000 年，即以 2000 年平均价格水平为固定对比基期来计算每年的定基价格指数。定基价格指数是指在一定时期内对比基期固定不变的价格指数，通常以某一年为基期来计算，例如，2000 年的固定期价格水平为 100，如果计算期的价格指数高于 100，表示这一时期的价格水平上升，低于 100，则表明这一时期的价格水平下降。

四、比率分析法

在财务报表中，很多项目彼此之间存在一定的关系，可以用来组成某种比率，反映出公司经营的某种特征和效果，这种分析称为比率分析。通过比率分析法，把相关联的项目计算出比率加以对比，确定经济活动变动程度，能够把不可对比指标变为可对比指标，从而揭示有关项目的相关性。具体的比率分析法在第三章的第三节展开。

五、因素分析法

因素分析法也是财务报表分析常用的一种技术方法，它是指把整体分解为若干个局部的分析方法，包括财务的比率因素分解法和差异因素分解法。比率因素分解法是指把一个财务比率分解为若干个影响因素的方法。例如，资产收益率可以分解为资产周转率和销售利润率两个比率的乘积。财务比率是财务报表分析的特有概念，财务比率分解是财务报表分析所特有的方法。在实际分析中，财务比率分解法和比较分析法是结合使用的。比较分析之后需要分解，以深入了解差异的原因；分解之后还需要比较，以进一步认识其特征。不断比较和分解，构成了财务报表分析的主要过程。

而差异因素分解法是为了解释比较分析中所形成差异的原因，例如，产品材料成本差异可以分解为价格差异和数量差异。差异因素分解法主要使用连环替代法和差额分析。

1. 连环替代法。连环替代法是另一种测定比较差异成因的定量分析方法。按照这种方法，需要依次用标准值替代实际值，以测定各因素对财务指标的影响。

它是将分析指标分解为各个可以计量的因素，并根据各个因素之间的依存关系，顺次用各因素的比较值（通常为实际值）替代基准值（通常为标准值或计划值），据以测定各因素对分析指标的影响。

例如，设某一分析指标 M 是由相互联系的 A、B、C 三个因素相乘得到，报告期（实际）指标和基期（计划）指标为：

报告期（实际）指标 $M_1 = A_1 \times B_1 \times C_1$
基 期（计划）指标 $M_0 = A_0 \times B_0 \times C_0$
在测定各因素变动指标对指标 R 影响程度时可按顺序进行：

基期（计划）指标 $M_0 = A_0 \times B_0 \times C_0$ （1）
第一次替代：$A_1 \times B_0 \times C_0$ （2）
第二次替代：$A_1 \times B_1 \times C_0$ （3）
第三次替代：$A_1 \times B_1 \times C_1$ （4）

具体分析如下：

（2）-（1）→A 因素变动对 M 的影响程度。
（3）-（2）→B 因素变动对 M 的影响程度。
（4）-（3）→C 因素变动对 M 的影响程度。
把各因素变动综合起来，总影响为：
$\Delta M = M_1 - M_0 = $（4）-（3）+（3）-（2）+（2）-（1）。

2. 差额分析。它是连环替代法的一种简化形式，是利用各个因素的比较值与基准值之间的差额，来计算各因素对分析指标的影响。

例如，某一个财务指标及有关因素的关系由下式构成：实际指标 $M_1 = A_1 \times$

$B_1 \times C_1$；标准指标 $M_0 = A_0 \times B_0 \times C_0$；实际与标准的总差异为 $M_1 - M_0$，$M_1 - M_0$ 这一总差异同时受到 A、B、C 三个因素的影响，它们各自的影响程度可分别由以下式子计算求得：

A 因素变动的影响：$(A_1 - A_0) \times B_0 \times C_0$；

B 因素变动的影响：$A_1 \times (B_1 - B_0) \times C_0$；

C 因素变动的影响：$A_1 \times B_1 \times (C_1 - C_0)$。

最后，将以上三大因素各自的影响数相加就等于总差异 $M_1 - M_0$。

在因素分析法中，还有一种即定基替代法。定基替代法是测定比较差异成因的一种定量方法。按照这种方法，需要分别用标准值（历史的、同业企业的或预算的标准）替代实际值，以测定各因素对财务指标的影响。例如，标准成本的差异分析中采用的就是定基替代法。

在财务报表分析中，除了普遍、大量地使用比较分析法、比率分析法、趋势分析法和因素分析法之外，有时还使用回归分析、模拟模型等技术方法。

第四节 财务报表分析的基本框架

尽管大部分财务分析是基于企业的财务报表，通过对报表中的各项数字进行一定形式、采用一定方法进行分析，但一篇好的财务分析报告需要分析者跳出繁杂琐碎的数字迷宫，从企业经济活动透视财务报表，从财务报表回归到企业经济活动，从而梳理企业财务报表分析的整体框架。企业的经济活动是企业财务报表试图反映的经济实质，企业财务报表只是用来反映企业经济活动的一面美妙的"镜子"。如果财务报表分析者不了解企业所面临的经营环境、经营战略、会计环境和会计政策，仅仅就报表中数字进行财务指标分析，就会陷入会计数字的迷宫，难以把握和理解企业经济活动的实质。这时，财务报表分析就可能演化为一种"重形式、轻实质"的数字游戏。

一、财务报表分析步骤

财务报表分析者运用财务报表与其他信息，来评价一家公司过去的成就，并预测其未来的可能实现的业绩。当财务报表分析目标是评估市场对公司股票的定价是否公允时，分析师会运用预测信息来衡量公司股票的价值，并将预测的公司股票价格与该股票目前的市场价格相比较，以给出买入、持有或卖出等的投资建议，显然这些分析是非常有用和有意义的工作。一项有效的财务报表分析应该包括以下六个相互关联、先后有序的步骤[①]（见图 1-2）。

[①] 克莱德·P. 斯蒂克尼，保罗·R. 布朗，詹姆斯·M. 瓦伦. 财务呈报、报表分析与公司估值：战略的观点（第 6 版）[M]. 朱国泓译. 北京：中国人民大学出版社，2014.

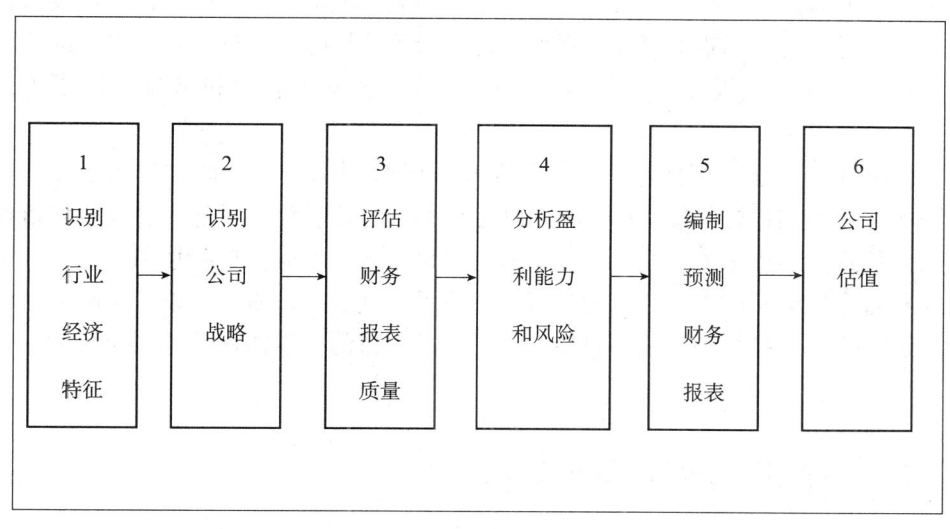

图 1-2　财务报表分析：相互关联先后有序的六个步骤

1. 识别特定公司所在行业的经济特征。举例来说，该行业是否存在数量庞大的销售相似产品的企业（如杂货店），或者该行业是否由少量销售独特产品的公司（如制药公司）组成？技术创新是否对保持公司的竞争优势起着重要作用（如计算机软件行业）？行业销售增长是非常快还是比较慢？

2. 识别公司获得并保持竞争优势所采用的战略。特定公司的产品是否能满足特殊的细分市场，或者公司的产品本来就面向更大范围的消费者市场（如典型的超市和商场）？该公司是否采用后向一体化，进入产品的原材料种植或生产（如钢铁公司拥有铁矿山）？该公司是否采用前向一体化战略，进入面向最终消费者的零售领域（如运动鞋制造商经营零售店来销售自己的产品）？该公司是否横跨多个地域或者行业？

3. 评估公司财务报表的质量。在必要时调整财务报表以使其达到更加令人满意的持续性和可比性特征。例如，公司的财务报表是否清晰且充分地展示了特定公司的经营业绩、财务状况和风险？公司在适当考虑客户现金回款的不确定性与准确的费用计量之后，是否在恰当的时点确认了收入？公司盈余是否包括非经常性利得和损失？公司是否虚构了交易和商业活动，或者通过会计政策选择，从而使财务报表看上去比不采用这些手段时的实际经济情形展示出更高的盈利能力或更低的风险？

4. 运用财务报表信息，分析企业当期的盈利能力和风险。大多数金融分析师会结合公司涉及的风险来评估公司的盈利能力。财务报表中特定科目之间的比率构成了用以分析盈利能力与风险的众多工具。

5. 编制预测财务报表。从第 4 步获得的有关当期盈利能力的评估，为预测未来可能的盈利能力和公司投资的未来回报提供了基础。预测一家公司管理风险的能力，尤其是预测那些与可计量财务结果相关的风险因素，使分析师可以对该公司未来遭遇财务困难的可能性做出估计。依赖分析师的一整套有关未来的假设所得出的预测财务报表，为预测未来的公司未来盈利能力和风险奠定了重要基础。

6. 给公司估值。财务报表分析经常用于给公司估值。估值常常用于如下两种情况：一方面，分析师根据估值对那些他们认为市场价格过低、过高或者恰好的公司股票，给出买入、卖出或者持有的建议；另一方面，那些承销公司首次公开发行普通股股票的投资银行则需根据估值设定其首发价格。所以，金融分析师的主要工作就是把财务报表信息转换成对公司价值的可靠估计并给出明智的投资决策。

二、财务报表分析的基本框架图

企业价值取决于其运用资本获取超过资本成本的收益能力，而这种能力又受制于行业选择、企业经营战略的定位、多元化抑或专业化的战略思维。只有充分了解企业的行业竞争态势、核心竞争力、多元化或专业化的适应性，才能对企业获取超额收益能力的可持续性（价值创造动因及其可持续性）做出合理判断，而这正是企业战略分析的焦点所在。会计分析和财务分析则是最为有效而直接的分析工具。当然，财务分析的有效性不仅取决于其战略分析，还会受到会计分析结果的影响。

根据图1-3，企业财务报表分析要先分析企业的战略及定位，然后进行会计分析，评估企业财务报表的会计数据的真实性及其盈余质量，再进行财务分析，评价企业的经营绩效，最后进行前景分析，诊断企业未来发展前景。通过这种分析框架进行财务报表分析，分析者才能从"环境—战略—行为—过程—结果"一体化的视野理解和把握企业的经济后果，从而知晓企业经济好坏的内在原因及其影响因素。这种分析框架最早源于帕利普（Palepu K. G.）、希利（Healy P. M.）、伯纳德（Bernard V. L.）的研究，他们在《经营分析与估值》一书中提出一种集战略与财务报表分析为一体、更具实际应用效果的财务分析框架，即哈佛分析框架。

哈佛分析框架是指在财务报表分析中引进战略分析，从而实现定性分析与定量分析之间的融合。即从战略高度来审视企业的财务状况，并在保证会计信息质量的基础上评价企业当下业绩的可持续性，预判企业的发展方向，其完美地填补了传统财务分析体系一直以来存在的缺陷。它主要包括战略分析、会计分析、财务分析和前景分析四个维度。因此，企业财务报表分析的基本框架应该包括：(1) 战略分析（strategy analysis）；(2) 会计分析（accounting analysis）；(3) 财务分析（financial analysis）；(4) 前景分析（prospective analysis）。

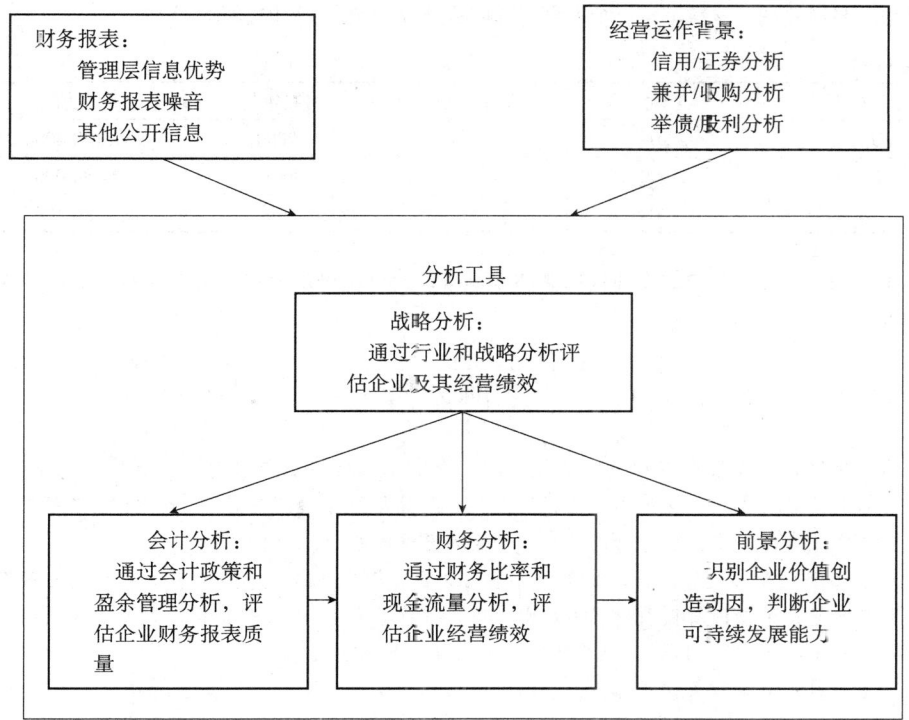

图 1-3　描述了有效的企业经济活动分析的框架

资料来源：克雷沙·G. 帕利普，保罗·M. 希利. 经营分析与估值（第五版）[M]. 刘媛媛译. 大连：东北财经大学出版社，2014.

本章小结

通过本章的学习，我们可以了解到财务报表组成成分的格式和基本结构；熟悉和掌握财务报表的编制原理，了解财务报表数字的来龙去脉；认识到企业价值的重要性和不同报表使用者进行财报分析的目的都是实现价值最大化。本章还介绍了报表分析的基本方法及报表分析的基本框架，让大家了解企业所面临的经营环境、经营战略、会计环境和会计政策等。

复习思考题

1. 财务报表分析的主体有哪些？他们分析的目的有何不同？

2. 权责发生制和收付实现制的区别是什么？报表编制基础的这种差异如何影响报表分析者对利润表和现金流量表的分析？

3. 基于以价值评估为核心的财务报表分析的一般步骤是什么？你认为在这些步骤中，作为会计人员最应该关注的是哪一步？为什么？

4. 在财务报表分析的基本框架图中，你认为对于投资者而言最重要的环节是什么？对债权人而言最重要的环节又是什么？

5. 某钢铁公司某月钢锭的原材料成本比目标成本超支了 50 400 元，影响这一指标的因素有产量、材料单耗、材料单价三个因素。具体费用数据如表1-10所示。

表1-10

项目	产量	材料单耗	材料单价	成本总额
实际值	2 200	1.08	900	2 138 400
目标值	2 000	1.2	870	2 088 000
差额	200	-1.2	300	50 400

请运用因素分析法中的连环替代法和差额法，分析该钢铁公司钢锭的原材料成本产生差异的原因。

案例分析

曾几何时，在各路资本加持、推动下，线下线上教育培训类公司狂飙突进，乱象频仍，扰乱了教育行业。如今，霹雳手段呼啸而至，行业乱象终于迎来重拳整饬。随着"双减"政策具体意见的落地，中国校外培训业在这个夏天遭遇极寒。

7月26日，A股教育板块大幅低开，学大教育、昂立教育、中公教育等昔日明星教育股均以跌停收盘；港股教育板块也集体跳水，新东方收盘大跌47.02%；美股教育股上周末已经先行崩盘，好未来（学而思）、新东方等较股价高点已跌去九成。

一直以来，监管政策的目标极为清晰，阻止无序扩张的资本进一步垄断、异化教育产业。上海证券报记者采访中发现，伴随政策的密集发布，中国校外培训产业已被颠覆，业内企业不得不谋求自救——或转型，或剥离，或彻底退出市场。

超预期的"双减"组合拳

中共中央办公厅、国务院办公厅近日印发了《关于进一步减轻义务教育阶段学生作业负担和校外培训负担的意见》（以下简称"双减"政策），并发出通知，要求各地区各部门结合实际认真贯彻落实。

"双减"政策可谓条条重磅。尤为重要的是，对于学科类培训机构经营资质、营业时间、资本化运作等各方面进行了明确限制。有学科类培训机构人士对记者感叹行业面临"组合拳"的重击。美股上市公司好未来、高途（跟谁学），港股上市公司新东方、思考乐教育，等等，在短期内经历股价暴跌。

"'双减'政策比之前市场预计的来得更猛烈。"21世纪教育研究院院长熊丙奇对记者分析，"双减"政策是此前中央提出的"双减"意见的具体细化，有关要求未来如果逐条落实，对已上市的校外培训机构将产生巨大的影响。"这些机构要么选择退出或转型，要么要在上市资产中剥离学科类培训机构，而正准备上市的学科类培训机构的上市通道已经关闭。"

中国教育学会发布的报告显示，在北京、上海、广州等一线城市，参加课外辅导的中小学生，占到在校生总数的70%左右。另有一个对部分上海中小学家长的问卷调查显示，有84%的孩子参加课外辅导班，其中，87%的孩子有数学辅导，69%的孩子有英语辅导。

课外辅导市场的兴旺，不仅让部分补课老师收入大增，更催生了一批大型学科类培训机构壮大并上市，其中就有高途、好未来、新东方等培训航母。

从营收情况看，财报显示，好未来最新一个财年第四季度净收入高达13.627亿美元，同比增长58.9%。"破100亿美元，也许值得我们给自己倒杯酒庆祝一下，然后就让我们把酒杯扔下，继续前行吧。"俞敏洪在新东方市值突破百亿美元给管理层的信中写道。

不仅是线下课程起家的好未来和新东方，根据《2020年度中国在线教育投融资数据报告》，2020年中国在线教育共发生111起融资，总金额达539.3亿元，同比增长267.37%，超过了此前4年的融资总和。

当时，投资在线教育的基本逻辑是，中国约有1.8亿名中小学生，而在线教育的渗透率不过10%左右。即使在2020年各家企业疯狂获客的情况下，吸引的中小学生也不到5 000万。不少行业人士认为，这意味着在线教育还有3倍至4倍的增长空间。

随着2021年"双减"意见等一系列新规的出台和配套措施落实，校外培训机构上市公司的行情也随之掉头向下，截至2021年7月，高途、好未来、新东方等股票价格相对前期高点都已跌去近九成。

"落实严禁资本化运作的规定，将彻底改变我国的校外培训生态。"熊丙奇表示，需要注意的是，对校外培训机构进行从严监管，并不是"一刀切"禁止校外培训，而是要求校外培训机构必须依法依规，在规定的时间与范围内开展培训，不得进行超标超前培训。进行学科培训的校外培训机构，在禁止节假日、寒暑假开展培训后，可以转型进行非学科培训，包括素养培训、成人培训和技能培训等。

有熟悉政策的研究人士表示，"双减"政策立意高远、措施严厉，但最终效果如何，还要看政策执行力与监督力，毕竟这一行业捆绑了众多实力资本，牵涉利益很大。新政这把利剑能否彻底斩断资本干扰、垄断教育行业之手，将考验执行层面的智慧与改革的定力。

（资料来源：据上海证券报2021年7月27日报道《"双减"政策落地引行业巨变，教培类公司须转型另谋出路》整理）

思考分析：

1. 据高途、好未来、新东方等公司2020年的年报显示，这些公司2020年的业绩都有较大程度的增长，如果基于2020年的年报分析，你认为这些教培类公司未来的发展前景如何？

2. 国家的"双减"政策出台之后，一段时间内，高途、好未来、新东方等股票价格相对前期高点都已跌去近九成。请以投资者视角，分析说明为什么这些公司的股价会下跌这么多？不需要计算。

3. 通过上海证券报这篇报道，请思考，对于财务报表分析者而言，财务报表分析最重要的分析思路和环节应该是哪些？为什么？

第二章 财务报表分析的理论逻辑

【学习重点】
- 了解企业财务报告的制度框架;
- 领会财务报表分析的理论基础;
- 理解实证会计理论与财务报表分析关系。

第一节 会计的标准与企业的本质

一、会计的标准

"不以规矩,不能成方圆",会计标准是财务报表编制者编制财务报表的依据,同时也是财务报表使用者恰当理解财务报表的依据。财务报表之所以有时不被信任,缺乏恰当的会计标准是重要原因之一。会计标准的建立和健全是会计核算以及会计信息披露的根本保证。对于一个特定的国家或地区,所谓的会计标准就是指由当地权威机构约定的、计量会计收益的一整套可选计量方法和指引,即会计准则。

(一) 美国会计标准的发展历程

美国的会计准则,也称公认会计原则(Generally Accepted Accounting Principles, GAAP),是指适用于各个不同行业企业的,包含从会计的基本概念、基本假设等基本原理到具体会计计量和编制财务报表的程序及方法的规定。美国的会计准则是全世界最详细、最浩繁的会计标准,被众多国家和地区视为其制定会计准则的圭臬。随着会计理论和实务的发展,公认会计原则的外延也随之拓展,可以分为国际性和区域性的,已不仅仅指美国会计准则。如中国的公认会计原则就是2006年颁布的、与国际会计准则趋同的会计准则。

在美国,会计准则由私人部门团体(现为 FASB,即财务会计准则委员会,1973年之前历次为 CAP 和 APB)制定,但政府机构(美国证券交易委员会,即 SEC)认可准则的权威性。保证这种权利分享制度有效运作的关键是1973年 SEC

颁布的《会计系列公告第 150 号》（ASR150），该公告确认民间部门在构建和改进会计原则方面的领导地位，FASB 在其公告和解释中所发布的原则、准则和实务将被 SEC 认可为具有实质性的权威支持，那些与 SEC 发布的公告和解释相背离的，将不具有这种支持。

1938～1959 年是会计程序委员会（Committee on Accounting Procedure，CAP）时期，成立当年，CAP 就发布了会计研究公报（Accounting Research Bulletin，ARB）第 1 号，开创了由政府机关或行业组织颁布 GAAP 的先河。CAP 仅存续了 21 年，因为其制定的 ARB 备选方案过多、缺乏逻辑一致性等被会计实务界和理论界所诟病、强烈抵制，并最终解散。1959～1973 年是会计原则委员会（APB）时期，之后其被 1973 年成立至今的财务会计准则委员会（FASB）取代。

截至 2009 年，FASB 共制定了 163 份财务会计准则，也正是这第 168 号准则宣告结束了美国长达 70 多年的 GAAP 体系数量庞大、内容繁多、编排无序、难以检索和难以应用的时代，进入了美国会计准则汇编新时代。2009 年 6 月 29 日，FASB 发布 SFAS 168《FASB 会计准则汇编和公认会计原则的级次——取代 SFAS 162》。发布该准则的目的：其一，替换 FAS 162 号准则《公认会计原则的层次关系》；其二，确立 FASB 准则汇编（FASB Accounting Standards Codification）是遵循 GAAP 编制财务报表的所有非政府企业适用的权威 GAAP 的唯一来源，所有包含在汇编中的准则内容具有同等效力，其中没有包含在汇编中的所有会计准则都将不被视为权威。从 2009 年 7 月 1 日起，FASB 会计准则汇编作为美国新的会计准则体系，正式对外发布，从而宣告取代美国会计程序委员会（CAP）、会计原则委员会（APB）和财务会计准则委员会（FASB）等机构原先发布的各种会计准则公告。

准则汇编是一个完整的准则系统，其最大的特色集中体现在框架结构上，准则汇编的成效，FASB 认为主要有以下几点。

第一，通过准则汇编并"一店式"提供 GAAP 的所有权威性来源，可以方便使用者接触，从而简化解决某一会计研究问题所需要的时间和精力。

第二，通过改进文献的有效性降低了不执行的风险。

第三，当"会计准则更新公告"发布后，提供了准确和实时更新的信息。

第四，在准则制定的过程中，能够对 FASB 的研究和趋同工作提供所需要的帮助。

第五，可以为"可扩展商业报告语言"（XBRL）分类系统提供权威文献来源。

第六，明确没有包含在"准则汇编"中的文献是非权威性的。

时至今日，FASB 在不断变革中求得生存和发展，尤其是其发端于 2009 年的准则汇编再一次开创了全球之先河，毫不夸张地说，FASB 的会计准则体系仍是全世界最为完善的会计标准。

(二) 中国会计标准的发展历程[①]

中国的会计有着悠久的历史。西方人也承认，中国对受托责任功能的行使最早可追溯到公元前2200年。历史资料表明，在夏朝，会计就被用来计量财富和比较诸侯的成就。孔子年轻时就是一个库房主管，在他所传授的内容中，强调了保持历史的必要性，而会计记录就是历史的一部分。

然而，当代中国会计则应以1949年新中国的成立为起点。新中国实行了高度集中的计划经济，反映了马克思主义原理，并全盘采用了苏联的模式。从那时起，会计准则或者会计规范由官方机构制定的状况就从未发生过改变。直到1951年上半年，中央人民政府主要致力于医治战争创伤，改造南京国民政府留下的烂摊子经济，争取财政经济状况的根本好转。1950年3月，中央政府做出《关于统一国家财政经济工作的决定》，该决定要求集中全国的人力、物力、财力，建立强有力的集中统一的财政经济体制，会计的重要任务则是建立统一的制度、恢复正常的会计秩序。从此，我国"财政制度决定财务制度，财务制度决定会计制度"的宏观格局得以确定。

为了满足自1953年起开始执行的第一个五年计划的需要，1951年下半年，财政部陆续制定了服务于计划经济的会计制度。到了1953年，除把原先分散在统一会计制度中共性的内容修订为单项的"方法"或"规程"外，其他核算内容则建立了分部门、分行业的制度。这样，我国从1953年就确定了分部门、分行业、分所有制一统到底的会计规范体制，并一直持续了40年左右。无论从账户名称到账簿格式还是从成本核算方法到材料核算方法，几乎所有的方面都照搬苏联。这种统一的会计制度从属于财政制度和财务制度，顺应了当时集中的计划经济体制，对于维护财政纪律、保障财政收入、推动企业增产节约，起到了重要的作用。

但到了20世纪80年代末，在邓小平理论的指引下，我国开始从苏联的计划经济模式转向更为面向市场的社会主义市场经济体制。原有的一统到底的会计逐渐暴露出其弊端：对内缺乏可比性，不同部门、不同行业和企业的会计信息不能进行比较；对外缺乏灵活性，企业对会计制度的运用受到严重的束缚。这就强烈地要求改革会计规范体制，学习和引进西方会计模式，建立适应经济发展的会计制度和规则。

经过各方的不断努力，财政部于1992年11月正式颁布了《企业会计准则》，并确定自1993年7月1日起生效。该准则是用来指导新会计准则制定的概念框架，更是中国走向市场经济的里程碑。中国会计自此开始走向与国际会计全面接轨的进程。《企业会计准则》发布之后，财政部又用13个分行业和2个分所有制的制度，取代了40多个统一会计制度。这些制度作为具体会计准则颁布之前的过渡，适用于在中国从事经营活动的所有企业。《企业会计准则》于2001年进行

[①] 本部分主要参考资料：薛云奎，郭照蕊. 财务报表分析 [M]. 北京：机械工业出版社，2019.

了重新修订。

为了适应会计准则的国际化趋同以及中国加入WTO后欧盟各国的要求，财政部于2005年开始在此前制定会计准则和会计制度的基础上，借鉴国际财务报告准则，全面启动了中国会计准则体系的修订、完善和制定工作。2006年2月15日，财政部发布了新的《企业会计准则》，其中包括1个基本准则和38项具体准则，要求从2007年1月1日起所有上市公司、部分非上市金融企业和中央大型国有企业必须执行，同时鼓励其他企业执行。这标志着中国会计准则与国际会计准则开始进入实质性趋同。基本准则建立了框架，具体准则阐明了广泛的原则和详细的应用指引；它们共同构成了一套中国会计准则综合系统，实现了与国际会计准则的实质性趋同。2007年12月6日，财政部与香港会计准则制定机构——香港会计师公会联合签署《关于内地企业会计准则与香港财务报告准则等效的联合声明》，确认两地会计准则等效互认。欧盟委员会在对中国会计准则国际趋同和有效实施情况进行评估后，于2008年12月12日就第三国会计准则等效问题发布规则，正式认同中国新会计准则与欧盟所采用的国际财务报告准则等效，决定在自2009年起至2011年底的过渡期内，允许中国企业进入欧盟资本市场时直接采用按中国企业会计准则编制的财务报告。

为了保持与国际会计准则的持续趋同，财政部于2010年4月1日发布了《中国企业会计准则与国际财务报告准则持续趋同路线图》，明确指出："中国企业会计准则将保持与国际财务报告准则的持续趋同，持续趋同的时间安排与IASB的进度保持同步，争取在2011年底前完成对中国企业会计准则相关项目的修订工作，同时开展必要的宣传培训，确保所有上市公司和非上市大中型企业掌握相关会计准则的变化，并得到有效应用。"截至2017年底，财政部陆续更新了《企业会计准则第14号——收入》《企业会计准则第22号——金融工具确认和计量》《企业会计准则第23号——金融资产转移》《企业会计准则第24号——套期会计》等多项具体准则；同时，新制定4项具体准则，具体包括《企业会计准则第39号——公允价值计量》《企业会计准则第40号——合营安排》《企业会计准则第41号——在其他主体中权益的披露》《企业会计准则第42号——持有待售的非流动资产、处置组和终止经营》。其中，前3项具体准则于2014年发布，已从2014年7月1日开始执行；第42号具体准则于2017年发布，自2017年5月28日起施行。

以上可以看出，财政部作为官方机构在中国会计准则的发展历程中起着主导作用。但除财政部之外，中国证监会（CSRC）在中国的资本市场上也扮演着相当重要的角色，是又一重要官方机构。CSRC负责管理中国的两大股票交易所，即1990年开市的上海证券交易所和1991年开市的深圳证券交易所，同时还负责制定监管指南、市场规则，审批首次发行的新股。2002年引入公司治理规范后，CSRC还发布了上市公司的其他披露要求。因此，对上市公司来说，其信息披露要求由财政部和CSRC两个政府机构制定。

（三）会计的全球化趋同

国际会计准则是由国际会计准则理事会（IASB）和其前身国际会计准则委员会（IASC）颁布的会计准则。IASC 的任务是通过制定和推广国际会计准则，协调各国的会计准则并用之改善财务报表，提高财务报表的可比性，力求使财务报表易于理解，使投资者在全世界范围内做出趋利避害的最佳投资。IASC 颁布的会计准则为国际会计准则（IAS）。截至 1990 年，IASC 共颁布 31 份 IAS。由于这些 IAS 大多注意了普适性和易于理解性，涵盖了各个国家或地区不同的会计处理和会计披露，导致会计处理的备选方案过多，既不利于缩小各国会计准则的差异，也降低了财务报表的可比性。

为了扭转这一局面，1990 年后 IASC 通过比较和优选允许的会计处理方案，鲜明地表达了自己的观点，从而后续修订的系列 IAS 具有较高的水平，成为对国际投资者真正有用的会计准则。同时，IASC 积极争取证券委员会国际组织（IOSCO）的合作与支持，以最大限度地向全球推广国际会计准则。为了实现终极目标，IASC 付出了艰辛的努力，并于 2001 年改组为 IASB，其颁布的会计准则改称为国际财务报告准则（International Financial Reporting Standards，IFRS）。IASB 不懈的努力得到了众多国家和地区的认可；2002 年，欧洲议会支持欧盟关于几乎所有欧洲上市公司必须不得迟于 2005 年开始采用 IASB 的 IFRS 编制合并财务报表的规定，IASB 和 FASB 达成了《诺沃克协议》；2003 年，澳大利亚、中国香港、新西兰、南非决定采纳 IFRS；2005 年，中国财政部承诺到 2007 年实现中国会计准则与 IFRS 的实质性趋同；2006 年，IASB 和 FASB 签署了谅解备忘录，阐明了两大理事会必须实现的里程碑，旨在说明从美国 GAAP 和 IFRS 之间到证券交易委员会和欧盟委员会之间的趋同；2007 年，巴西、加拿大、智利、印度、日本、韩国颁布采纳国际准则的时间表，SEC 决定若境外公司采用 IASB 发布的 IFRS 编报财务报表则不需另行编制差异调节表，随后甚至确定了到 2011 年需要实现的几个里程碑，以此作为从 2014 年开始向 IFRS 过渡的基础。截至 2017 年末，全球有超过 125 个国家或地区采用 IFRS，其中，超过 70% 的国家或地区为完全采纳 IFRS，其余国家或地区为相当程度采纳 IFRS 或允许采纳 IFRS。

财务报告所选用的会计准则不同，约定的规则就有可能不同，其所报告的资产及收益也会随之不同，进而缺乏财务报告的可比性。所以，提高会计信息可比性，使会计真正成为"国际通用的商业语言"，无疑是会计国际趋同的最大好处。IASB 为此做出了不懈的努力，并取得了丰硕的成果。全球趋同的会计准则提高了资本配置的效率，从而降低了资本成本；对投资者来说，能够制定更好的投资决策，投资组合更加多元化，从而降低了财务风险；会计知识和技能能够被持续不断地传播到世界各地；在制定高质量的会计准则中，能够吸纳各国会计准则制定过程中产生的好想法，这些也都是会计国际趋同的好处。

但就此也有不同的声音，对全球趋同持否定态度。反对者认为，国际会计准则没有足够的弹性去解决由于国家背景、传统、经济环境不同而产生的差异，甚至可能对主权国家来说是一种不可接受的政治挑衅;由于执行不力和各国企业报告的动机不同,可比性并不能得以实现,反而牺牲了反映企业业绩和财务状况的当期现实;对非国际化的中小企业来说,使用国际会计准则也可能不符合"成本—效益"原则;趋同具有滞后性,国际会计准则的修改导致主权国家处于被动的境地,诸如此类。但目前来看,这些尚不足以阻碍全球会计趋同的步伐。

(四)"Non-GAAP" VS "GAAP"

除了上述的 GAAP 外,各国和地区还存在不同的 Non-GAAP。所谓 Non-GAAP 就是以非"公认会计原则"定义的计量方法来报告公司收益及盈利的一种会计计量。

Non-GAAP 信息的披露可能是企业情非所愿,因为这些披露会把企业的真实经营状况更多地曝光于公众面前,甚至可能包括以前视为商业机密的信息。但是,Non-GAAP 信息却可能给投资者提供更具实际参考意义的信息。例如,对网游公司来说,披露在线人数、付费人数等 Non-GAAP 信息对某些投资者来说,远比 GAAP 规范下的三大报表信息重要得多。再如,企业的主营业务利润、自由现金流、EBITDA、ROIC、净负债、净资本等信息,同样也能使投资者获得增量信息。遵循 GAAP 的核算方法,会计利润等于收入减产品成本,再减期间费用,但是看似精确的结果却含有大量的"大概"加"估计"。一家公司可以选择直线法计提固定资产折旧,也可以选择加速法计提,抑或即便选择直线法计提折旧,折旧的年限也可以有所不同,因此,会计利润会有相应的不同。从投资的角度来讲,该利润信息不一定能准确地反映出企业业务的真实状况。而 EBITDA 则不然,它记录的是息税、折旧及摊销前利润,剔除了折旧、摊销和息税的影响,显然能够提供增量信息。此外,某些特定的情况下,GAAP 的会计信息若得不到 Non-GAAP 信息的有效补充还可能对投资者产生严重的误导。

【延伸阅读 2-1】

以 2018 年 7 月 9 日登陆港交所的小米集团为例:2018 年 5 月 3 日,其向香港联交所递交的上市申请书中显示,根据 IFRS 编制的财务报表中的净利润为亏损 438.89 亿元,较上年盈利 4.92 亿元有相当大幅度下降。如果没有 Non-GAAP 信息补充,这一严重亏损公司还能申请上市而且还能被港交所火速批准、跑步上市,着实让人费解。但洞悉了 Non-GAAP 信息就会豁然开朗,原来小米集团的巨额亏损是由可转换可赎回优先股公允价值变动损失 540.72 亿元造成的。如果扣除该项因素的影响,小米集团 2017 年度税后净利润应为 101.83 亿元,其中包括 2017 年经营性净利润 38.12 亿元和投资公允价值变动收益 63.71 亿元。之所以将可转换可赎回优先股公允价值变动损失纳入利润构成中是因为 IFRS 的明确要求。小米集团截至 2017 年底,先后进行了 9 轮融资,发行了大量可转换可赎回优先股。从会计角度来说,如果把优先股看作"股"的话,那么,其公允价值变动应当与公司盈亏无关,盈亏自然由股东承担。但由于它可赎回,所以,"股"的性质就变成了"债"。作为"债",IFRS 明确要求其公允价值上升应为投资人赎回时的公司损失。但事实却是,投资者既可以把它看成公司的亏损,又可以忽略这笔巨额亏损,因为如果这些优先股持有人选择在公司上市后转股的话,这笔潜在亏损就自然被消除。即使不能被消除,它也只是影响公司经营业绩的偶然因素。巴菲特对美国 GAAP 也颇有抱怨,在 2018 年致伯克希尔-哈撒韦公司股东的信中,他说:"我必须先向各位介绍一个新的会计规则——公认会计原则(GAAP),这项规则很可能在将来严重扭曲伯克希尔-哈撒韦的季度和年度净收益数字,并很可能会经常误导评论家和投资者。"

可以看出,会计概念和核算因其自身的特点和规则,产生的信息对于投资者而言,可能需要做进一步的分析和调整才可以变为有价值的估值基础。但是,同 GAAP 相比,Non-GAAP 也存在很多问题。例如,缺乏可比性和一致性,这也就产生了 SEC 对美国上市公司 Non-GAAP 披露的要求。受萨班斯(SOX)法案影响,SEC 于 2002 年 11 月 4 日发布 Regulation G,以规范美国上市公司的"Non-GAAP"信息披露。该规则于 2003 年 3 月 28 日生效,并于 2010 年 1 月 11 日进行了修正。修正后的规则更加强调 Non-GAAP 的内外一致性,即公司向公众披露的 Non-GAAP 信息应与公司在 SEC 文件中备案的信息相一致。同时,对 GAAP 与 Non-GAAP 信息的法律责任加以明确,GAAP 信息负有法定责任,而 Non-GAAP 信息则只需承担一般反欺诈责任,这也表明 SEC 是鼓励公司披露更多的 Non-GAAP 信息的。

二、企业的本质

关于企业的定义,国内外至今尚未形成一个统一的表述。但是也有一些共识;企业是组织形式的一种,它通常是营利组织,但也不排除是非营利组织的可能性。然而,企业研究的重点大多聚焦于作为营利组织的企业,而较少考虑其他。企业作为社会中微观经济的主体,好比国民经济的细胞,是市场经济活动中最重要的参与者,在社会经济生活中发挥着巨大的作用。

(一)企业的本质:基于新制度经济学视角

企业除了前述所讨论的表象上差异外,其共同性的本质特征究竟是什么?1937 年,科斯从契约角度给予了比较准确的解释,并由此开创了一个经济学新天地——新制度经济学。此前,经济学家将企业视为一个"黑箱"。科斯创造性地利用交易成本分析了企业与市场的关系,阐述了企业存在的原因,他认为,企业本质是一种资源配置的机制,是价格机制的替代物。在市场上,资源的配置由价格机制调节;在企业内,资源的配置则通过企业管理当局的管理协调完成。从资源配置的效率出发,为了节约交易成本,有些交易通过市场完成,有些交易在企业内完成,选择在哪里完成,依赖于市场定价的成本与企业的组织成本之间的平衡关系。

从 20 世纪 70 年代开始，企业理论便沿着两个分支发展：一是交易成本理论；二是委托代理理论。其中，交易成本理论着眼于企业与市场的关系、企业的性质与边界的讨论；代理理论则侧重于分析企业内部组织结构及企业成员之间的委托代理关系。但这两个理论都强调了企业的契约性，因而又将企业理论称为企业的契约理论。阿尔奇安（Alchian）和德姆塞茨（Demsetz）评判性地继承了科斯关于交易成本促使企业代替市场机制的思想，并在此基础上对企业理论加以发展和创新。20 世纪 80 年代初，张五常对科斯的企业理论提出了更为透彻的解释，他认为企业和市场的边界变得模糊了。企业不过是不用于市场组织活动的一个简略说法，企业和市场之间还存在些过渡地带。企业内部关系是一组契约关系，如果说非得对企业和市场进行区别的话，那就是企业用生产要素契约关系代替了市场的产品契约关系。张五常提出的关于企业性质的解释，改进和发展了科斯的企业理论，对现代企业理论的发展产生了深远影响。

简而言之，企业是一系列契约的集合。这些契约既包括企业内部的契约，也包括企业与外部利益相关者的契约。正是这一系列或显性或隐性的契约缔结了现实中千差万别、形态迥异的企业。

（二）契约的本质和委托代理理论

企业契约理论的核心观点就是对企业本质的探索，即企业是一系列契约的集合。在过去的几十年里，委托代理理论是契约理论最重要的发展之一，这是经济学家通过深入研究企业内部信息不对称和激励问题发展起来的。其最早可追溯到 1932 年美国经济学家伯利（Berle）和米恩斯（Means）出版的《现代公司与私有财产》一书，在书中两位经济学家认识到企业所有者兼具经营者的做法存在着极大的弊端，于是提出"委托代理理论"，倡导所有权和经营权分离，企业所有者保留剩余索取权，而将经营权利让渡给管理层。这只能说是对委托代理理论的初步认识，其丰富的内涵还远没有被发掘。1976 年，詹森（Jensen）和麦克林（Meckling）针对西方企业所有权与控制权相分离这一事实，真正把委托代理理论发扬光大，成为企业契约理论中最为重要的部分。他们认为，由于企业管理人员不是企业的完全所有者，管理者努力工作时只能获取一小部分剩余权益；而当他消费额外收益时，他得到全部好处却只承担一小部分成本。这就造成企业管理人员的工作积极性不高，却热衷于追求额外消费。于是，企业的价值就小于所有者直接管理企业时的价值，两者之间的差异被称为"代理成本"。减少或消除代理成本的办法是让管理者成为企业完全的剩余权益所有者。这一论断是大胆的，但在现实中也是难以实现的。除了极少数的企业通过管理层收购（management buy-out，MBO）实现了管理者到所有者角色的转移外，大多数企业仍在企业所有权与控制权相分离状态下存在着，且在不断地发展和壮大。如比看来，詹森和麦克林的理论分析中应该忽略了某些能够抑制代理成本的因素。尤金·法玛（Eugene Fama）指出所有权与控制权的分离可以被理解为经济组织的一种有效形式。

由于存在着经理人市场和股票市场，管理者的行为受到了约束，代理费用得以降低。具体来讲，经理人市场通过对管理者的"声誉"的评价而发挥作用，股票市场的存在使得股东可以以用脚投票的方式避免管理者滥用职权带来的损失，同时引起的股票价格的跌落又间接地评价出管理者的绩效。

以上分析主要针对的是所有权和经营权的分离导致的所有者与管理层之间的委托代理关系，这只是企业契约关系中的一部分，而非全部。此外，还存在大量的其他委托代理关系。因此，企业契约理论研究的范围不单也不应只局限于所有者和管理层的契约关系，企业与政府、外部投资者（股权和债权人）等相关利益者的契约关系也理应涵盖其中。

只要信息是非对称的，存在着某些参与人拥有但另一些参与人不拥有的信息，而且不拥有信息的参与人对信息的获取由于搜索成本的高昂而在经济上不现实，就有委托代理关系存在的"土壤"。这里的非对称性可以从两方面划分：一是信息发生的时间存在非对称；二是信息的内容存在非对称。在现实经济生活中，信息的非对称是永续存在的，委托代理理论就是建立在非对称信息博弈论的基础上的。只要在建立或签订契约前后，市场参与者双方掌握的信息不对称，这种契约关系都可以被认定为委托代理关系。所以，从本质上讲，契约关系就是一种委托代理关系，是一种居于信息优势与处于信息劣势的市场参与者之间的相互关系。在这个关系中，掌握信息多（或具有相对信息优势）的市场参与者称为代理人，掌握信息少（或处于信息劣势）的市场参与者称为委托人。委托代理理论的中心任务是研究在利益相冲突和信息非对称的环境下，委托人如何设计最优契约激励代理人。

需要特别说明的是，随着缔约人关系的不同，一个主体在契约关系中是委托人还是代理人并非一成不变，而是依其所居的信息地位而定。对股东和公司管理层之间的契约关系来说，股东就是委托人，公司管理层是代理人；对员工和公司管理层之间的契约关系而言，员工明显处于信息劣势，员工是代理人，而管理层则变成委托人了。

契约约定了不同利益主体各自在企业中所应承担的责任与分享的利益。例如，管理层的报酬、激励员工的薪酬与奖金、政府的税收、股东的红利、银行的本息等。契约的约定如何去实现？有没有具体的衡量标准？这些问题最终得以解决都要追溯到会计的功用。因为大多数利益的约定通常以会计收益数字为基础，从而赋予了会计分配的职能。

第二节 企业财务报告的制度框架概述

20世纪60年代之前，经典研究学派在会计学术界占统治地位，目前仍然是会计准则制定的框架基础，对现行的财务报表体系有着重大的影响。该学派认为公司的内涵价值是客观存在的，因此，他们试图从理论的角度寻求所谓"最佳"

或"最正确"的会计方法，以确保财务报表能够尽可能反映出公司的内涵价值。

一、财务报告概念框架与会计准则

经典研究学派往往将财务报表视为投资者获取公司信息的唯一来源，因此，公司管理层可能通过选择会计程序来影响财务报表数据，从而误导市场，影响股价，导致市场无法区分高效率和低效率的公司，影响了资源的合理配置。因此，有必要对公司管理层的会计选择进行严格限制，甚至要求所有的公司采用同样的会计程序。这便为制定约束财务报表信息的制度框架提供了理论基础。为了更有效地进行财务报表分析，必须深入了解这一制度框架。

（一）财务报告概念框架

财务报告概念框架是经典研究学派的重要理论成果。经典研究学派认为，应当根据一套既定的概念、原则和目标来推导出正确的会计方法。因此，财务报告概念框架可以说是"准则的准则"。对于财务报表分析而言，概念框架是理解财务报表信息的重要基础。

目前，大多数国家的概念框架都将财务报告的首要目标定位于：为现有和潜在的投资者、债权人以及其他使用者提供其做出理性投资、信贷和相似决策所需要的有用信息，并指出上述"有用信息"是指为现有和潜在的投资者、债权人以及其他使用者，提供有助于他们评估从股利或利息中获取预期现金收入的金额、时间分布和不确定性（风险）的信息。显然，这样的信息是带有"预测"性的。但问题的关键在于以历史成本为基础的财务报表在预测未来收益时是否有用？如何在公司过去业绩和未来前景之间建立某种联系？对于此问题概念框架给出了这样的解答：虽然投资和信贷决策反映了投资者和债权人对公司未来业绩的预期，但这些预期一般建立在评价公司过去业绩的基础上。因此，报表使用者可以通过分析当期财务报表来修正对公司未来盈利状态的概率。

概念框架还进一步探讨了如何使财务报表信息尽可能帮助投资者预测未来收益，答案在于相关性和可靠性。理想环境下的相关性是直接的相关性，即直接告诉投资者未来的回报；非理想环境下，相关性的概念有所扩大。只要有助于投资者对未来回报预期的判断，即是相关。也就是说，相关的会计信息是指能够通过帮助使用者预测过去、现在和未来事件的结果，或坚持或更正先前的预期并在决策中起作用的信息。信息对决策的影响是通过提高决策者预测能力，或提供对先前预期的反馈来实现的。通常，信息同时作用于两者，因为关于行为结果的知识往往能提高决策者预测相似未来行为的能力。可靠的信息是指真实、可验证和中性的信息。对可靠性的强调，是支持历史成本计量基础的重要理论依据。

总而言之，财务会计概念框架所采用的"决策有用观"使财务报表具备了价值相关性，这便为财务报表分析系统提供了有效的信息输入，并使利用财务报表分析帮助使用者提高决策能力成为可能。但是，在现实会计环境下，财务报表的决策有用性并不在于直接预测公司的未来收益，而是致力于提供相关和可靠的信息，从而帮助投资者形成自己的预期。因此，其相关性是"间接相关"，而且由于固有局限，现行财务报表信息也非完全可靠，在这种情况下，如何利用存在一定误差的财务报表信息对未来进行合理预测，需要财务报表分析来起到"桥梁"的作用，以使投资者能够在公司过去业绩和未来前景之间建立起恰当的联系。可见，现行的财务报表信息"非完全可靠，非完全相关"的特点，决定了我们必须进行财务报表分析，而且能够通过恰当的财务报表分析帮助使用者提高决策能力。

（二）企业会计准则

为了限制公司管理层对财务报表的操纵，各个国家都制定了相应的会计准则来对资产如何计量、负债何时记录、收入何时确认、费用何时应计等重要会计问题进行约束。会计准则带来的"硬约束"，无疑增加了财务报表的可靠性和可比性，但是，会计准则也无法确保会计信息完全真实可靠，主要原因在于：

1. 会计准则无法完全排除公司管理层的会计选择。会计准则日益增加的统一性和限制性是以牺牲公司管理层在报表中反映真实业绩的灵活性为代价的。对于会计处理并不取决于经理私有信息的经济业务而言，严密的会计准则或许能够发挥最佳作用，但是现实中对大量业务的经济评价往往涉及许多判断，这使得赋予公司管理层一定的会计选择权极具潜在价值，因为这种权利可以使得公司管理层在对外报表中披露内部信息，增加财务报表的相关性。此外，如果会计准则过于"刚性"，可能诱使经理为取得期望的会计结果，耗用经济资源对经营业务进行重组。因此，现实中的制度安排是准则制定机构享有一般准则制定权，而公司管理层享有剩余准则制定权，即会计政策选择权。

2. 会计准则通常只规定了最低的披露要求，但不限制经理自愿提供额外披露。公司管理层可以通过致股东信、管理层讨论与分析、报表附注等形式披露信息，而这些信息的披露也是影响财务报表质量的重要因素。

3. 会计准则本身可能歪曲信息。财务报表具有许多潜在的经济后果，影响到财富在不同利益集团间的分配。各利益集团很难就何为"最佳"准则达成共识，因此，会计准则的制定很难完全按照概念框架来推导，它必然涉及各利益集团之间的平衡与协调关系。关于"最佳"会计准则的争论不仅强调传统的"技术"问题，例如何种方法才能促使收入和费用的最佳配比，还会涉及经济后果问题。正如泽夫（1978）所言，会计准则在许多情况下只是"微妙的平衡"，这种准则制约下的财务报表必然包含着许多政治问题，呈现出各种偏好，甚至是以牺牲报表信息的准确性为代价。并且，一些会计原则本身也可能导致报表信息失实，例如，出于稳健性原则的考虑，会计准则往往要求研发费用计入当期损益，但对于许多高科技公司而言，巨额的研发费用对于提升公司价值极有帮助，将其费用化将导致公司价值被低估。

由此可见，会计准则并非万能，希望利用会计准则的约束来达到财务报表信息的完全可靠相关是不可能的，会计准则体系制约下的财务报表中仍然存在诸多陷阱和不足，恰当的报表分析不应将原始报表数据视为"想当然"的信息输入，仍然需要通过一定的会计分析过程对其进行必要的调整。

二、应计制会计与财务报表分析的必要性

现行财务报表体系（现金流量表除外）的一个重要特征在于它们是以应计制（而非现金制）为基础来编制的。经典研究学派认为，投资者对财务报表有定期的需求，而现金制会计无法合理报告某一特定期间经济业务所带来的所有经济后果，因此，仅仅报告现金流量是不够的，只有应计制会计才能提供有关公司经营业绩的更为全面的信息。对应计制会计优越性的基本肯定源于佩顿和利特尔顿（1940）的专著，他们强调了会计中的配比（matching）概念，并指出收入和费用之所以应当被记录，是因为所做出的努力与所取得的成就应予恰当配合。报告现金收入和现金支出难以产生合适的配比，而应计会计的某种形式可能做到合理配比。

由以上分析可见，经典研究学派认为应计制会计能够提供更为丰富的信息。但是，应计程序是模糊和难以定义的，财务报表中的许多主要事项均存在多种可选的应计方法，如存货计价的先进先出法和后进先出法，资产折旧的直线法和加速法，等等。这就导致了这样的问题：何为最佳的应计制方法？对各种应计制方法优劣性的争论是经典研究学派的研究重点之一，这一问题在本质上可以看成是规范的问题，因此，经典研究学派往往被称为规范研究学派。

应计制会计的使用是导致公司财务报告出现许多复杂情况的根源。因为应计制的模糊性导致其在实际运用时具有较强的主观性，需要依靠大量的假设。特别是随着时代的发展，公司的组织结构日益复杂，关联方交易极为频繁，各种融资、投资方式不断被创新，这些直接加大了应计制会计的难度，使得应计制下的财务报表成为难以被投资者所理解的"天书"。更为重要的是，由于公司管理层对实际经营情况了如指掌，具有相对的信息优势，因此，他们往往受托对应计制财务报表的编制做出估计和假设。这进一步增加了财务报表中的"噪声"，因为会计估计和判断中或多或少包含了公司管理层的私人动机。

基于上述原因，应计制财务报表对于普通投资者而言缺乏可理解性，这将严重影响财务报表在证券市场上的信息传递作用，投资者面对着日趋复杂的财务报表等相关信息披露，往往感到无所适从、望而生畏。报表分析无疑犹如"解码器"，将财务报表中的复杂信号分解为投资者所能理解的简单信号。由此可见，在信息不对称的市场中，我们不仅需要完整的信息生产、传递系统，还需要相配套的信息解释系统。

应计制财务报表的复杂性为报表分析提供了两方面契机。

首先，我们可以利用财务报表分析排除技术性错误。如前所述，经济业务的复杂性使得应计会计需要大量的估计和预测，公司管理层虽然拥有相对信息优势，但仍是"有限理性"，无法做出完全准确的判断。即使公司管理层在做出决

策时是"最佳"判断，公司环境的变化和整体经济形势的发展也可能导致偏差。财务报表分析者虽然不具备信息优势，但其专业优势有助其在排除这些技术性错误时发挥作用。

其次，我们可以利用财务报表分析纠正经理人员的会计政策选择。如前所述，公司管理层在进行会计政策选择的过程中，也会使会计数据产生噪声和偏误。因为他们有各种动机通过实施其会计斟酌处理权达到一定的目标，从而对公司财务报告产生系统性的影响。财务报表分析者客观公正的态度有助于他们纠正经理人员所做出的不当会计政策选择。

应计制财务报表的复杂性与易错性为财务报表分析提供了重要的机遇，也带来了挑战。尽管应计制会计信息系统比现金收付制会计包含更多信息含量，但这些信息极其复杂且充满噪声，只有通过有效的报表分析行为才能够"拨云见日"，正确解读出财务报表中的信息内涵。换言之，应计制财务报表就像一座"信息富矿"，但这座"信息富矿"深藏于迷宫之中，要想发掘这座"信息富矿"，就必须掌握财务报表分析这把"金钥匙"。

三、财务报表分析是搜寻内涵价值的工具

经典研究学派认为，公司的内涵价值是客观存在的，为了使财务报表能够正确地反映出公司的内涵价值，他们致力于根据一套既定的概念框架、原则和目标来推导出正确的会计方法。但是，由于种种局限（如会计收益与经济收益的背离），财务报表不能完全正确地反映出公司的内涵价值。那么，上市公司的市场价格是否就是其内涵价值？对于此问题，经典研究学派认为市场价格总是以财务报表"面值"做出反应，无法看穿财务报表面值之下蕴涵的实质内容，因此，市场价格往往与内涵价值相背离。

虽然财务报表不能直接揭示出公司的内涵价值，但是，理性的投资者可以利用财务报表分析，以财务报告为基础，结合战略分析，全面了解公司经营环境和经营状况，预测公司未来收益，并在此基础上进行时间价值和风险价值贴现，最后评估出股票内涵价值的一个合理的区间。

值得注意的是，内涵价值是一个难以把握的概念。内涵价值的模糊性并不影响其作为财务报表分析的主要目标，因为财务报表分析的目的并不是要确定某一证券的内涵价值的"精确值"是多少，而是想以此作为一个"标杆"（benchmark）判断出市场价格相对于内涵价值是高估还是低估。出于这样的目的，一个近似的内涵价值判断就已足够。换言之，利用恰当的财务报表分析过程搜寻出公司内涵价值的合理区间，显然有助于各种决策判断。

（一）会计收益与经济收益

收益概念一直是经济学界重要的关注对象。经济收益力图计量公司的实际收益而非名义收益，因而又被称为"真实收益"。众多研究表明，会计收益是投资者最为关心的财务报表数据，因此，对会计收益的讨论也是经典研究文献中的热

门问题。但是，在现实环境下，会计收益是不能被精确解释的经济术语。会计收益的确认和计量包括了对公司交易和事件的估计，因此，会计收益并非一成不变的确定金额，而是取决于所应用的假设和会计政策。会计收益一般指投入价值与产出价值之比，或者是产出大于投入的差额，即如果投入一笔资本，则超过资本额的报酬就是收益。根据传统的观点，会计收益一般被具体化为期间交易的已实现收入和相应费用之间的差额。可见，会计收益与经济收益存在明显的差异。经济收益根据期末期初净资本的差额确定，是基于实物资本保全观，所体现的是以现行价值或公允价值为基础的"资产负债观"；会计收益是基于财务资本保全观，强调已实现收入与相关历史成本的配比，所体现的是以历史成本和实现原则为基础的"收入费用观"。由于会计计价原则的局限性，且在会计收益的计算过程中涉及会计人员一系列的主观职业判断，因此，会计收益与真实收益之间往往存在偏离，会计收益也被称为"观念收益"。

会计收益是基于实际发生的交易，具有较高的可信性，一般比较稳健，但会计收益数据也存在下列缺陷：

第一，由于历史成本和实现原则的限制，会计收益无法确认在既定期间内持有资产的价值增减（这显然对公司价值有重大影响），从而不利于投资者了解本期的实际收益；

第二，由于资产成本的计算方法不同，不同公司间的会计收益不便于比较；稳健性原则可能导致收益数据的失真或误解，或为人为操纵期间损益提供了貌似合理的借口；

第三，资产负债表仅仅反映了资产在特定时点的摊余成本，而非实际价值。

基于上述缺点，许多学者开始吸收经济学的收益概念来发展会计收益，促使会计收益逐渐趋向经济学收益。他们用资产的增减来定义收益，即收入代表一个会计期间内的资产增加或负债减少，而费用代表资产的减少或负债的增加，而且收益应包含资产的持有利得和损失。根据这种观点，会计收益和经济收益就可以通过下列公式加以比较：会计学收益－未实现的有形资产（增减）变动－前期已实现的有形资产（增减）＋无形资产的价值变动＝经济学收益。

事实上，这两种收益概念的主要差别在于经济学收益比传统的会计收益有着更丰富的内涵。除了根据传统会计计量模式得出的已实现经营收益之外，经济学收益还包括在既定期间内未实现的有形资产和无形资产的价值变动。

（二）会计收益质量分析

由以上分析可知，虽然会计收益的发展方向是逐渐趋向经济收益，但是，会计信息系统本身的固有限制决定了会计收益必然包含大量估计和判断，因此，其最多只能"逼近"经济收益，而无法完全等同于经济收益。由于会计收益很大程度上依赖于相关假设和所选择的会计政策，因而引发了对会计收益质量的探讨。会计收益质量可以理解为会计收益和经济收益的匹配程度，区分会计收益中不同组成部分质量的高低对于报表分析结果有重大影响。一般而言，高质量的会计收益应当具有以下特征：收益的真实性、收益的含金量、收益的持续性、收益的稳定性和收益的安全性。

鉴于会计收益质量影响因素的复杂性,我们可以从以下几个方面来分析会计收益质量的高低:

一是分析注册会计师所出具的审计报告。在对审计报告进行分析时,必须关注与可能的收益质量有直接关系的一些审计报告异常,如审计报告异常的长、含有异常的措辞、提及重要的不确定性、公布的日期比正常日期晚或者指出审计人员发生变化。这些有可能意味着对于以何种方式反映一些交易,公司管理层和注册会计师的意见不一致。这些不一致通常与那些最终结果具有高度不确定性的交易有关。此外,还必须关注公司更换注册会计师的情况,公司更换注册会计师很有可能与公司管理层降低收益质量的企图有关,因为公司管理层可能会解雇那些不予配合的注册会计师。

二是分析公司生产经营政策的变化。在收益质量分析中,需要重视公司生产经营政策的变化。在考虑公司经营政策变化对收益质量的影响时,对于公司过分依赖核心业务以外的收入来源、一次性偶发收入的增加等都需要谨慎分析,因为它们可能正在侵蚀公司的收益质量。

三是分析会计政策变化。会计政策的变化可能是公司经济状况发生变化的一个信号,或者进行这种变化仅仅是为了创造更高的收益增长率。在进行这类分析时,对那些曾经有过利用会计政策变更达到收益预期行为的公司应尤为关注。

四是分析其他非正常事项。收益质量分析是一项高成本的分析性活动,把主要精力集中于最有可能发现收益质量下降的情形,关注那些异常的变动,将可达到事半功倍的效果。

总之,会计收益质量分析既是一个极其复杂的过程,也是财务报表分析过程的必要步骤和难点所在,需要结合公司的整体经营环境,综合财务报表、报表补充资料、报表注释、管理层分析与讨论以及审计报告等多方面信息加以分析,并且这个过程具有一定的主观性。因此,对于何谓高质量收益并没有统一的标准。事实上,证券市场对不同收益质量的反应也不是一成不变的。充分了解目前证券市场对公司收益质量的整体要求,有助于对收益质量以及收益质量与获利能力及股票价格关系的深入理解。

第三节 财务报表分析的理论基础[①]

一、信息不对称理论

(一) 信息不对称的主要观点

哈耶克(2001)指出,资源的任何配置都是特定决策的结果,而人们做出任

---

① 本部分主要参考资料:黄世忠. 财务报表分析:理论·框架·方法与案例 [M]. 北京:中国财政经济出版社,2007.

何决策都是基于给定的信息。因此，经济生活中所面临的根本问题不是资源的最优配置问题，而是如何最好地利用分散在整个社会中的不同信息，因为资源配置的优劣取决于决策者所掌握信息的完全性与准确性。

信息经济学的研究成果表明，现实经济生活中，各当事人掌握的信息往往是不完全的、非对称的。在证券市场上，信息不对称主要有两种类型：（1）投资者之间的信息不对称；（2）公司管理层和投资者之间的信息不对称。

投资者之间的信息不对称使得拥有较多信息的投资者有动机"积极"交易，因为他们可以凭借信息优势在与信息较少投资者的交易中获利。因此，投资者有动机进行私人信息采集，但由于私人信息采集是有成本的，这导致投资者之间是负和博弈的关系。如果投资者之间能够达成协议，均不进行私人信息采集，那么整个投资者整体福利将得到改进。但是这种协议的执行成本极高，签订人有强烈的动机私自违反协议。

公司管理层和投资者之间的信息不对称，可能导致两种情况发生：逆向选择和道德风险。逆向选择是指公司管理层比外部投资者掌握了更多有关公司当前状况和未来前景的信息。公司管理层可能通过其信息优势来损害投资者的利益，例如，通过扭曲财务报表信息来误导投资者的买卖决策。道德风险涉及公司管理层的努力工作问题，它的产生来源于所有权和经营权的分离，由于股东和债权人不可能观察到管理人员的努力程度和工作效率（或者说这样的监督行为成本太高），于是公司管理层就有可能偷懒，或将公司状况的恶化归结为他们不可控制的因素。

（二）信息不对称对资本市场的影响

在资本市场上，不确定性和风险是影响证券价格和构成证券特征的重要因素。信息的获取可以改变对证券不确定性和风险的评价，因而其对证券市场的价格发现和价格均衡也就具有直接作用和决定性意义。因此，从本质上看，证券市场是一个信息市场，市场的运作过程就是信息的处理过程，正是信息在指引着社会资金流向各实体部门，从而实现了证券市场的资源配置功能，市场效率的关键问题是如何提高信息的充分性、准确性和对称性。

遗憾的是，资本市场上各种类型的信息不对称严重影响了资本市场的正常运转。投资者之间的信息不对称使得拥有较少信息的投资者为了避免与信息较多者的交易而产生的损失而选择"买入—持有"的消极投资策略，这将使得市场交易萎缩；公司管理层与投资者之间的信息不对称使投资者难以获知公司的实际经营状况，他们只能根据全体公司的平均经营情况来确定愿意接受的股价，这导致了实际经营情况高于平均水平的公司会因为股价被低估而退出市场，从而进一步降低全体公司的平均经营情况及投资者的平均估价，这样的恶性循环将不断持续，直到只剩下业绩最差的公司，在这种情况下市场崩溃在所难免。

(三) 上市公司信息披露制度

为了避免信息不对称对资本市场运行效率的消极影响，充分的信息披露是至关重要的。就投资者之间的信息不对称而言，信息的公开披露可以排除对具体信息的私人收集，从而减少投资者之间的信息不对称。就逆向选择而言，信息披露可以使业绩好的公司脱颖而出，得到合理的股票定价，进而促成良性的连锁反应，因为只要存在业绩差别，业绩较好的公司就有动机进行信息披露以将自己同业绩差的公司区分开来，直到市场上只剩一家业绩最差的公司。由此可见，公司是有动力进行信息披露的。就道德风险而言，目前的市场约束机制主要包括公司控制权市场和经理人市场，而这两个市场的有效运转均离不开信息披露。如果没有相关信息披露，公司的经营情况就无法被观察，经理人市场就缺乏评估不同经理人价值的相关信息，优胜劣汰的市场机制将难以发挥作用，公司控制权市场也必然因信息的阻隔而陷入僵局。当然，信息披露需要成本，完全消除市场上的信息不对称既不可能也不经济。

由此可见，一个运行良好的证券市场应当有一套与之相适应的信息披露系统，这一系统应当包括：（1）信息的产生源和信息的最终使用者；（2）控制信息产生、传递和使用的法律、法规；（3）监督、执行法律、法规的机构；（4）信息中介机构，如验证信息质量的会计师事务所和分解、传播复杂信息的财务报表分析者。信息中介的生产要素包括财务信息和其他类型的数据，其产品是分析和解释。信息中介的产出同样也是一种形式信息，反映了其理解、综合和解释原始数据的能力。财务报表分析者在信息源扩展和信息解释方面的竞争充分对于减弱市场上的信息不对称具有积极的意义。更为重要的是，准则制定机构往往将财务报表分析者视为投资者信息需求的代表，是"揭示更多信息的思想源泉"，因此，财务报表分析者的信息偏好往往成为未来财务呈报要求的一个重要晴雨表。

(四) 信息不对称对财务报表分析的含义

1. 财务报表分析的前置条件——识别报表粉饰。财务报表是报表分析系统的基本信息输入，报表信息质量对分析结果产生至关重要的影响。但信息不对称理论表明，相对于外部投资者（包括财务报表分析者）而言，公司管理层拥有信息优势，作为"理性经济人"，他们往往会利用各种手段将这种信息优势转换为实际利益，报表粉饰就是其滥用信息优势的重要手段。因此，财务报表分析者应当充分意识到自身所处的信息劣势地位，并对原始报表数据保持应有的怀疑态度。

其一，报表粉饰动机分析。公司管理层虽然有进行信息披露的动机，但出于各种考虑，他们往往进行选择性披露，在信息披露的过程中掺杂着个人动机，进行盈余管理，甚至进行报表粉饰或财务造假。

其二，报表粉饰机会分析。早期的会计政策选择权完全归公司管理层所有，这导致了他们对会计政策选择权的滥用。

2. 财务报表分析的有效保障——竞争性信息收集。由于信息不对称的存在，财务报表分析者无法获得完全的内部信息，因此，必须依靠对公司所处行业及其竞争战略的了解来解释财务报表。成功的财务报表分析者不仅必须了解行业经济特征，而且应该很好地把握目标公司的竞争战略。尽管相对于公司管理层而言，财务报表分析者处于信息劣势，但是他们可以通过信息源的扩展以及处理信息时更为客观的态度来弥补这一信息劣势。通过正确的财务报表分析从各类信息源中"提取"出公司管理层所掌握的内部信息。只有收集到充分、恰当的相关信息，才能得到科学合理的报表分析结果。

任何一张财务报表背后都有着极为丰富的"故事"，是各种因素相互作用所产生的综合结果。恰当的财务报表分析不能只将目光局限于三张主要财务报表（资产负债表、利润表和现金流量表），只有深入了解了财务报表背后的故事（如公司经营、投资和筹资活动的特点，以及对这些活动所产生的经济后果进行确认、计量和报告的会计系统），才能对财务报表数据有更为深入的了解。

由此可见，信息的收集是财务报表分析的基础和不可分割的组成部分，它对于保证财务报表分析工作的顺利进行、提高分析质量与效果有着重要作用，主要体现在三个方面：

第一，信息收集是财务报表分析的根本依据。没有相关信息，财务报表分析就如"无米之炊"。如果缺乏有关公司经营环境和经营战略方面的信息，就无法分析公司的利润驱动因子和主要风险；如果没有主要财务报表信息，就无法正确评价公司的财务状况、经营成果和现金流量；如果缺乏有关公司未来发展前景的信息，就无法在现在和未来之间搭起桥梁，判断公司的价值所在。

第二，搜集和整理信息是财务报表分析的重要步骤与方法之一。从某种程度上而言，信息的搜集和整理的过程，就是财务报表分析的过程。财务报表分析所用的信息并不是取之即来、来之可用的。不同的分析目的和分析要求，所需要的信息是不同的，这些信息在来源、内容和形式上均存在着显著差异。因此，信息的搜集与整理是财务报表分析的基础环节。

第三，信息的数量和质量对财务报表分析的质量与效果影响重大。信息的准确性、及时性和完整性对提高财务报表分析的质量和效果是至关重要的，使用错误的、过时的或不规范的财务报表分析信息，其结果只能是"输入垃圾，输出垃圾"。

二、有效市场理论

随着经济理论和财务理论的发展，会计研究的重点从 20 世纪 60 年代中后期开始逐渐转向了对会计信息决策相关性的经验研究。市场基础研究从财务报表使用者的角度，采取经验主义的研究方法，研究财务报表数据的市场反应，并利用财务报表数据和市场回报（或股价变动）之间可观察的联系探讨会计信息的作用。市场基础研究学派的兴起，特别是有效市场理论和资本资产定价模型的发展，对财务报表分析行为产生了重大的影响。

（一）有效市场理论的主要观点

有效市场理论一般指有效市场假说（EMH）。有效市场假说在会计研究的发展过程中扮演了十分重要的角色，它与传统会计学中诸多命题的矛盾导致了会计研究方法的重大变革，促使人们从资本市场的整体考虑财务会计信息的作用。

一般来说，信息可以分成三个层次：（1）历史信息，如过去几年的股价变动情况；（2）可公开获得的信息，不仅包括历史信息，还包括公众从其他公开渠道（如报纸杂志等新闻媒体）等信息源获得的信息；（3）所有可用的信息，除了上述两类信息外还包含了内幕信息。相应地，市场的有效性也可划分为三种类型：一是弱式有效，现行的证券价格只反映了过去证券价格变动的历史信息。弱式有效意味着过去的系列证券价格不可能用于成功预测未来的价格，投资者无法简单地通过对股票价格等历史性信息资料的统计和分析获取超额利润。因此，技术分析被认为是徒劳无益的，因为他们的分析建立在股票价格历史变动的基础上。二是半强式有效，现行证券价格反映了所有可公开获得的信息。半强式有效对财务报表分析有两方面重要意义：首先，财务报表并非投资决策的唯一信息源；更重要的是，财务报表分析者无法获得交易优势，因为所有的财务信息一经公开就迅速且正确地反映在证券价格中，这直接对利用财务报表分析发掘证券内涵价值的有效性提出了质疑和挑战。三是强式有效，现行证券价格反映了所有信息，包括内幕信息。在强式有效的市场上，投资者对所有信息都有完美的反应能力，作为所有投资者对这些信息的综合反应，市场价格也及时、正确地进行了调整，即使是内幕信息拥有者也无法获得超额利润。但目前为止，各国证券市场均未出现这样的理想环境。

（二）有效市场中财务报表的价值相关性

有效市场中财务报表信息是否具有价值相关性？对这一问题的解答关系到财务报表分析在有效市场中是否能够发挥作用。尽管经典研究学派从理论上探讨了财务报表信息的价值相关性，但他们的研究缺乏相关经验证据的支持。因此，市场基础研究学派在此方面进行了广泛的经验研究，积累了大量的经验证据，填补了许多理论空白，澄清了不少认识误区。

鲍尔和布朗（1968）开创性地研究了会计盈余与证券价格（回报）的关系。他们将公司样本区分为好消息和坏消息两组，如果某一公司的已报告盈余高于时间序列预测模型的预期盈余，则为好消息公司，反之为坏消息公司。结果显示，好消息公司平均得到了一个正的异常回报，坏消息公司则得到了负的异常回报，会计盈余与市场回报明显相关。鲍尔和布朗的研究令人信服地证明证券的市场价格会对财务报表信息（至少是净收益信息）作出反应。

鲍尔和布朗的研究开创了会计界资本市场实证研究的先河，并引发了经验会计研究的高潮，研究重点主要集中在财务报表（特别是盈余）的信息含量。盈余的信息含量检验主要是通过证券市场对盈利公布的反应和证券市场对预期盈利偏离（异常盈利）的反应进行衡量，检验程序主要包括计算不同盈利计量方式所产生的累计异常回报（CAR）。

总而言之，财务报表的信息含量研究显示出现行财务报告体系的各个组成部分均有不同程度的价值相关性，这对于财务报表分析具有重大意义，因为作为财务报表分析的生产投入要素，如果财务报表缺乏信息含量，那么进行财务报表分析将是徒劳无益的。可以说，财务报告的价值相关性是财务报表分析有效性的基本前提，而众多经验证据有力地支持了这一基本前提。

（三）有效市场的相对性及其对财务报表分析的启示

有效市场理论说明证券市场本身就是一位相当精明的分析师，因此，"财务报表万能论"显然是幼稚的，并非所有的分析行为都是有效的，要想战胜市场，获得超额回报，仅凭有限的信息源、简单的分析步骤、机械的比率计算显然是不够的。但是，有效市场假说往往容易导致另一极端的误解：有效市场中的财务报表分析是毫无价值的，因为所有的信息都已反映在了价格中。这种"财务报表分析无用论"实际上是有效资本市场假说的神话论。证券市场是有效的，但其有效性只是一个相对的概念，正如著名投资家巴菲特所指出：由于人们正确地观察到市场经常是有效的，由此得出市场总是有效的错误结论。但完全有效的市场就像是无摩擦的世界，只可能是一种理性状态。换言之，假设证券市场在信息方面是完全有效的，这意味着在任意一个指定时期内，证券价格反映了有关股票的所有信息，那么每个市场参加者都有理由相信证券价格是合理的，因此，将没有人有积极性去搜寻新的信息；如果没有人搜寻新的证券信息，也就没有任何新的证券信息出现，而没有新的证券信息出现就意味着证券市场在信息方面并非有效。因此，该结论与上面的假设相矛盾。此外，市场异常现象的存在从经验证据上支持了完全有效市场的不可能性。

因此，完全有效的市场只是一种理性状态，现实中的资本市场只能是相对有效。期望市场能够全面、充分、正确、及时地发掘出财务报表中所有的信息含量是不现实的，或者说这样做的成本太高。并且，市场的有效性不仅依赖于信息的可获取性，还依赖于对信息的正确解释，也就是说即使在某一时点，所有可获信息都反映在价格中，价格也未必正确反映了其价值，因为市场总体对信息的解释可能存在错误，从而导致证券价格被高估或低估。因此，现实中的相对有效市场显然存在足够的空间使财务报表分析成为一项价值发现的活动。

（四）有效市场假说对财务报表分析的含义

1. 有效市场假说对财务报表分析信息源的扩展。鲍尔和布朗的经典研究中就显示了信息源的多元化，他们研究中的异常市场反应在盈余公布的一年前就开始了，而且盈余消息公布本身并没有多大的信息含量。既然存在众多影响股价的信息源，恰当的财务报表分析就不应当只局限于财务报表这一信息源，而应当充分发掘公司内部、外部信息源。

2. 有效市场中的会计政策分析。在有效市场理论提出之前，财务报表被视为关于公司财务状况的唯一信息来源，而且投资者处理会计信息的成本巨大，因此，他们对不同的会计处理程序所产生的数据无法加以区分或者调整，这使得公司管理层可以通过选择不同的会计程序达到操纵股价和转移财富的目的。而有效市场理论的提出则认为市场能够无偏好地对包括会计政策变动在内的所有信息做出反应，在没有税收的条件下，会计政策变动不会影响股票价格。因此，只要公司披露其所选择的会计政策，以及有关从一种会计方法转变为另一种会计方法的附加信息，那么，无论公司实际选择哪种会计政策，市场都能清楚审视出最终的现金流量和股利，因此，有效市场不会被不同的会计政策所"愚弄"。

当然，在对会计政策进行分析时还应当注意以下问题。

（1）稳健的会计政策并不等同于"好"的会计政策。财务报表分析者应当致力于以客观公正的立场评估公司财务报表信息对基本经营现实的反映程度，从这一角度而言，过犹不及，过于稳健的会计政策同过于激进的会计政策一样具有误导性。此外，稳健的会计政策往往是公司管理层进行盈余管理的"漂亮借口"。

（2）非正常的会计政策并不等同于有问题的会计政策。尽管不符合惯例的会计政策可能使公司的经营业绩难以与其他公司业绩相比较，但如果公司的经营活动的确存在与众不同之处，那么选择非正常的会计政策就是可以理解的。因此，联系经营战略来评估公司的会计选择很重要。

（3）会计政策的异常变化并非一定意味着盈余管理。会计政策的变化可能是经营环境变化的恰当反映。例如，坏账准备计提政策的变化可能是由于公司的客户定位发生变化；存货的异常增长可能是公司正准备销售新产品；应收账款的异常增长可能只是由于公司销售战略发生了变化。因此，考虑会计政策变更的所有可能解释，并利用各类信息源加以印证，对财务报表分析者而言至关重要。

3. 有效市场中的价值发掘。数据发掘指的是在庞大的数据库中寻找出有价值的隐藏事件，借由统计及人工智能科学技术，对资料做深入分析，发掘其中的真相。财务报表分析就类似于数据发掘，在纷繁复杂的报表数据中搜寻公司的内涵价值信息。财务报表分析关注的是财务报表中与投资决策相关的信息，分析的重要目标之一就是搜寻公司的内涵价值，并试图发现错误定价的证券。传统的基本分析认为，公司内涵价值包含于会计信息之中，股票价格往往围绕其内涵价值波动。因此，投资者可以通过财务报表分析来搜寻公司的内涵价值，并以此作为一个标杆，以判断股价的高估或低估。股价最终是要回归于内涵价值的，因此，根据股价同内涵价值的对比而设计的投资策略是可以获得异常回报的。

但按照有效市场假说，市场价格已经包含了所有可获得的信息，为什么证券的价格与其价值还会发生偏离？原因可能在于以下几点：一是信息不对称的存在阻碍了某些信息在价格中的反应，如内幕信息，而财务报表分析专业人员所具备的专业知识和分析能力也属于内幕信息。已反映在价格中的某些信息可能是错误的，如一些小道消息，或者是公司管理层对财务报表的精心粉饰"欺骗"了市场。二是噪声交易者的存在。市场上某些投资者的买卖决策并非建立在对相关信息的理性评价的基础上，他们的决策往往是随机做出的，如因急需现金而抛售股票，而非因为对未来收益预期的降低。他们的随机买卖决策同样会对市场价格造成影响，从而造成错误定价。证券价格对信息的充分反应往往有一段时间差，那么就可能存在暂时性的定价错误。三是市场价格遵循"少数服从多数"原则，反映出的是大多数投资者的意见，但真理有时掌握在少数人手里。正如行为金融学所指出的，证券市场上的投资者往往会"系统性"地犯错，而市场价格也将无偏地反映出这种系统性的错误。由此可见，股价并非完全等同于公司内涵价值，证券市场上的确存在错误定价现象。

三、资本资产定价模型

（一）资本资产定价模型的主要观点

现代组合理论的主要内容是资本资产定价模型（CAPM），该模型展示了证券的预期回报与风险之间的关系。按照 CAPM 模型，所有的公司特有风险均可以通过分散投资组合予以规避。因此，承担公司特有风险无法为投资者带来更高的回报，而只有系统风险才能为投资者带来超额回报。也就是说，"高风险高回报"只适用于系统风险。经验证据表明，对于分散程度较好的投资组合（30 只股票以上）而言，85% 的股价波动取决于系统风险。资本资产定价理论认为，一项投资所要求的必要报酬率取决于以下三个因素：（1）无风险报酬率；（2）市场平均报酬率，即整个市场的平均报酬率，如果一项投资所承担的风险与市场平均风险程度相同，该项报酬率与整个市场平均报酬率相同；（3）投资组合的系统风险系数即 β 系数，它代表某一投资组合的风险程度与市场证券组合的风险程度之比。CAPM 模型说明了单个证券投资组合的期望收益率与相对风险程度间的关系，即任何资产的期望报酬一定等于无风险利率加上一个风险调整，后者相对整个市场组合的风险程度越高，需要得到的额外补偿也就越高。

（二）CAPM 对财务报表分析的含义

1. 盈利分析与风险分析并重。CAPM 模型显示出公司的价值不仅受到未来盈利能力的影响，而且与风险紧密相关。因此，财务报表分析不仅应当关注公司未来的盈利能力，还应当关注对风险的衡量和预测。

2. 财务风险与经营风险兼顾。公司经营总是在风险与机遇的权衡中寻找发展的机会，随着经营环境日趋复杂，公司所面临的风险种类日益增多。总体而言，公司面临的风险通常可以分为两类：财务风险和经营风险。公司在经营过程中不可避免地伴随着上述两种风险，因而公司有必要采取措施分别加以防范，如改变资本结构以降低财务风险，适当的多元化经营以控制经营风险等。由于各类风险对公司的影响或多或少会在财务报表上有所体现，因而财务报表分析在风险防范中的作用十分重要。

此外,财务报表分析人员还可以通过对公司财务报表和相关资料的分析,及早发现公司发生财务危机的各种征兆,以避免发生损失,也就是财务预警分析。

第四节 实证会计与财务报表分析

实证会计研究学派同样关注会计数据的市场反应,但他们从两个方面扩展了研究范围。首先,实证会计理论不仅考虑会计数据的市场反应,还考虑了深受财务报表信息影响的契约环境,如公司管理层薪酬计划、债务契约、政治成本等;其次,实证会计理论意识到既然财务报表信息会对上述环境造成影响,那么会计信息系统就不单单只是衡量决策的结果,而是会对决策行为造成影响,这种反作用力可能会影响公司管理层的经营决策和会计政策的选择。

一、实证会计理论的三大假设

(一) 薪酬计划假说

企业所有者与管理层在签订契约时,除规定管理层按期获得的基本薪酬外,通常还有为数可观的奖金,而管理层最终能够获得的奖金通常和当期的报告盈利结合起来。也就是说,企业当期的报告盈利越高,则管理层当期能够得到的奖金就越多。这样,在其他条件不变的情况下,实施分红计划的企业,管理人员更有动机通过会计操控(主要方式是会计政策选择)把未来盈利提前至本期确认,以提高当期可能得到的红利,这就是所谓的"寅吃卯粮"。根据权责发生制的原理,这种提前预支了以后年度的会计盈利和红利的方法,使得以后年度相应的盈利和奖金会降低。但考虑到货币的时间价值,提前获取红利实际上提高了管理层的整体薪酬水平。

当然,"寅吃卯粮"并非奖金/分红计划假设的全部,还可能存在这样的情况,即如果奖金/分红计划涉及了盈利的上限,超过上限的部分不再作为计算奖金的考量基础,那么当净收益偏高时,管理人员就有动机通过会计操控降低当期的报告收益,因为如果不进行会计操控,超过盈余上线的那部分净利润会永远丧失带来奖金的机会。除此之外,还有一种因奖金计划而产生的会计操控现象,我们称之为"洗大澡"(taking a big bath)。它的意思是,上市公司在报告年度故意通过会计操控来制造"亏过头"的现象,具体方式有两种:一种是把以前年度虚增的利润在报告年度冲掉;另一种则是把报告年度的利润往以后年度推移。手法无非是将该确认的收入不确认或少确认以减少当期销售收入,采用增加折旧或摊销的方法以增加当期销售成本、虚增期间费用。出现这一会计操控手段大多是因为公司宏观环境或者自身的原因,遭遇了经营困境,且无论通过怎样的会计操控都无法实现当期红利的获得，为了以后年度尽快"翻身"，管理层会倾向于把原本已经不佳的业绩做得更差。

"洗大澡"也可能出现在其他情况下，如新任管理层上任、公司被并购之后，新管理层也会倾向于把公司业绩改差，"痛痛快快"地洗个大澡，以便把责任推给前任，轻装上阵，以求来年的"好收成"。

【延伸阅读2-2】

根据薪酬计划假说，公司管理层的报酬水平取决于其经营表现。而管理人员薪酬计划往往将财务报表数据视为衡量其经营表现的标杆。因此，选择较为激进的会计政策，将报告收益从未来期间提前至当期，从而提高自身薪酬水平是最符合管理人员利益的。但是，薪酬计划假说并不仅仅是"提高会计盈余"这么简单。瓦茨和齐默尔曼（1990）认为薪酬计划假说并不总是促使管理人员提高会计盈余，如果会计盈余低于可发放奖金的最低标准，管理人员就可能反其道而行之，减少当年的盈余，通过这种"洗大澡"来增加下年的盈余和可能的奖金，而当盈利符合标准时，管理人员也没有动机再增加盈余。希利（1985）也发现当盈利水平低于最低标准或高于最高标准时，公司管理层都没有动机改变当期会计政策。他们的研究都显示出公司管理层选择不稳健会计政策并非为了"欺骗市场"（有效市场下是不可能的），而只是为了通过得到较高的会计盈余来提高公司管理层的报酬水平。

（二）债务契约假设

债权人与公司管理层之间存在道德风险问题，即管理层与债权人的利益函数并不一致，产生所谓的"资产替代"和"投资不足"问题。资产替代问题指的是，由于信息的不对称，公司将贷款资金投资于一个风险较高的项目，使贷款的实际风险增大，从而降低了贷款负债的价值。投资不足问题指的是，由于债权人为了自身的利益而钟爱那些风险不大但其净现值（NPV）足以偿付利息并到期能偿付本金的项目，从而削弱了公司对风险较高但NPV更优的好项目进行投资的积极性。这两个问题都能导致公司价值的降低，进而影响债权人的利益。然而，理性的债权人也会预料到这些行为，为了控制这些行为的发生，债券契约中通常包含了一系列的保护性条款，例如，保持一定标准的权益负债率、利息保障倍数、营运资本和所有者权益。如果公司管理层违反了这些保护性条款，其违约代价是高昂的。例如，对其股利发放或继续贷款进行限制，或者提前收回贷款等，这就极大限制了公司管理层的经营自由。因此，若其他条件不变的情况下，当公司的经营状况恶化而导致相关财务比率指标可能突破债务契约条款的限制时，公司管理层就有动机通过会计操控来"粉饰"公司的财务状况，选择将未来期间报告盈利转到当期的会计程序和方法，以避免违约行为的发生。

【延伸阅读2-3】

大量的实证研究也证实了这一点，迪肯等（1979）在研究了石油和天然气行业的会计处理时就发现，公司负债对收入的比例越高，公司越有可能选择能够"改善"公司业绩的完全成本法，而不是更为稳健的成功成本法。德丰和姜巴柏（1994）更是对违约公司进行了直接的检验，他们选择了1985～1988年间年报中披露有债务违约的94家上市公司作为研究样本，结果发现，在违约事件发生的前一年度，非正常应计利润总额和非正常营运资金应计利润额均显著为正。这表明在违约发生之前，企业管理层已经进行了会计操控来调增报告盈利。

（三）政治成本假说

很多公司会受到公众和政府的关注，也许仅仅是因为它们规模较大、活动与很多人相关。除此之外，行业管制和政府的反垄断调查也使得公司不能"独善其身"。公司需要为降低关注度而耗费成本，这就是所谓的"政治成本"。政治成本假设认为会计信息是政治家/政府官员们对公司进行裁量的重要决策依据，公司管理层有动机通过会计操控的方式来影响公司的信息披露，进而影响有关是否应受到管制或反垄断处理的决策。这就是会计操控的政治动机。

实际上，所有行业都会面临不同程度的管制，但其中某些行业面临的管制更为严格，而且和会计信息直接挂钩，如石油、金融、公用事业等。在这些行业中，为了避免违反有关管理的规定，企业管理层有动机通过会计操控调节企业盈余。另外，公司规模越大，其政治敏感性越强，受到垄断指控的概率越大。例如，微软和规模较小的软件企业相比，利润同样增加一倍，所引起的关注度会截然不同，甚至有人会因此质疑前者的利润是否来源于垄断。世纪之交，微软不断受到反垄断调查的事实也证明了这一点。对于规模庞大的"企业帝国"，为了降低受到垄断指控的可能性，采用控制操控来降低报告盈利不失为一种"好办法"。在其他条件不变的情况下，企业的规模越大，其政治成本就越高，它的管理人员就越有可能选择那些能够将当期利润递延到以后期间的会计政策。

【延伸阅读2-4】

政治行为可能导致公司的成本增加。当政治家和监管者可以通过增加别人的成本来增进自身福利时，他们通常会这么做。财务报表数据在此过程中起了很重要的作用。如果会计盈余表明某公司或行业获得了超额利润，则可能面临价格管制压力或被征收高额利润税。因此，可能受影响的公司就有动机通过选择会计政策来减少报告盈余，从而降低政治风险。比如当石油危机导致油价狂涨时，一些石油公司就通过提取环境成本准备和资产减值准备等手段降低盈余。同样，出于税务方面的原因也可能诱使公司管理层选择降低报告盈余的会计方法。通常认为大型公司较容易受政治成本和压力的影响，因此公司规模越大越有可能选择会计政策来降低利润减轻政治压力，比如在石油开采行业中，大公司往往选择成功成本法，而小公司往往选择完全成本法。

实证结果也验证了这一假设，琼斯（1991）发现，在美国国际贸易委员会调查期间，被调查公司为调减收益而调整应计项目的金额明显超过了未进行调查的年份。卡恩（1992）采用类似的方法也发现，1970~1983 年间，被美国司法部和联邦贸易委员会进行垄断性调查的公司相对于未调查期间，大量调减了利润的应计项目。

二、实证会计理论与财务报表分析的复杂性

实证会计理论就是提供了公司管理层会计政策选择的其他动机，并证明了无论会计政策的选择是否会对股价造成影响，公司管理层都有动机通过会计政策选择进行盈余管理，也即如果他们可以在一系列会计政策中自由选择，那么他们自然会选择那些使自身效用或公司市场价值最大化的会计政策。

实证会计理论证明了公司管理层的确有各种动机来进行盈余管理甚至报表"粉饰"，这严重影响了财务报表分析系统的信息输入（报表数据）的质量，因此，恰当的财务报表分析要对财务报表所处的"契约环境"进行考察，并关注其可能对财务报表数据造成的影响。显而易见，每个不同的公司都面对着自身独特的"契约环境"，传统"一刀切"式的财务报表分析显然无法洞穿各类契约对财务报表的影响。因此，恰当的财务报表分析应当遵循"具体问题具体分析"的原则，充分考虑公司所面临的各种特殊契约可能对公司管理层会计政策选择的影响，并对这些影响进行适当的调整，从而为后续的财务报表分析步骤奠定良好的信息基础。这极大地提高了财务报表分析的复杂性，并使得利用会计分析来识别、清除财务报表中的"会计地雷"成为财务报表分析过程中不可或缺的重要环节。

1. 必须对报表"粉饰"行为存在的可能性进行分析。虽然实证会计理论侧重于研究公司管理层进行盈余管理的动机，但是光有动机是远远不够的，就像燃烧必须同时具备热度、燃料和氧气一样，一项舞弊行为通常是如下舞弊风险因子"合力"所产生的结果：策划舞弊的动机或压力、进行舞弊的机会、使舞弊合理化的态度和借口（Albecht，1995）。人们形象地将其称为舞弊三角理论。舞弊的动机在前面已有详细论述；舞弊的机会通常包括缺乏内部控制、信息不对称、会计和审计制度不健全、缺乏惩罚措施、工作质量不易辨认、监管人员无知或无能力察觉舞弊行为等；舞弊的借口通常包括我只不过跟着别人这么做、我应该获得更多的回报、我也是被逼无奈、名誉或诚信是可以牺牲的等。财务报表分析者可以根据上述舞弊风险因子从根源上判断公司管理层报表"粉饰"可能性大小，并根据分析结果对会计分析过程的复杂性取得主观认识，如果上述舞弊风险因子的结合作用超出了一定的"可容忍限度"，财务报表分析者在会计分析中就应当保持"职业怀疑态度"，对财务报表数据的可靠性进行更为深入细致的分析。

2. 必须对针对财务报表进行恰当的会计分析，尽量排除掉隐藏于报表中的"会计地雷"。恰当的会计分析应当包括如下步骤：（1）确认关键会计政策；（2）评估会计灵活性；（3）评价会计政策；（4）评价披露质量；（5）识别报表

中的危险信号。

3. 如果通过上述分析发现应计制财务报表存在扭曲公司真实情况的现象，财务分析人员应当利用报表附注、现金流量表以及其他相关信息源，尝试采用现金流量分析法、虚拟资产剔除法、审计报告分析法、关联交易剔除法、异常利润剔除法等方法予以消除。消除会计信息失真的方法将在本教材第四章中详细介绍。

实证会计理论还扩展了市场基础研究的范围，使之对强制性和自愿性会计变更的市场反应进行检验，并进一步指出市场反应是一系列变量的函数，这些变量不仅包括会计盈余，还包括各公司不同的债务/权益比率、公司规模、管理报酬计划、债务保证条款等。例如，对于高负债/权益比率的公司而言，增加盈余的会计变更将引起正的市场反应，因为这将可以使公司在不改变负债/权益比率的情况下多举债，从而使财富从债权人手中转移到股东手中。而对于大型公司而言，盈利的增加可能导致政治风险的增加，从而导致负的市场反应。这一结论无疑对扩展利用财务报表分析的视野有重要意义，同时也进一步增加了财务报表分析的复杂程度。

【延伸阅读 2-5】

"人有旦夕祸福，月有阴晴圆缺"。从理论上讲，作为微观经济主体的公司不可能永远保持收益稳步递增的良好势头。这一方面可能是由于公司自身的原因，造成经营不佳、业绩下滑或者"突飞猛进""一日千里"；另一方面也可能与公司自身的原因关系不大甚至无关，仅仅是由于公司受到了外部各种因素的影响而导致的，如国家宏观经济政策的改变、行业竞争的加剧等。因为公司毕竟不是存在于真空中，各种内外部因素都有可能导致公司收益水平出现大的波动。

严格地讲，公司管理层平滑收益既有契约动机又有资本市场动机。从契约动机来看，当公司处于财务困境时，管理层调高当期报告盈余有助于保全职位，并减少公司董事会和监管部门的监督和干预。另外，当公司处于财务困境时，相关的债务契约条款限制很可能被突破，调高当期报告盈利也能够避免或者延缓违约事件的发生。从资本市场动机来看，当公司处于财务困境时，调高当期报告盈余能够有助于股价的稳定，避免投资者信心的丧失。

早在1953年海沃思就观察到，有多种会计技术被用来影响连续会计期间净收益的分配，其目的是均衡或抹平期间净收益波动的振幅。蒙森和唐斯（1965）也指出，相对于波动幅度较大的高平均收益，公司管理层更倾向于偏好收益和增长率的稳定性。戈登在此基础上，根据委托—代理理论和理性经济人假说，列出了四个命题：（1）公司管理层选择会计政策的标准是使其效用或财富最大化；（2）公司管理层效用最大化是指其增加了工作的安全感、管理的收益水平和增长率、公司规模的水平和增长率；（3）公司管理层是否能达到效用最大化目标部分地依赖于股东对公司业绩的满意程度；（4）股东所满意的是平均收益增长率以及稳定情况下的公司增长。他认为如果上述四个命题成立，那么在可允许的会计规则之内，公司管理层就会平滑报告收益或平滑收益的增长率。因此，戈登得出以下结论：如果收益增长率过高，公司管理层就会采用减少收益的会计方法；反之亦然。但是根据有效市场假说，只要会计政策变更没有导致现金流量产生差别后果，或对所采用的特定会计政策所形成的差别予以披露，而且投资者能够获得充分的信息并拥有足够的分析能力在不同的会计政策之间做出选择，公司所采用的会计政策就不会影响证券的市价。因此，公司管理层通过盈余操纵来影响股价被认为是不可能的，除非有其他动机。

本章小结

通过本章学习，我们了解了会计的标准和企业的性质以及企业财务报告的制度框架，包括财务报告概念框架与会计准则、应计制与财务报表分析的必要性，以及财务报表分析是搜寻内涵价值的工具；理解了财务报表分析的理论基础，包括信息不对称理论、有效市场理论以及资本资产定价理论；清楚了实证会计研究进展，包括实证会计理论的报酬计划假说、债务契约假说、政治成本假说；熟悉了财务报表分析的复杂性。

复习思考题

1. 简要阐释我国会计标准与西方会计标准的差异，以及我国会计准则趋同取得成就及最新进展。
2. 目前约束我国财务报表信息的制度框架有哪些因素？这些因素如何影响财务报表分析行为？
3. 证券市场中的信息不对称现象对财务报表分析有什么影响？对财务报表分析提出了什么要求？
4. 有些人认为在有效市场条件下，财务报表分析行为没有太大价值，你认同这一观点吗？
5. 决策总是面向未来的，因而需要前瞻性的信息，但是财务报表主要提供历史信息，有效的财务报表分析能否在"历史"报表与"未来"报表之间搭起一座桥梁？
6. 实证会计理论证明了盈余管理行为的客观存在性，这对财务报表分析提出了什么要求？

案例分析

乐视网退市的理论分析

2020年5月15日，乐视网股票终止上市。从曾经独掌高光时刻的1 526.57亿元人民币总市值，到如今黯然退市，乐视网神话正式破灭。导致这个曾估值上千万的公司面临如今的局面，缘于当初其步子迈得太大，在乐视网没有明显盈利的状况下贸然进军手机、体育、汽车、互联网金融等七大领域，最终不得不走向终点。退市之后，乐视网虽然还可以在股转系统挂牌转让，但此举无疑增加了交易难度和时间成本，能否拿到足额的投资款项仍然是未知数。

自从贾跃亭出走美国，乐视网债务问题爆发，乐视网就掉入了深渊，从2017年至2019年，乐视网三年累计亏损接近300亿元。深交所称，乐视网因2018年期末净资产为负值，公司股票自2019年5月13日起暂停上市。乐视网2019年归母净利润、扣非净利润、期末净资产均为负值，且财务会计报告被会计师事务所出具了保留意见的审计报告，触及了股票终止上市情形。

究其根源问题在于公司没有核心竞争力，完全是靠巨额的资本"堆积"而来，这种前期资本支出过高的经营行为，必然会导致后期形成大量不良资产等诸多问题，进而致使这些不良资产变成资产浪费和损失，最终带来的恶果就是公司偿还能力、盈利能力急速下降，资金链困境始终无法解决，致使企业无法向前一步发展。

（资料来源：宋清辉．"乐视网退市告诫企业家：不能一味当冒险家"［EB/OL］．每日经济新闻，http：//www.nbd.com.cn/articles/2020-05-14/1434159.html，2020－5－14）

思考分析：

尝试运用本章所讲的理论知识对乐视网退市原因进行分析。

第三章 以价值为核心的财务报表分析

【学习重点】
- 了解战略分析的内容及方法；
- 熟悉会计分析的内容及重点；
- 掌握财务比率分析的指标及分析方法；
- 掌握企业综合分析方法和原理。

第一节 战 略 分 析

企业经营实践中，任何企业伟大战略的实施都离不开财务资源的支持，同时，企业战略的实施会决定企业财务资源的配置。企业战略成功与否的标准是看其最终能否创造财务资源，实现企业价值最大化。因此，战略分析是财务报表分析的逻辑起点。通过战略分析，财务报表分析者可以对企业的经济状况进行定性调查，进而根据经营的实际情况进行会计分析和财务分析。通过战略分析也可以识别企业的利润驱动因素和所面临的主要风险，从而评估企业当前绩效的可持续性并预测其未来绩效。

企业的价值取决于企业运用其资本获取超过资本成本（cost of capital）的获利能力。尽管资本成本由资本市场决定，但企业的盈利能力却取决于其自身战略的选择，具体包括：（1）行业选择。例如，企业计划在哪一个或哪几个行业从事经济活动？（2）竞争优势（定位）。例如，企业打算采取何种方式与同行业的其他企业竞争？（3）公司战略，即企业希望通过何种方法在各个经营部门之间创造并运用协同效应？因此，战略分析包括行业分析、竞争优势与企业战略分析。

一、行业分析

在对企业的利润潜力进行分析时，报表分析者应评估该企业所参与竞争的每个行业的利润潜力。一般而言，各行业的盈利能力差异巨大，尽管特定行业的盈利能力会随着行业的发展、时间的推移而变化。

（一）识别行业特征

财务报表分析者试图从一系列财务报表数据得出各种财务关系，然而，统领这些财务关系的关键正是行业的经济特征。行业特征会以各种各样的方式影响财务指标的内在关系以及指标的意义所在。

如果财务报表分析者忽略了行业特征，就根本无法理解财务报表数据的经济含义。例如，资产负债率60%对企业意味着什么？负债率过高还是过低？这个问题的答案取决于该企业所处的行业。只有了解企业所处的行业，从而了解其行业特征，财务报表分析者才能理解和体会财务报表数据的经济含义。

（二）研究行业特征的工具

研究行业特征的工具主要包括价值链分析（value chain analysis）、波特五力分类（Porter's five forces classification）和经济特征框架（economic attributes framework）。下面简要讨论价值链分析、波特五力分类分析和经济特征框架。

1. 价值链分析。价值链分析法是由美国哈佛商学院教授迈克尔·波特提出来的，是一种寻求确定企业竞争优势的工具。企业有许多资源、能力和竞争优势，如果把企业作为一个整体来考虑，又无法识别这些竞争优势，就必须把企业活动进行分解，通过考虑这些单个的活动本身及其相互之间的关系来确定企业的竞争优势。价值链分析的基础是价值，其重点是价值活动分析。各种价值活动构成价值链。价值既是买方愿意为企业提供给他们的产品所支付的价格，也代表着满足顾客需求的实现。价值活动是企业所从事的物质上和技术上的界限分明的各项活动。它们是企业制造对买方有价值的产品的基石。

某个行业的价值链描绘了相应行业研究与开发、生产以及分销产品和服务的各种活动。这些活动体现了行业特征。如果价值链某个环节的产品或服务的价格是确定的，财务报表分析者就可以判断在整个行业中，哪个环节创造了价值。例如，对于功能饮料公司，其典型价值链构成如图3-1所示。

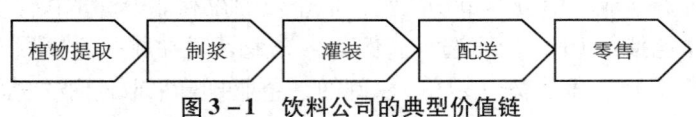

图 3-1 饮料公司的典型价值链

2021年5月27日，东鹏饮料在上海证券交易所敲锣上市，投资者在分析该公司创造价值的关键环节时，需要考虑该公司核心竞争力是体现在产品制造环节的"植物提取""制浆"环节，还是公司销售环节，这些需要分析师收取公司以及相关行业特定信息，这些相关信息为分析企业价值链提供了基础。

当然，财务报表分析者也可以通过价值链识别特定企业在其行业中的战略地位。例如，恒瑞医药作为一家研发抗癌药物的制药公司，公司将战略定位于研究与创新开发、生产和引导需求等环节上，而将药品的销售或分销环节交给药店。

2. 波特五力分类分析。在产业组织研究方面，关于行业结构对盈利能力的影响，有着广泛的研究。相关研究文献表明，行业的平均盈利能力受到图 3-2 所示的"五力"（five forces，五种驱动因素）的影响。根据该框架，行业竞争的激烈程度决定了该行业中企业创造超额利润的潜力。一个行业能否保持其潜在的利润水平，则取决于该行业的企业与客户和供应商之间相对的议价能力。

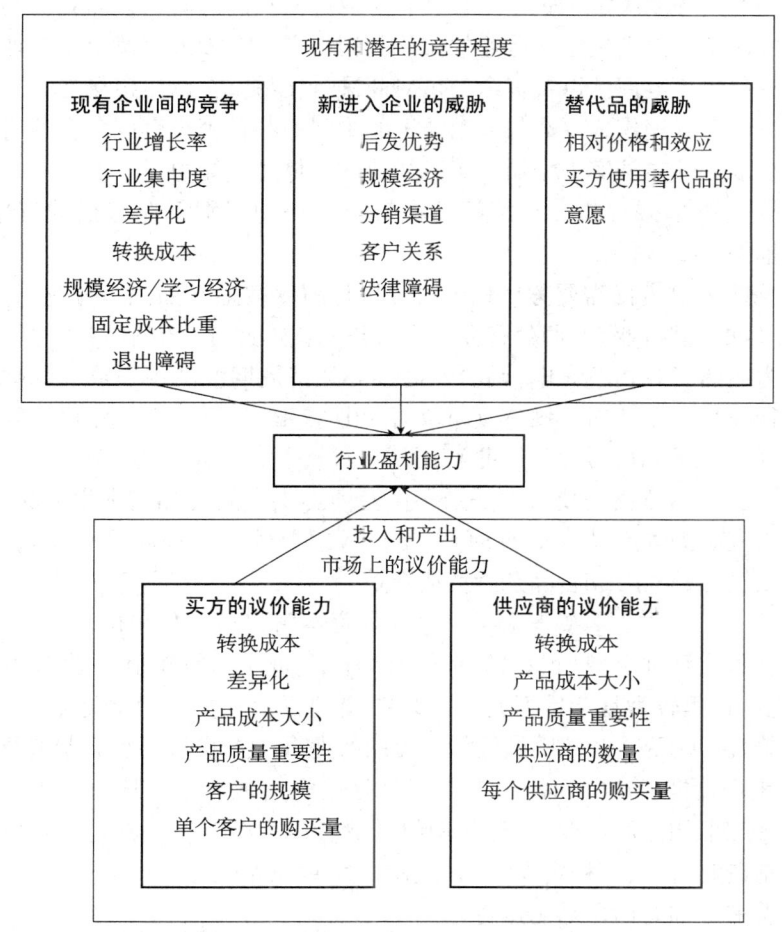

图 3-2 行业盈利能力的"五力"影响因素

资料来源：克雷沙·G. 帕利普，保罗·M. 希利. 经营分析与估值（第五版）[M]. 刘媛媛译. 大连：东北财经大学出版社，2014.

通过对公司现有的和潜在的竞争程度分析，可以大致了解公司未来发展成长过程中的竞争者。从经济学视角看，一个行业的盈利水平是客户为该行业产品或服务所愿意支付的最高价格的函数。价格的关键决定因素之一是提供相同或相似产品的供应商之间的竞争程度。一种极端的情况是，假设该行业处于完全竞争状态，微观经济学理论认为此时价格等于边际成本，几乎没有获取超额利润的机会。另一种极端的情况是，假设该行业由一个企业所垄断，就有可能赚取垄断利润。实际上，大多数行业的竞争程度介于完全竞争和垄断之间。在一些行业中，企业之间竞争激烈，从而促使价格接近（有时低于）边际成本。相反，在另外一些行业中，企业间不存在激烈的价格竞争，它们寻求联合定价，或者通过创新和树立品牌形象进行非价格竞争。一个行业现有企业之间竞争的激烈程度取决于行业增长率、行业集中度与均衡、转换成本、规模经济、退出障碍等因素。

行业的竞争程度决定了企业是否具有获取超额利润的潜力，而企业与供应商和消费者的议价能力则决定了行业的实际利润水平。在投入市场上，企业与提供劳动力、原材料、零部件以及资金的供应商进行交易。在产出市场上，企业要么直接向最终消费者销售，要么与分销链上的中间商签订销售合同。在所有这些交易中，交易双方的经济实力强弱决定了行业的总体盈利能力。

3. 经济特征框架分析。经济特征框架也是一种识别行业特征的有效方法。经济特征框架主要包括：

（1）需求。这方面需要考虑顾客对价格是高度敏感（如汽车行业），还是相对不敏感（如食品行业）？所处行业的需求是增长迅速（如互联网软件行业）还是相对较为成熟（如白色家电行业）？需求与经济周期波动相一致（如住房和写字楼建筑行业）还是相对不敏感（如食品和医疗服务行业）？一年内，需求是随季节波动（如玩具和滑雪设备行业）还是相对较平稳（如牛奶生产行业）？

（2）供给。这方面需要考虑是众多供应商提供产品（如基本生活品），还是只有少数供应商提供产品（如石油）？是进入门槛较高（如电力行业），还是新进入者可以轻易进入（如食品杂货商店行业）？

（3）生产。这方面需要考虑生产过程是资本密集型（如采矿行业），还是劳动密集型（如会计师事务所），或者介于两者之间（如汽车制造业和飞机运输业）？是生产过程较为复杂且不允许出现差错的行业（如飞机制造业），还是相对较为简单且可接受一定范围内质量误差的行业（如非机械的玩具制造行业）？

（4）市场营销。这方面需要考虑产品是销给其他企业，从而营销人员起重要作用（如工业用品制造业），还是销给消费者，从而广告投放起重要作用（如生活用品制造业）？具有稳定需求（如基本生活用品制造业），还是必须不断创造并引导需求（如时尚用品制造业）？

（5）融资。这方面需要考虑在行业中，企业资产周转周期相对较短，从而要求资产与其短期资金来源相匹配（如商业银行），还是相对较长，从而要求与长期资金来源相匹配（如电力行业）？企业资产风险相对较小，从而可以较高地利用债务融资（如消费信贷行业），还是风险相对较高，从而债务融资比例较低，更多地利用权益融资（如制药行业）？企业所处行业现金流量相对稳定且充裕（如高速公路企业），还是现金流量相对不稳定或短缺（如家用电器制造业）？

上述经济特征框架分析所揭示出来的特征通常会体现于企业财务报表。

二、竞争战略分析

企业的盈利能力不仅受到行业结构的影响，还受到其在自身行业定位时所做出的战略选择的影响。竞争战略分析的主要目的在于了解竞争对手的经营状况，了解目标客户的未来需求以及发现新的消费点和新的客户群，最终达到在未来市场竞争活动中占据主导位置。在这个世界上，为何在没有吸引力的产业中仍存在盈利水平很高的企业，而在吸引力很高的产业中却又存在经营状况很差的企业？受潜在高利润的诱惑，企业进入与自身竞争优势毫不相关的产业进行多元化经营，最终这些企业缘何大多以失败告终？这就涉及企业的竞争战略地位问题。

其实，"世界上没有不赚钱的行业，只有不赚钱的企业"。因此，企业竞争定位涉及两个方面问题：行业吸引力和企业在该行业的竞争地位。行业吸引力与企业竞争地位相互依存，但是并非绝对固定不变。随着技术和经济的发展，两者可能都会发生变化，选择行业固然重要，但更重要的还是企业在其所选择的行业当中的竞争地位。企业在行业中的竞争地位决定了企业的盈利能力，只要企业占据较好的竞争地位，即便在行业结构不利、行业平均盈利能力不高的环境下，企业的盈利能力依然可能高于行业平均水平。如果这种局面能够长期存在，企业便具备了持续的竞争优势。

企业制定竞争战略的实质，就是将一个企业与其所面临的环境建立联系。在企业环境中，最关键的因素就是企业所参与竞争的一个或几个行业。行业结构强烈地影响着竞争规则的制定以及潜在的可供选择的战略。行业外部力量通常影响着行业内部的所有企业，问题的关键在于企业对外部影响的应变能力。因此，企业盈利能力不仅受到行业结构的影响，而且受到企业在其行业竞争定位时所作的战略选择的影响。

企业的经营战略多种多样，已有研究归纳出两种基本竞争战略：成本领先（cost leadership）战略和差异化（differentiation）战略。具体如图3-3所示。这两种战略都能使企业形成可持续的竞争优势。一般情况下，成本领先战略和差异化战略是互斥的。如果一个公司同时兼具这两种战略而未能从中选择其一，即"被夹在中间"，那么夹在中间的公司几乎注定是低利润的（中间市场的百货商店竞争者就是"被夹在中间"的典型例子）。这些企业因为成本太高而不能吸引价格敏感的消费者，也不能提供足够的差异化产品或服务以吸引愿意付出高价的消费者。然而，企业竞争战略的选择不会自然而然地产生竞争优势。为了获得持续的竞争优势，企业必须明确目标，制定与企业面临的内外部环境相适应的战略并有效执行战略。成本领先和差异化战略都要求企业具备核心竞争能力并以适当的方式构造其价值链。核心能力和价值链的独特性以及竞争对手难以模仿的程度决定其竞争优势的可持续性。

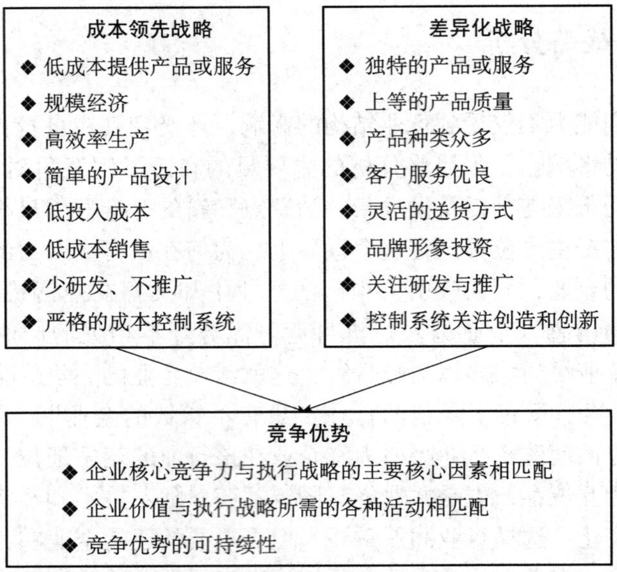

```
┌─────────────────────────────┐   ┌─────────────────────────────┐
│       成本领先战略            │   │         差异化战略           │
│ ◆ 低成本提供产品或服务        │   │ ◆ 独特的产品或服务           │
│ ◆ 规模经济                    │   │ ◆ 上等的产品质量             │
│ ◆ 高效率生产                  │   │ ◆ 产品种类众多               │
│ ◆ 简单的产品设计              │   │ ◆ 客户服务优良               │
│ ◆ 低投入成本                  │   │ ◆ 灵活的送货方式             │
│ ◆ 低成本销售                  │   │ ◆ 品牌形象投资               │
│ ◆ 少研发、不推广              │   │ ◆ 关注研发与推广             │
│ ◆ 严格的成本控制系统          │   │ ◆ 控制系统关注创造和创新     │
└─────────────────────────────┘   └─────────────────────────────┘
                    ↘                  ↙
              ┌──────────────────────────────────────┐
              │              竞争优势                  │
              │ ◆ 企业核心竞争力与执行战略的主要核心因素相匹配 │
              │ ◆ 企业价值与执行战略所需的各种活动相匹配   │
              │ ◆ 竞争优势的可持续性                   │
              └──────────────────────────────────────┘
```

图 3–3　成本领先战略与差异化战略的公司行为差异性

第二节　会计分析

运用财务报表数据的一个重要前提是，财务数据准确地描绘了当期公司决策和行为的经济后果，恰当地呈现了公司期末的财务状况，并为分析公司未来业绩和风险提供了一定的信息。然而，我们在利用这些会计数据进行分析时，需要确定这些数据的可靠性、准确性，这就需要财务报表分析者进行一定程度的会计分析。会计分析旨在评估财务报表披露的会计信息对企业经济活动现实的反映程度，财务报表分析者可以通过评估会计弹性、会计政策与估计的恰当性，评价会计信息扭曲企业经济活动的程度，从而运用现金流量和财务报表附注资料，"去伪存真"，消除会计信息的扭曲，使会计信息更好地反映企业经济活动现实。有效的会计分析有助于提升财务报表分析框架的后续部分——财务分析结论的可靠性。

一、财务报告制度框架对会计信息质量的影响

为了有效地评估企业财务报表披露的会计信息质量，财务报表分析者必须了解财务报告的基本特征、制度框架及其对会计信息质量的影响。

1. 财务报表的编制基础。总体上，除了现金流量表以外，其他财务报表的编制基础都是权责发生制而不是收付实现制。收付实现制以现金为基础，不涉及跨期确认问题。公司在编制现金流量表时，不需要做任何会计估计和会计政策选

择，就看公司当期发生的现金流。而权责发生制将经济业务相关的成本以及收益的确认时间与现金实际收付时间区分开来，凡是当期已经实现的收入和已经发生的或应当承担的费用，无论款项是否收付，都应当作为当期的收入和费用处理，因而权责发生制以权利和义务为基础，涉及跨期确认问题，需要会计人员作出较多的会计政策选择和会计估计判断，利润就是典型的基于权责发生制的期间绩效指标。

2. 财务报表的编制主体。财务报表由企业管理层编制。尽管企业财务报表要素的基本定义很简单，但是在会计实践中，其运用却经常涉及复杂的职业判断。如此一来，财务报表编制过程以及信息披露就面临两个重要问题：第一，企业管理层的职业判断能力。面对经济业务的复杂性，企业管理层难以作出完全合理的职业判断，即便企业管理层已经作出了"最合理"的判断，随着环境的变化和社会经济的发展，也可能导致偏差。这种客观性或能力性问题会影响财务报表披露的会计信息的质量。第二，企业管理层的信息权利。由于会计信息不是枯燥的数字，会计信息是社会财富转移或利益分配的基础，其背后隐藏着经济利益或政治利益，甚至两者兼而有之，"契约的实质就是信息"。这样，企业管理层就存在利用会计信息谋求利益的动机，从而利用其信息权利和职业判断使财务报表披露的会计信息"承载"了企业管理层的"主观意愿"，影响财务报表披露的会计信息的质量。总之，无论是客观的"职业判断"问题还是主观的"职业判断"问题，财务报表披露的会计信息的质量都可能受到影响。

3. 会计准则的质量。为了限制企业管理层"滥用"其信息权利，各个国家都制定了相应的会计准则，规范企业管理层对经济业务的确认、计量和报告行为。可以说，财务报表是会计准则的产物。这样，财务报表披露的会计信息的质量自然就与会计准则的质量存在密切的关系。然而，何谓"高质量会计准则"呢？这是一个难以圆满回答的重要问题，实际上，会计准则是社会财富转移或利益分配（调整利益格局，界定财富分配）的"游戏规则"，会计准则的质量问题不仅仅是"技术"问题，更重要的是"经济后果"问题，在许多情况下，会计准则只是"微妙的平衡"。只要会计准则还没有达到"完美"的境界，财务报表披露的会计信息的质量就可能存在问题。

4. 独立审计的独立性与审计质量。尽管财务报表由企业管理层编制，但是上市公司的任何财务报表都必须经由独立于企业管理层的独立审计，由具有注册会计师资格的审计师出具鉴证意见报告，才能对外披露，因而对财务报表的独立审计有助于减少会计信息的使用风险，在一定程度上提高了会计信息的质量，但是也可能强化财务报表本身的内在缺陷。毕竟，独立审计旨在强化会计准则的有效运用，而会计准则本身并不"完美"。况且，独立审计本身的"独立性"备受质疑。如果独立审计本身不能保持"独立"，那么财务报表披露的会计信息的质量就可能"雪上加霜"。

5. 法律责任。裁定企业管理层、审计师和投资者等会计信息使用者之间会计争端的法律环境也会对财务报表披露的会计信息的质量产生重要影响，尽管巨额的诉讼成本和法律惩处既有助于遏制企业管理层"滥用"其信息权利，也有助于敦促审计师"恪尽职守"，提高会计信息质量，但是，这种承受重大的法律责任（legal liability）的可能性也可能影响财务报表披露的会计信息的质量。最为典型的例证就是预测性、前瞻性信息的披露。虽然这些预测性或前瞻性信息有助于会计信息使用者的决策，但是面对经营环境的急剧变化，这些预测性或前瞻性信息偏离现实的可能性比较大。如此一来，企业管理层和审计师经常担心因披露预测性或前瞻性信息而受到法律诉讼和惩处，不愿意在财务报表披露这些预测性或前瞻性信息，从而极大地影响了财务报表披露的会计信息的质量。因此，财务报告制度框架的法律责任可能导致企业管理层和审计师在财务报表的信息披露方面存在许多困境。

二、判断财务报表质量的六个步骤

第一步：明确企业主要的会计政策。

财务报表分析的一个重要目的就是评价企业如何管理这些成功因素和风险。因此，在会计分析中，财务报表分析师要明确和评价企业用于衡量关键因素和风险的会计政策与会计估计。

高科技公司关键成功因素是其研发能力与研发成果；在零售业中，库存管理非常重要；对于凭借产品质量和创新进行竞争的制造商来说，其关注的重点是研发和售后产品瑕疵问题。在每种情况下，财务报表分析师都必须明确企业用来反映其业务架构的会计指标、哪些会计政策决定了如何落实这些会计指标以及明确这些会计政策所包含的重要会计估计。例如，高科技公司的研发能力可以用其研究支出和新产品的销售收入来衡量，制造商用来反映其产品质量的会计指标是保修费用和准备金。

第二步：评价会计处理的弹性。

在选择关键的会计政策和会计估计时，并不是所有的企业都具有相同的灵活性。某些企业的会计选择受到会计准则和会计惯例的严重制约。例如，营销和品牌建设对消费品生产商来说至关重要，但他们仍必须把营销支出费用化。相反，信用风险管理是银行的关键成功因素之一，银行的管理层可以自主估计可能的贷款违约。同样，软件开发商自主决定在其开发周期中的哪些阶段将支出予以资本化。某些会计政策的选择和会计估计与企业关键成功因素密切相关，例如，高科技企业的研发支出有费用化和资本化这两种会计政策可供选择，运用两种不同的政策得出的企业财务状况和经营成果截然不同。如果管理层几乎无法自主选择这样的会计政策和会计估计，那么会计数据可能就难以反映出企业的真实状况。如果管理层在选择会计政策和会计估计时具有很大的灵活性，如公司对其信用风险的披露，这类会计数据就可以提供有用的信息，当然，这还取决于管理层如何运用这种灵活性。

不管企业管理层在衡量关键成功因素和风险时有多大的弹性，他们在其他的会计政策方面还是具有一定的灵活性。例如，所有的企业都得选择折旧政策（直线法或加速折旧法）、存货计价政策（先进先出法 FIFO 或平均成本法）。既然这些政策的选择都对财务报告中的企业绩效有显著的影响，那么这就给管理层操纵财务报告数据提供了机会，所以这一步分析的重点应该是会计政策选择。

第三步：评估会计政策和会计估计的合理性。

管理层可以利用会计灵活性披露企业的经济状况或者隐瞒企业的真实绩效。在审视管理层如何运用会计灵活性时，人们可能会问到以下几个问题：

（1）企业的会计政策与行业标准相比，是否相同？如果不同，是否是因为企业的竞争战略是独一无二的？

（2）管理层是否有利用会计选择权进行盈余管理的强烈动机？例如，企业是否要违反债务契约了？或者管理层是否难以完成以会计指标为基础的奖金目标？管理层是否拥有大量股份？管理层也可以通过会计决策减少纳税额，或者影响竞争对手的看法。

（3）企业做了会计政策变更或会计估计变更吗？如果改变了，理由是什么？这些变化会带来什么样的影响？例如，如果保修费用下降，这是因为企业进行了大量投资以提高产品质量的原因吗？

（4）企业的会计政策和会计估计在过去是否切合实际？例如，企业可以通过操纵不需要经过外部审计的季度报告来高估当年的收入并低估支出。然而，当财务年度结束时，根据审计程序，这些企业需要对第四季度报告进行大量的调整，分析师可以借此机会评估中期财务报告的质量。

（5）为了实现某种特定的会计目标，企业是否对重要的业务交易进行了调整？等等。

第四步：评价会计信息披露的质量。

财务报表分析师评估企业会计质量以及通过财务报表来了解企业真实经营状况的难易程度取决于管理层。这是因为，尽管会计准则对披露的最低限度提出了要求，但是管理层仍有相当大的选择余地。因此，披露质量是反映企业会计质量的一个重要方面。

在评价企业信息披露的质量时，这些问题是至关重要的：

（1）企业是否披露了用于衡量企业的经营战略和经营绩效的充分信息？

（2）报表附注信息是否充分说明了主要的会计政策、会计假设及其逻辑？

（3）企业是否对当前的业绩进行了充分的说明？企业年报中的管理层讨论与分析书（MD&A）有助于分析师了解企业绩效变化的原因。有些企业利用管理层讨论与分析书将其财务业绩同所处的经营环境联系起来。例如，如果利润在一段时间内下降了，这是因为价格竞争，还是因为生产成本上升？如果销售费用和管理费用上升了，这是因为企业正在进行差异化战略投资，还是因为非生产性的制造费用在攀升？

（4）如果会计准则和惯例制约了企业恰当地计量其关键成功因素，那么企业是否披露了足够的附加信息，以帮助外部人员了解企业是如何管理这些因素的？例如，企业可以披露不良产品的比率和客户满意度的有形指标，这样，外部人员可以评价企业在这些方面所取得的进展以及由此所产生的未来现金流量。

（5）如果企业从事多元化经营，那么分部披露的质量如何？某些企业按照产品和地区进行分类，分别对其绩效进行详细的披露。还有一些企业将许多不同的业务汇合成一体，进行整体披露。行业中的竞争水平和管理部门是否愿意共享其分部的经营数据，影响着企业分部披露的质量。

（6）对于坏消息，管理层如何进行披露？管理层处理坏消息的方式可以最清楚地反映出企业信息披露的质量。信息披露是否足以解释企业经营业绩不佳的原因？企业是否清楚地表明了其战略？如果是的话，这些战略是否解决了企业的经营问题？

（7）企业与投资者的关系如何？企业是否向投资者提供了反映其经营和绩效情况的详细数据资料？对于证券分析师来说，管理层易于接近吗？

第五步：识别潜在的危险信号。

会计质量分析的常用方法还能够寻找能揭示出会计质量问题的危险信号。这些危险信号提示报表分析师应更加细致地检视某些项目或者搜集更多的相关信息。一些常见的危险信号有：

（1）未加解释的会计变化，尤其是在企业业绩较差时。这可能表明管理层正利用会计选择权来"粉饰"财务报表。

（2）未加解释的、提升利润的交易。例如，当经营业绩不佳时，企业可以通过从事资产负债表的表内交易，如出售资产或债转股等，以实现期间利得。

（3）与销售增长有关的应收账款异常增加。这表明公司可能会放宽信用政策，或人为地扩大销售渠道，以便在当期确认收入，即所谓的"渠道填塞"（channel stuffing），如果信用政策过于宽松，企业以后可能由于客户拖欠账款而注销应收账款。如果企业加速向分销商发货，那么企业以后可能会面临产品退回抑或随后期间出货量减少的情况。

（4）与销售增长有关的库存量异常增加。如果库存的增加是由于产成品库存增加引起的，那么这可能是企业的产品需求量正在下降的信号，表明企业有可能被迫削减价格（利润边际也会随之下降）或存货减值。如果库存的增加是由于在产品增加引起的，通常是好消息，这可能表明管理层预期销售会增长。而如果是原材料增加引起的，则表明企业生产或采购效率低下，从而导致销售成本上升（利润边际也会随之下降）。

（5）企业报告的收入和由经营活动产生的现金流量之间的差距不断扩大。应计制会计下会计利润与经营现金流量不一致是合理的，但是，如果企业的会计政策保持不变，那么这两者之间的关系通常是稳定的。因此，如果会计利润与经营现金流量的关系有变化，则表明企业的会计估计发生了细微的改变。例如，一个正在承担大型施工合同的企业，可能采用完工百分比法确认收入。对这家企业来说，其会计利润和经营现金流量很可能是不同的，但这两者之间应保持稳定的关系。现在假设该企业在一个时期内激进地运用完工百分比法以提高收入，那么其会计利润将上升，而经营现金流量则不受影响。企业会计质量中的这一变化，将通过会计利润和经营现金流量之间关系的变化体现出来。

（6）企业的报告收入与应纳税所得之间的差距不断扩大。须再重申，企业的财务报告和税务会计遵循不同的会计政策是非常合理的。然而，除非税法或会计准则发生重大变化，否则财务会计和税务会计之间的关系会在一定时期内保持稳定。

（7）运用融资机制的倾向，如研发合作关系、特殊目的实体，以及带有追索权的应收账款销售。尽管这些合约安排可能有其合理的经营逻辑，但是也为管理层低估企业负债和高估企业资产提供了可乘之机。

（8）未预计到的大量资产注销。这可能表明，管理层未能根据不断变化的经营环境来调整会计估计。未预计的经营环境变化也可能导致资产注销。

（9）第四季度的大幅调账。上市公司年报须经外部独立审计师审计，但中期财务报表通常只需经审查而已。如果企业在中期报表中，不愿意做出恰当的会计估计（如计提无法收回的应收账款坏账准备金），那么在年终时，迫于外部审计师的压力，企业将被迫做出调整。因此，经常性的第四季度调账，可能表明对中期财务报表的激进管理。

（10）保留审计意见或在没有充分理由的情况下更换独立审计师。这可能表明企业激进的态度或者管理层购买审计意见的倾向。

（11）关联方交易或利益相关者间的交易。这些交易可能缺乏市场的客观判断。管理层关于这些交易所做的会计估计可能比较主观，并具有自利动机。

（12）未解释的或有事项和表外交易的增加。该类交易可能表明管理层企图粉饰资产负债表。

以上我们列举了可能会导致会计质量下降的12种危险信号，但在此列举的危险信号不会也不可能穷尽，因此，在我们得出最终结论之前，财务报表分析师需要对其进行深入的分析。当然，每个危险信号都有多种解释。一些解释基于合理的经营逻辑，而另一些则表明会计本身有问题。因此，最好将危险信号分析作为进一步探究的起点，而不是终点。

第六步：消除会计失真。

如果会计分析表明企业报告的数据有误导性，报表分析师应当尽量重述报告数据，尽可能地消除会计信息失真。当然，仅使用外部信息不可能完全消除会计信息失真，利用现金流量表和财务报表附注也许是有用的。

企业的现金流量表能够调节应计制会计和现金制会计的企业业绩。如果报表分析师对企业应计制下的会计质量没有把握，现金流量表则提供了反映企业业绩的替代标准。现金流量表还能提供利润表中的个别项目与主要现金流项目是如何偏离的信息。例如，如果报表分析师担心企业正激进地把本应费用化的成本予以资本化处理，那么现金流量表中的信息，可以为必要的调整提供依据。

财务报表附注也为重述会计数据提供了大量的有用信息。例如，当企业的会计政策发生变更时，如果是实质性的变化，那么企业须在附注说明这一变更产生的影响。类似地，有些企业提供应计估计的详细信息，如坏账准备金。纳税方面的附注信息通常说明股东报告和税务报告所采用的会计政策之间的差异。由于税务报告通常比股东报告更加保守，因此，纳税方面的附注信息可以用来估计在更稳健的政策下报告给股东的盈利水平。

第三节 财务比率分析

财务分析的目的是使用财务数据对企业当前和过去的业绩进行评价并对其持续性做出评估。进行财务分析要掌握两个重要的技巧：一是财务分析应是系统的和有效率的；二是进行财务分析时，报表分析师应善于利用财务数据来挖掘业务问题。比率分析和现金流量分析是两种最常用的财务分析工具。比率分析主要用来评价企业产品市场的经营业绩和财务政策；现金流量分析主要用来评价企业的流动性和财务弹性，并评价企业对经营活动、投资活动和融资活动现金流的管理情况。

财务比率分析将企业当前的业绩与其历史业绩进行比较，并且（或者）还可与同类企业的业绩进行比较，这为未来业绩的预测提供了依据。企业的价值取决于其盈利能力和增长能力。企业的增长能力和盈利能力会受到其产品市场策略和金融市场策略的影响。产品市场策略通过企业的竞争战略、经营政策和投资决策来实施；金融市场策略则通过融资决策和股利政策来实施。有效的比率分析将相关财务数据与潜在的经营因素尽可能详细地联系起来。虽然比率分析不能提供与企业业绩有关问题的所有答案，但是它有助于财务报表分析师提出问题以进行深入的分析。

财务报表分析的核心是分析和评价企业的偿债能力（solvency）和盈利能力（profitability）这两个密切相关的问题。如果企业的盈利能力不佳，势必影响其未来现金流量和营运资本，从而影响企业的偿债能力；如果企业偿债能力较差，不能及时清偿到期债务，又势必影响其筹资活动，使资金短缺，以致陷入财务困境，从而影响其未来的盈利能力。相反，如果企业盈利能力不断增强，企业就拥有充裕的资金和可信赖的偿债能力，从而又促进企业进一步扩大经营规模，创造出更好的财务环境，取得更多的利润。然而，基于权责发生制，代表盈利能力的利润与代表最终偿债能力的现金流量毕竟存在差异。因此，衡量和评价企业的偿债能力、盈利能力、创造现金流量能力是财务报表分析的核心问题。

一、短期资产流动性与偿债能力分析

短期资产的流动性以及短期偿债能力对于所有财务报表分析者来说，都是很重要的。如果企业不能保持一定的短期偿债能力，就会面临生存危机。反映企业短期资产流动性或短期偿债能力的指标见表 3–1。

表3-1　　　　　　　　　衡量短期偿债能力的指标及含义

序号	指标名称	计算公式	指标含义及解读
1	净营运资本	净营运资本＝流动资产－流动负债	绝对数指标，流动资产减去流动负债后的差额
2	流动比率	流动比率＝$\dfrac{流动资产}{流动负债}$	一般认为200%较好，但企业流动比率应与行业平均水平基本一致，前后期比率波动小，意味着短期偿债能力稳定。过高的流动比率会影响企业盈利
3	速动比率	速动比率＝$\dfrac{速动资产}{流动负债}$	速动资产等于流动资产减去存货，一般认为速动比率应保持为100%，此时说明企业既有好的债务偿还能力，又有合理的流动资产结构。在实际运用中，注意结合行业水平进行分析判断
4	现金比率	现金比率＝$\dfrac{现金}{流动负债}$	只考虑现金和有价证券的现金比率，成为衡量企业在紧急情况下偿还流动负债能力的更好指标
5	经营现金流比率	经营现金流比率＝$\dfrac{经营现金净流量}{流动负债}$	衡量企业使用经营活动所产生的现金流量偿还流动负债能力的指标

根据表1-1、表1-3的有关资料数据，美的集团2019年各项短期偿债能力指标值见表3-2。

表3-2　　　　　　　　美的集团2019年短期偿债能力指标值

序号	指标名称	年末值及计算过程	年初值及计算过程
1	净营运资本（千元）	216 482 692.00 － 144 318 484.00 ＝72 164 208.00	183 812 047.00 － 130 231 088.00 ＝53 580 959.00
2	流动比率	216 482 692.00/144 318 484.00 ＝1.50	183 812 047.00/130 231 088.00 ＝1.41
3	速动比率	（216 482 692.00 － 32 443 399.00）/144 318 484.00 ＝1.275	（183 812 047.00 － 29 645 018.00）/130 231 088.00 ＝1.184
4	现金比率	（70 916 841.00 ＋ 1 087 351.00）/144 318 484.00 ＝0.499	（27 888 280.00 ＋ 2 654 045.00）/130 231 088.00 ＝0.235
5	经营现金流比率	38 590 404/144 318 484.00 ＝0.267	27 861 080/130 231 088.00 ＝0.214

从表3-2的计算结果可以看出，美的集团2019年末的净营运资本、流动比率、速动比率、现金比率以及经营现金流比率都较年初提高一些，说明该公司的短期偿债能力得到了改善，而且流动资产、速动资产的绝对数远大于流动负债金额，说明短期偿债能力很好。

上述偿债能力指标都是通过财务报表取得的，还有一些财务报表没有反映出来的因素也影响企业偿债能力，甚至影响力更大。基于"会计特有语言"，有些没有进入财务报表的项目，也可能影响企业短期偿债能力，主要包括：

1. 可随时动用的银行贷款指标。已取得银行同意，企业尚未办理贷款手续的贷款，可以随时增加企业的货币资金，提高企业的支付能力，它一般列示在财务报表附注中说明。

2. 准备很快变现的长期资产。由于各种原因，企业可能会有部分长期债权投资即将到期，或者有一部分闲置不用的固定资产准备出售，或者有一项已经开发完成将要转让的无形资产等，这些业务会导致资产结构的变化，从而可以有效地增强企业的短期偿债能力。

3. 偿债企业的声誉。企业的良好商业信誉是企业在多年经营过程中形成的，对银行决定向企业贷款以及降低筹资成本有明显的促进作用。具有良好偿债能力声誉的企业，一旦出现短期偿债困难，通常有能力比较容易地得到新的贷款或者通过发行债券、股票等筹集到所需的资金，从而可以解决暂时的资金短缺。

4. 未作记录的或有负债。或有负债是指由于可能发生的事项而导致的企业债务。企业的某些大额或有负债，如经济纠纷可能败诉引起的经济赔偿、产品出售后可能发生的质量事故赔偿等，都没有体现在财务报表上，但是，如果这些或有负债一旦成为事实，则会加重企业的债务负担，影响企业的短期偿债能力，因此，财务报表分析者应在财务报表附注或财务状况说明书中搜集相关信息，以作出正确的判断。

二、借债与长期偿债能力

公司的财务杠杆也受到其债务融资决策的影响。债务融资有以下几个潜在的好处：第一，债务成本一般比权益成本要低，因为企业事先向债权人承诺了还款条件。第二，在大多数国家，债务融资产生的利息可以抵税，而给股东发放的股利不可抵税。第三，债务融资可以力促企业加强管理，促使企业减少支出浪费。第四，对于非公开发行的债务，管理层可将企业战略和前景等方面的专有信息传达给私人债权人，这可能要比传达给公开资本市场容易得多。这种沟通方式可以极大地降低企业的资本成本。基于上述原因，企业在其资本结构中至少使用一部分债务是大有好处的。然而，如果企业过度地依赖债务融资，股东可能要为此付出代价。一旦企业无法偿还利息和本金，就将面临财务困境。债权人也会将一些保护性条款强加给企业，以对企业的经营、投资和融资决策加以限制。

企业的最优资本结构主要取决于企业所面临的经营风险。当几乎没有竞争或没有技术变革的威胁时，企业的现金流量比较容易预测。这样的企业，经营风险很低，因而可以大量依赖债务融资。反之，如果企业的经营现金流量波动很大，而且资本支出需求无法预测，那么企业不得不主要依靠权益融资。管理层对待风险的态度和财务灵活性也常常决定企业的债务融资政策。

表3-3列示了衡量公司长期偿债能力的几个关键指标。

表3-3　　　　　　　　衡量公司长期偿债能力的关键指标

序号	指标名称	计算公式	指标含义及解读
1	资产负债率	资产负债率 = $\dfrac{负债总额}{资产总额}$	也称为负债比率或举债经营比率，它反映企业的资产总额中有多少是通过举债而得到的，以及总资产对偿还全部债务的物资保障程度

续表

序号	指标名称	计算公式	指标含义及解读
2	产权比率	产权比率 = $\dfrac{\text{负债总额}}{\text{股东权益总额}}$	反映了债权人所提供资金与股东所提供资金的对比关系，因此，它可以揭示企业财务风险的大小以及股东权益对债务的保障程度。产权比率越低，企业长期偿债能力越好，债权人贷款的安全越有保障，企业财务风险越小
3	权益乘数	权益乘数 = $\dfrac{\text{资产总额}}{\text{股东权益总额}}$	权益乘数越大，说明股东投入的资本在资产中所占比重越小，偿债能力越差
4	利息保障倍数	利息保障倍数 = $\dfrac{\text{税前利润} + \text{利息费用}}{\text{利息费用}}$	也称已获利息倍数，是息税前利润相当于利息费用的倍数。它反映了企业以经营所得利润支付债务利息的能力，是利用利润表的资料来分析企业长期偿债能力的指标

这几个指标中，资产负债率、产权比率和权益乘数是通过资产负债表评价企业的长期偿债能力，而且这三个指标存在关联性。

产权比率 = $\dfrac{\text{资产负债率}}{1 - \text{资产负债率}}$

权益乘数 = $1 + \text{产权比率} = \dfrac{1}{1 - \text{资产负债率}}$

美的集团 2018 年及 2019 年的长期偿债能力指标见表 3-4。

表 3-4　　　　美的集团 2018 年及 2019 年的长期偿债能力指标

项目	2019 年	2018 年
资产总额（千元）	301 955 419.00	263 701 148.00
负债总额（千元）	194 459 322.00	171 246 631.00
股东权益总额（千元）	107 496 097.00	92 454 517.00
资产负债率	0.6440	0.6494
产权比率	1.81	1.85
权益乘数	2.81	2.85

资料来源：美的集团 2018 年和 2019 年年报。

资产负债率能够衡量在企业资产中，由债权人所提供的百分比究竟是多少。美的集团 2018 年和 2019 年的资产负债率分别是 64.94% 和 64.40%，负债比率均超过 50%，这个比率对于一家企业来说属于高负债比率还是低负债比率呢？我们在分析时不能仅仅看这个数字，需要结合公司所处行业负债平均值、历史状况以及公司盈利能力等进行具体分析。但是，如果负债比率过高，由于财务杠杆效应，企业的财务风险也会比较高。因此，财务报表分析者在分析负债比率时，要注意财务杠杆效应。

利用利润表考察企业的长期偿债能力，可以借助于利息保障倍数这个指标。企业的息税前利润（earnings before interest and tax，EBIT）越大，债权人的利息收入就越有保障，因此，长期债权人通常关心利息保障倍数，以考察其长期债权投资的安全程度。美的集团 2018 年和 2019 年利息保障倍数的计算见表 3-5。

表 3-5　　美的集团 2018 年和 2019 年利息保障倍数计算

项目	2019 年	2018 年
利润总额（千元）	29 929 114	25 773 058
利息费用（千元）	880 703	703 991
息税前利润（千元）	30 809 817	26 477 049
利息保障倍数	34.98	37.61

资料来源：美的集团 2018 年和 2019 年年报。

从理论上讲，公式中的"利息费用"既包括财务费用当中的利息费用，也包括计入固定资产成本的资本化利息。在表 3-5 的计算中，我们假设公司不存在资本化的利息费用。美的集团的利息保障倍数高达 30 多倍，因而可以看出该公司支付利息的能力很强。在正常情况下，利息保障倍数应该大于 1，表明公司息税前利润能够支付利息。否则，企业便不能举债经营。但是，这个指标也不能绝对化。有时企业的利息保障倍数小于 1，却也可以支付债务利息。这是因为，企业的费用中，可能存在一些数额较大，但不需要用现金支付的非付现成本项目，如折旧费用等折旧摊销费用的存在，使得息税前利润变小。

报表分析师在分析企业长期偿债能力时，除了分析上述直接体现长期偿债能力的指标之外，还应注意没有在财务报表中充分披露的特别项目。

1. 合资经营。企业参与合资经营的方式多种多样，可以采取股份公司的形式或者非股份公司的形式。当企业参与合资时，通常要作出承诺，这就产生承诺事项。承诺事项，是指企业由具有法律效力的合同或协议的要求而引起义务的事项。例如，与合资企业的银行贷款提供担保有关的承诺、信用证承诺、售后回购协议下的承诺，或者与合资企业签订长期的原材料购货合同等。这类活动可能使企业存在一些潜在负债，而这些潜在的负债并不出现在资产负债表上，这对企业的长期偿债能力也将产生一定的影响。

2. 担保责任。企业在与其他单位进行经济业务交往时，会发生很多担保责任。这些担保项目时间长短不一，有些涉及企业的长期负债，有些涉及企业的短期负债。在分析企业长期偿债能力时，应根据有关资料判断担保责任带来的潜在长期负债问题。

3. 或有事项。或有事项指企业现在无法确定，但在将来可能会给企业带来损失或收益的项目。这种项目具有不确定性，但它一旦发生，便会对企业的财务状况产生很大的影响。按照会计的谨慎性原则，企业应尽量预计可能发生的损失和负债。因此，企业应对它们予以足够的重视，在评价企业长期偿债能力时也要考虑它们的潜在影响。

三、资金利用效率与营运能力分析

企业的营运能力即资金的利用效率，是指企业利用资金开展业务活动的能力，它主要反映公司资金利用效率或资产管理效率。营运能力既影响企业的盈利能力，也影响企业的偿债能力。营运能力主要体现在资金的周转上，从周转速度角度评价营运能力的指标主要包括总资产周转率、流动资产周转率、固定资产周转率、存货周转率、应收账款周转率等,该指标表示的是一定时期内,该项资产的周转次数,因而周转率指标又称为周转次数。与周转率指标相对应,我们还可以从周转天数来评价企业资金的利用效率,其指标主要有总资产周转期、流动资产周转期、固定资产周转期、存货周转期、应收账款周转期等,该类指标表示的是资产周转一次所需要的时间。衡量企业营运能力的关键指标具体见表 3-6。

表 3-6   衡量企业营运能力的关键指标

序号	指标名称	计算公式	指标含义及解读
1	应收账款周转率	应收账款周转率 = $\dfrac{销售收入}{应收账款平均余额}$	应收账款周转率越高,周转期越短,说明应收账款流动性越强,周转速度越快,质量越好、利用效率越高,短期偿债能力也会增强
	应收账款周转期	应收账款周转期 = $\dfrac{360}{应收账款周转率}$	
2	存货周转率	以收入为基准: 存货周转率 = $\dfrac{销售收入}{存货平均余额}$ 以销售成本为基准: 存货周转率 = $\dfrac{销售成本}{存货平均余额}$	存货周转的次数越多,周转期越短,存货的变现速度越快、存货利用效率越好、企业的销售能力越强,存货质量越好、占用在存货上的资金越少
	存货周转期	存货周转期 = $\dfrac{360}{存货周转率}$	
3	流动资产周转率	流动资产周转率 = $\dfrac{销售收入}{流动资产平均余额}$	流动资产周转次数越多,周转期越短,说明流动资产周转速度越快、利用效率越好、变现能力越强、质量越好
	流动资产周转期	流动资产周转期 = $\dfrac{360}{流动资产周转率}$	
4	固定资产周转率	固定资产周转率 = $\dfrac{销售收入}{产平均余额}$	固定资产周转次数越多,周转期越短,说明固定资产周转速度越快、利用效率越好、变现能力越强
	固定资产周转期	固定资产周转期 = $\dfrac{360}{应收账款周转率}$	
5	总资产周转率	总资产周转率 = $\dfrac{销售收入}{总资产平均余额}$	总资产周转率(期)反映了企业全部资产的管理质量和利用效率。该指标数值越高(短),说明总资产周转速度越快,销售能力越强,资产利用效率越高,最终会影响企业的获利能力
	总资产周转期	总资产周转期 = $\dfrac{360}{总资产周转率}$	

在准确衡量各种资产利用效率,即周转率指标时,我们用销售收入来表示资产投入后的回收。原理上,应收账款周转率应当用应收账款带来的赊销收入计算,但企业财务报告不提供赊销收入的信息,所以一般用销售收入代替赊销收入计算应收账款周转率。资产周转期的计算,我们假定这些指标计算是年度分析报告,并且为了计算方便,我们假设一年是 360 日,而没有使用 365 日或 366 日。

根据本教材表 1-1 和表 1-2 的相关数据,美的集团 2019 年衡量公司资金利用效率的指标结果分析见表 3-7。

表 3-7　　　　　　　　　美的集团 2019 年衡量营运能力的指标

序号	指标名称	2019 年	备注
1	应收账款周转率	3.728857603	
	应收账款周转期	96.5443142	
2	存货周转率	收入基准：2.240482448	成本基准：1.593807167
	存货周转期	160.6796788	225.874251
3	流动资产周转率	0.347513956	
	流动资产周转期	1 035.929618	
4	固定资产周转率	3.154241142	
	固定资产周转期	114.1320475	
5	总资产周转率	0.245923086	
	总资产周转期	1 463.872327	

四、盈利能力的分析

盈利能力（profitabilily）是企业赖以生存和发展的基本条件。有人认为企业盈利能力可能比财务状况更为重要。盈利能力是指企业赚取利润的能力。盈利能力分析对股东而言至关重要，因为他们以股利的形式获取收益。此外，利润的增长，使股票市价上升，从而使股东得到资本利得。利润对债权人也十分重要，因为利润是偿还债务的一项资金来源。管理层则用利润作为绩效评价的标准。通常，以一定数据为基础计算的百分比来评价企业的盈利能力比绝对数更有意义。作为计算百分比基础的数据可以是营业收入，也可以是生产性资产、所有者和债权人投入资本。在具体衡量指标上，我们可以分为以营业收入为基础的盈利能力分析和以资产为基础的盈利能力分析，两者分别反映了经营业务的盈利能力以及资产盈利能力，表 3-8 列举了反映一般企业盈利能力的关键指标。

表 3-8　　　　　　　　　反映企业盈利能力的关键指标

作用	指标名称	计算公式	指标含义及解读
反映经营业务盈利能力	销售毛利率	销售毛利率 = $\dfrac{销售收入-销售成本}{销售收入}$ = $\dfrac{销售毛利}{销售收入}$	销售毛利是指销售收入扣除销售成本后的余额。毛利率越大，说明产品成本越低，竞争能力越强，经营业务获利能力越强
	营业利润率	营业利润率 = $\dfrac{营业利润}{销售收入}$	由于营业利润受非经常损益影响较小，能够比较准确地反映企业经营（或销售）业务的获利能力
	销售净利率	销售净利率 = $\dfrac{净利润}{销售收入}$	是企业净利润与销售收入的比率
反映资产盈利能力	总资产收益率（ROA）	ROA = $\dfrac{净利润}{平均总资产}$	是净利润与平均资产总额的比率，说明利用资产获取净利润的能力
	净资产收益率（ROE）	ROE = $\dfrac{净利润}{平均净资产}$	又称为股东权益报酬率等，反映为股东创造盈利的能力
反映盈利质量	盈余现金保障倍数	盈余现金保障 = $\dfrac{经营现金净流量}{净利润}$	以收付实制为基础的经营现金净流量同以权责发生制为基础的净利润相比较，反映净利润实现程度

对这些指标的分析及解读，需要强调说明的是：

1. 销售毛利率主要受产品销售价格、单位产品成本的影响，而产品销售价格又受到市场竞争的情况以及本企业市场竞争能力的影响；单位成本的高低受企业成本管理水平的影响。所以，毛利率越大，说明产品成本越低，竞争能力越强，经营业务获利能力越强。另外，销售毛利率的高低还受到行业特点的影响，一般来说，营业周期短、固定费用低的行业，如零售业，毛利率一般较低，而营业周期长、固定费用大的行业毛利率通常要高一些。同时，毛利率指标某种程度上还反映了公司所处行业的竞争性程度，通常垄断行业、高科技行业的毛利率较高。因此，毛利率的高低，一般应与同行业平均水平相比较。

2. ROA 测度的是，在不考虑资产的融资来源时，公司运用其资产创造盈利的成功程度。在给定的特定环境因素和公司采取的战略选择组合下，ROA 主要关注特定期间公司使用其资产创造盈利的成功程度。但是，ROA 忽略了资产融资的方式和成本，即不考虑债务与权益融资的比例以及这些资本形式的成本。

3. ROE 指标反映的是一定时期内，公司给股东创造的收益。如果要更准确地反映普通股股东权益回报率，我们则可以使用 ROCE 指标，即 ROCE 指标衡量的是不仅扣除运营费用（如已售产品成本、销售与行政费用、所得税），而且还要扣除债务融资成本和优先于普通股的优先股成本之后的专门针对普通股股东的投资回报率。后者包括债务的利息费用和优先股股息（如果有的话）。因此，ROCE 的公式为：

$$ROCE = \frac{净利润 - 优先股股利}{平均普通股股东权益}$$

根据本教材表 1-1、表 1-2 的相关资料，我们可以计算反映美的集团 2019 年度的盈利能力各相关指标（见表 3-9）。

表 3-9　　　　　　　　　美的集团 2019 年度公司盈利指标

作用	指标名称	2019 年度	备注
反映经营业务盈利能力	销售毛利率（%）	28.86	
	营业利润率（%）	10.62	
	销售净利率（%）	9.05	
反映资产盈利能力	总资产收益率（ROA）（%）	4.47	
	净资产收益率（ROE）（%）	12.64	
反映盈利质量	盈余现金保障倍数（%）	152.67	

从表 3-9 可以看出，美的集团 2019 年的产品销售毛利率达到 28.86%，净资产收益率达到 12.64%，说明美的集团的盈利能力较好。

对于上市公司来说，除了以上反映一般企业盈利能力的指标以外，其还经常使用每股收益、股利支付比率、市盈率、每股净资产、市净率等指标来反映公司的盈利能力，特别是为股东创造收益的能力。

1. 每股收益。每股收益（EPS）也称每股利润或每股盈余，即每股普通股所获得的收益，分为基本每股收益和稀释每股收益两种。其中，基本每股收益计算公式是：

$$每股收益 = \frac{净利润 - 优先股股利}{发行在外的普通股股数}$$

计算每股收益应当注意以下几个问题：在存在优先股和少数股东权益的情况下，应按照归属于普通股股东的净利润计算；如果公司存在稀释性潜在普通股的，应当计算稀释每股收益。潜在普通股主要包括可转换公司债券、认股权证和股份期权等。如果没有潜在普通股，稀释每股收益等于基本每股收益。

2. 每股股利与股利支付比率。每股股利是现金股利总额与普通股股份总数之比，其计算公式是：

每股股利 =（现金股利总额 - 优先股股利）/普通股总股份数

每股股利的多少不仅取决于企业的盈利能力，还受到公司股利政策和现金是否充裕的影响。股利支付比率是每股股利与每股收益相比的比率。其计算公式为：

股利支付比率 = 每股股利/每股收益×100%

与股利支付比率相对应的指标是留存收益比率。留存收益比率是留存利润与净利润的比率。其计算公式是：

留存收益比率 = 1 - 股利支付比率

3. 市盈率。市盈率也称价格盈余比率或价格与收益比率，是指普通股每股市价与每股收益的比率，反映投资者对每元利润所愿支付的价格。其计算公式为：

$$市盈率 = \frac{每股股价}{每股收益}$$

一般来说，市盈率高，说明投资者对该公司的发展前景看好，愿意出较高的价格购买该公司股票，所以一些成长性较好的高科技公司股票的市盈率通常要高一些。另外，市盈率也是衡量投资风险和报酬的重要标准。其他条件相同的情况下，市盈率较低的股票具有更大的投资价值。在市价确定的情况下，每股收益越高，市盈率越低，股票投资的风险越小；反之，每股收益越低，市盈率越高，股票投资的风险越大。在每股收益一定的情况下，市价越高，市盈率越高，投资的风险越大；反之，市价越低，市盈率越低，投资的风险越小，股票越具有投资价值。

使用市盈率时应当注意以下问题：

（1）该指标不能用于行业不同的公司间的比较。新兴行业的市盈率普遍较高，而传统成熟的行业的市盈率普遍较低，这是因为新兴行业往往具有良好的发展前景和机会，人们对其盈利能力的提高往往具有良好的预期；而传统行业的盈利水平相对稳定，难以取得突破性的发展，市盈率也相对稳定。

（2）在每股收益很小时，很高的市盈率并不说明什么问题，因为当每股收益很低或亏损时，股票市价不会降至为零，更不会为负值，此时市盈率会很高，但它不说明公众对该企业的发展有良好的预期。

（3）市盈率的高低受净利润的影响，净利润又受企业会计政策和会计估计的影响。

（4）市盈率受市价的影响，市价又受投机炒作的影响。因此，从这个角度看，市盈率越高，对投资者而言可能意味着投资风险越大。

4. 每股净资产与市净率。每股净资产也称每股账面价值，是股东权益总额与发行在外普通股股数之比。其计算公式是：

每股净资产 = 股东权益总额/发行在外的普通股股数

每股净资产是每股普通股所代表的净资产的价值，是假设现在公司的资产如果能够按照账面价值变现每股普通股可以分得的价值。实际上，公司如果要进行清算，其变现价值往往与账面价值有较大的悬殊。每股净资产提供了理论上股票的最低价值，如果股票价格低于每股净资产，往往说明企业已无存在的价值，因为在这种情况下，企业的变现价值（收益的现值）往往低于净资产的成本，此时清算是最好的选择。投资者可以比较分析公司历年的每股净资产的变动趋势，来了解公司的发展趋势和获利能力。

市净率是每股市价与每股净资产的比率，可以反映市场对公司资产质量的评价。其计算公式是：

市净率 = 每股市价/每股净资产

【例 3-1】假设 MD 公司年初普通股总股数为 30 000 万股，本年 4 月 30 日增发按照年初股份总数，派发每 10 股派 6 股的股票股利，年末股份总数为 48 000 万股，本年归属于普通股股东的净利润为 80 000 万元，年末归属于普通股股东的所有者权益为 250 000 万元，年末普通股市场价格为 45 元/股，则：

基本每股收益 = 80 000/（30 000 + 30 000 × 0.6 × 8/12）= 1.905（元/股）

年末每股净资产 = 250 000/48 000 = 5.21（元）

市盈率 = 45/1.905 = 23.623（倍）

市净率 = 45/5.21 = 8.64（倍）

五、企业发展能力分析

反映企业发展能力的指标通常包括资本保值增值率、资本积累率、营业利润增长率、销售收入增长率、总资产增长率以及技术投入比率（见表 3-10）。

表 3-10　　　　　　　　反映企业发展能力的关键指标

项目	指标名称	计算公式	指标含义及解读
资本增长情况	资本保值增值率	资本保值增值率 = 扣除客观因素后的年末所有者权益/年初所有者权益	表示企业由于当年企业经营方面的原因使股东权益增减变动的情况
	资本积累率	资本积累率 = $\dfrac{\text{当年所有者权益增长额}}{\text{年初所有者权益}}$	资本积累率越高，表明企业的资本积累越多，应对风险、持续发展的能力越强

续表

项目	指标名称	计算公式	指标含义及解读
增长率情况	营业利润增长率	营业利润增长率 = $\dfrac{\text{当年营业利润增长额}}{\text{上期营业利润}}$	资本增值应当主要来自净利润增长，净利润的增长又应该主要来自营业利润的增长，因为营业利润具有较好的可持续性
	总资产增长率	总资产增长率 = $\dfrac{\text{当年总资产增长额}}{\text{期初总资产}}$	总资产的增长是销售扩大的重要条件，总资产增长率越高，表明企业一定时期内资产经营规模扩张的速度越快
	销售收入增长率	销售收入增长率 = $\dfrac{\text{当年销售收入增长额}}{\text{上期销售收入}}$	企业销售（营业）收入的增减变动情况，它是衡量企业经营状况和市场占有能力、预测企业经营业务拓展趋势的重要标志
增长潜力	技术投入比率	技术投入比率 = $\dfrac{\text{技术投入}}{\text{当年销售收入}}$	指企业技术研究开发或投资的支出占当年主营业务收入净额的比率，反映企业对新技术的研究开发重视程度和研发能力

在使用这些指标衡量公司增长潜力时，我们还需要注意的是：

1. 资本保值增值率是指扣除的客观因素对所有者权益影响后的数额。需要扣除或加回的项目包括客观因素影响的增加额（如所有者追加投资额、增发或配股额）和客观因素影响的减少额（如分配现金股利）。资本保值增值率表示企业由于当年企业经营方面的原因使股东权益增减变动的情况，反映了投资者投入企业资本的保全性和增长性，该指标越高，表明企业的资本保全状况越好，所有者的权益增值越快，债权人的债务越有保障，企业发展后劲越强。资本保值增值率体现了企业财务目标的要求，是评价企业发展能力的重要指标。

2. 反映增长率情况的三个指标，我们还经常使用三年平均数，如三年平均销售收入增长率、三年平均总资产增长率、三年平均营业利润增长率，三年平均增长率指标相比较一年的增长率指标，更能够反映公司未来的发展趋势，因而实践中，三年平均增长率指标的使用更为常见。

3. 技术投入比率是指企业技术研究开发或投资的支出占当年主营业务收入净额的比率，反映企业对新技术的研究开发重视程度和研发能力。科学技术是社会生产力的重要组成部分，现代企业的发展与技术进步密不可分，企业必须占领相关技术领域的制高点，才能在竞争中稳操胜券。要提升企业的技术含量，就必须注意技术研发的投入，包括直接进行研究开发和接受技术转让。技术投入比率就是将研究开发和接受技术转让方面的投入与企业主营业务收入净额相比较，说明企业主营业务收入中有多大部分用于技术方面的投资，既说明企业对技术研发的重视程度，也说明企业研究开发的能力，进一步说明企业的发展动力储备情况。

六、综合分析法

通过前面财务比率分析的各种指标的介绍，我们可以了解企业某方面的能力好与不好、是提高了还是下降了，但它不能说明企业总体财务状况怎么样。一个企业可能长期偿债能力不好，但短期偿债能力还可以，而另一个企业则相反，两个企业总体上看谁更好一些？有些企业负债率比同行业要高一些，但销售增长率也比同行业其他要高，这个企业是好还是坏呢？回答并解决这类问题，需要借助综合分析方法才能得出评价。这里介绍两种常用的综合分析方法：综合评分法和杜邦分析法。

（一）综合评分法

综合评分法是在 20 世纪初由美国银行家亚历山大·沃尔提出并使用的方法，所以也称为沃尔评分法。综合评分法是通过选择一系列能够反映企业各方面财务状况的财务比率，通过对这些财务比率打分得出综合得分，来评价企业综合财务状况的一种方法。综合评分法的基本程序如下。

1. 选定财务评价的指标体系。如何选择综合评价企业财务状况的指标体系，是财务状况综合评价的核心问题之一。

企业财务状况评价指标体系的选择应当注意以下几个问题：

（1）要具有全面性，要求反映企业的偿债能力、营运能力、获利能力、发展能力的四大类财务比率；

（2）要具有代表性，即要选择能够说明问题的重要的财务比率，避免在评价内容上指标重复设置，例如，资产负债率和产权比率、自有资金比率（股东权益/总资产）的作用基本相同，选择了资产负债率，一般不应再选择产权比率或自有资金比率；

（3）要具有变化方向的一致性，一般选择反映企业财务状况的正指标，即选择那些财务比率增大时表示财务状况得到改善、财务比率减小时表示财务状况恶化的指标。对于特别重要但属于反映财务状况逆指标的指标，可用其倒数表示，如资产负债率可用"资产/负债"表示。

2. 确定重要性系数。重要性系数是指某项指标达到其标准值（行业平均水平或理想值）时可以得到的分数，或称标准评分值，也就是各项指标得分的权数比重，各项财务比率的标准评分值之和应等于 100 分。

重要性系数的确定是财务比率综合评分法的一个重要问题，它直接影响到对企业财务状况的评分多少。重要性系数应根据各项财务比率的重要程度加以确定。某项指标的重要性程度，应根据企业经营活动的性质、企业的生产经营规模、市场形象和分析者的分析目的等因素来确定。

3. 规定各项财务比率评分值的上限和下限。各项财务比率评分值的上限和下限即最高评分值和最低评分值。这主要是为了避免个别财务比率的异常给总分造成不合理的影响。

4. 确定各项财务比率的标准值。财务比率的标准值，通常可以参照同行业的平均水平确定，也可选用行业先进水平、计划数或上期数。

5. 计算企业在一定时期各项财务比率的实际值。

6. 计算出各项财务比率实际值与标准值的比率，即关系比率。关系比率等于财务比率的实际值除以标准值。

7. 计算出各项财务比率的实际得分。各项财务比率的实际得分是关系比率和标准评分值（权数）的乘积，每项财务比率的得分都不得超过上限或下限，所有各项财务比率实际得分的合计数就是企业财务状况的综合得分。当标准值选用行业平均水平时，如果综合得分接近或大于100分，说明企业财务状况良好，符合或高于行业平均水平；如果综合得分过低于100分，说明企业财务状况存在的问题，各项财务能力较差。

【例3-2】选用行业平均水平为标准，运用财务比率综合评分法对A企业综合财务状况的评价如表3-11所示。

表3-11　A公司财务比率综合评价

指标	标准评分值 (1)	上/下限 (2)	标准值 (3)	实际值 (4)	关系比率 (5)=(4)÷(3)	实际得分 (6)=(1)×(5)
流动比率	10	15/5	2	6	3.00	15
速动比率	10	20/5	1.2	1.29	1.08	10.8
资产/负债	12	20/5	2.1	2.17	1.03	12.36
存货周转率	10	20/5	8	2	0.25	5
应收账款周转率	8	20/4	13	12.72	0.98	7.84
总资产周转率	10	20/5	2.5	1	0.4	5
总资产报酬率	15	30/7	30%	21%	0.7	10.5
股东权益收益率	15	30/7	25%	20%	0.8	12
销售利润率	10	20/5	15%	14.79%	0.99	9.9
合计	100					88.4

根据表3-11，企业综合得分为88.4分，与100分有较大的差距，反映出该企业的财务状况存在一定的问题。进一步观察可发现，该企业除流动比率、速动比率及资产/负债的关系比率大于1外，其余关系比率均小于1，尤其是总资产周转率、存货周转率、总资产报酬率远远小于1，说明企业在资产营运方面尤其存货管理方面存在较为严重的问题。

值得注意的是，在综合评分法（沃尔评分法）中，可能存在某些指标很好而掩盖其他一些指标不好的问题，例如，某项指标的权数值为10，标准比率为12%，实际比率为36%，则该项指标的得分为3（36/12），该项指标的综合得分为30分（3×10），则该项指标的得分远远超出其标准得分（10分），因而可能掩盖其他指标不好而存在的矛盾。另外应当选择哪些指标？各指标的权重如何确定？这些问题都是难点。

2006年，国务院国有资产监督管理委员会颁布的《中央企业综合效绩评价实施细则》，一定程度上可以作为我们确定企业财务状况综合评价指标体系的重要依据。该实施细则将评价指标分为3个层次，选择了22个定量评价指标和8

个定性评价指标,并设定各项指标的权数值,具体内容见表 3 – 12。

表 3 – 12　　　　　　　　　企业效绩评价指标体系

内容	基本指标 100	修正指标 100	评议指标 100
盈利能力状况 34	净资产收益率 20 总资产报酬率 14	主营业务利润率 10 盈余现金保障倍数 9 成本费用利润率 8 资本收益率 7	战略管理 18 发展创新 15 经营决策 16 风险控制 13 基础管理 14 人力资源 8 行业影响 8 社会贡献 8
资产质量状况 22	总资产周转率 10 应收账款周转率 12	不良资产比率 9 流动资产周转率 7 资产现金回收率 6	
债务风险状况 22	资产负债率 12 已获利息倍数 10	速动比率 6 现金流动负债率 6 带息负债比率 5 或有负债比率 5	
经营增长状况 22	销售增长率 12 资本保值增值率 10	营业利润增长率 10 总资产增长率 7 技术投入比率 5	

注:
(1) 总资产报酬率 =(利润总额 + 利息支出)/平均资产总额 × 100%;
(2) 成本费用利润率 = 利润总额/成本费用总额 × 100%,
成本费用总额 = 主营业务成本 + 税金及附加 + 经营费用(营业费用)+ 管理费用 + 财务费用;
(3) 资本收益率 = 净利润/平均资本 × 100%;
(4) 平均资本 = [(年初实收资本 + 年初资本公积)+(年末实收资本 + 年末资本公积)]/2;
(5) 不良资产比率 =(资产减值准备余额 + 应提未提和应摊未摊的潜亏挂账 + 未处理资产损失)/(资产总额 + 资产减值准备余额)× 100%;
(6) 资产现金回收率 = 经营现金净流量/平均资产总额 × 100%;
(7) 或有负债比率 = 或有负债余额/(所有者权益 + 少数股东权益)× 100%;
或有负债余额 = 已贴现承兑汇票 + 担保余额 + 贴现与担保外的被诉事项金额 + 其他或有负债。

(二) 杜邦分析法

财务比率综合评分法主要用于综合财务评价,它只能说明企业综合财务状况是否达到标准财务比率的水平及其程度,在综合评价上是一种科学有效的方法,但它不能很好地说明企业财务状况好与不好的原因。所以,综合评分法是外部综合评价的一种方法。作为企业内部对自身财务状况的综合评价,其目的除了了解企业综合财务状况好与不好外,可能更重要的是了解企业综合财务状况好与不好的原因是什么,以便发现问题,采取措施,改善企业的财务状况,提高企业的盈利能力。为此,企业内部综合财务状况的评价一般采用杜邦分析法。

杜邦分析法是根据各项财务比率中的核心指标进行综合评价,利用各项主要财务比率与核心指标之间的内在联系,分析财务状况变化原因的一种综合分析评价的方法。该方法是由美国杜邦公司首先创造的,故称杜邦分析法。

1. 杜邦分析法的核心指标。杜邦分析法在进行综合评价时所采用的核心指标是股东权益报酬率。以股东权益报酬率作为核心指标其原因是:

(1) 股东权益报酬率最具有综合性。根据股东权益报酬率的计算公式,可将股东权益报酬率分解如下:

股东权益报酬率 = 净利润/净资产
= (净利润/净资产) × (总资产/总资产)
= 总资产净利率 × 权益乘数
= (净利润/总资产) × 权益乘数 × (销售收入/销售收入)
= 销售净利率 × 总资产周转率 × 权益乘数

上述公式分解说明，股东权益报酬率等于销售净利率、总资产周转率、权益乘数的连乘积，也就是说股东权益报酬率受销售净利率、总资产周转率、权益乘数的影响，而销售净利率反映企业经营业务的获利能力，总资产周转率反映全部资产的利用效率，权益乘数反映企业的偿债能力。因此，股东权益报酬率综合反映了企业的经营业务获利能力、资产的利用效率和偿债能力，在各项财务指标中最具有综合性。

（2）股东权益报酬率是企业各利益相关者最关心的指标。股东权益报酬率反映了企业最为重要的利益相关者——股东全部投资的报酬率，因此，股东或所有者最关心这一指标。由于股东最关心这一指标，企业的经营者也必须最关心这一指标，经营者是由董事会任命的，董事会是股东大会的常设机构，经营者要获得连任，就必须达到股东期望的目标，必须关心股东所关心的指标。企业的债权人最关心企业的偿债能力，但企业的偿债能力尤其是长期偿债能力取决于企业的盈利能力，股东权益报酬率能够反映企业的盈利能力，因此，债权人也十分关心这一指标。

由于上述原因，股东权益报酬率在各项财务指标中处于最核心的地位。

2. 杜邦分析法的程序。运用杜邦分析法，其基本程序是：

（1）总体评价。由于股东权益报酬率综合反映了各方面的情况，所以比较股东（所有者）权益报酬率，可以对企业综合财务状况进行评价。

（2）基本因素分析。根据杜邦分析的指标体系，影响权益报酬率的基本因素包括销售净利率、总资产周转率、权益乘数等，可采用因素分析法确定各因素对权益报酬率的影响，以准确说明股东权益报酬率变动的原因。

（3）影响因素的详细分析。

第一，销售净利率的分析。销售净利率与股东权益报酬率呈正相关关系，销售净利率的高低又受销售毛利率、营业利润率和成本费用利润率的影响。通过这些指标的对比，可以了解销售净利率变动的基本原因，还可进一步根据利润表及其他资料了解销售净利率变动的详细原因。

第二，总资产周转率的分析。权益报酬率一方面取决于经营业务的获利能力，另一方面受总资产周转速度的影响，一定时期营业周期越短，交易次数越多，资产利用效率越高，股东权益报酬率也越高。因此，总资产周转率是影响权益报酬率的重要因素。总资产周转率取决于非流动资产周转率和流动资产的周转率的影响，流动资产周转率又受存货周转率、应收账款周转率的影响。通过对这些指标的分析，可以了解总资产周转率变化的基本原因。另外，总资产周转率变化的详细情况取决于各项资产的规模及其变动。

第三，权益乘数的分析。从上述股东权益报酬率的分解过程可以看出，股东权益报酬率与权益乘数成正比例关系。应当说，这种正比例关系只是一般关系，即一般地说由于总资产报酬率大于利息率，这种情况下权益乘数越大、负债越多，负债带来的杠杆利益越多，权益报酬率也越高；但是，如果权益乘数过大，意味着企业的负债越多，企业的风险越大，债权人要求的利息率也越高，当利息率大于总资产报酬率时，权益乘数的增大就不能再推动权益报酬率提高，相反，将使权益报酬率降低。所以，不能认为权益乘数的提高总是有利于股东权益报酬率的提高，应根据资产负债率是否适度、是否有足够大的已获利息倍数以及负债结构是否适当做出判断。例如，提高权益乘数后，资产负债率仍然是适当的，那么这种情况下权益乘数的提高是有利于提高股东权益报酬率的；原来的资产负债率是适当的。此时，降低权益乘数应当认为不利于股东权益报酬率的提高。

第四，措施分析。在了解了影响企业财务状况的因素后，应当提出进一步改善企业财务状况的措施。虽然有人认为财务分析不能找出解决问题的方案，但在通过财务分析了解成绩或问题形成原因的基础上，可以在一定程度上找到改善企业财务状况、提高企业盈利能力的方向。

【例 3-3】 AD 公司本年和上年杜邦分析的有关财务比率如表 3-13 所示。

表 3-13　　　　　　　　　　　AD 公司杜邦分析

项目	本年	上年
销售毛利率（%）	76.7	76
营业利润率（%）	63.4	63
销售利润率（%）	64.9	64.2
销售净利率（%）	55.1	61.6
总资产周转率（次）	0.55	0.746
非流动资产周转率（次）	1.58	1.92
流动资产周转率（次）	0.84	1.22
应收账款周转率（天）	4.81	7.99
存货周转率（次）	1.26	1.82
平均权益乘数（倍）	1.076 4	1.091
资产负债率（%）	6	7.6
已获利息倍数（倍）	财务费用为负值	财务费用为负值
净资产收益率（%）	32.63	50.14

注：本期所得税较上年增长 300%，系因子公司 HL 疫苗公司由免税改为按 12.5% 征收引起的。

根据表 3-13 的资料，AD 公司本年企业净资产收益率为 32.62%，较上年降低了 17.51 个百分点，说明企业综合财务能力下降了。根据差额计算法，各因素对净资产收益的影响计算如下：

销售净利率的影响：

$(55.1\% - 61.6\%) \times 0.746 \times 1.091 = -5.29\%$

总资产周转率的影响

$55.1\% \times (0.55 - 0.746) \times 1.091 = -11.78\%$

权益乘数的影响：

55.1% ×0.55× （1.0764 – 1.091） = –0.44%

三个因素共同作用的结果，使得净资产收益率降低了 17.51 个百分点。主要是资产周转率减缓引起的，销售净利率较上年降低也产生了重要影响，权益乘数降低影响不大。

总资产周转率比上年减少 0.2 次，是由流动资产和非流动资产周转率都有减少引起的，尤其是流动资产周转率下降幅度较大，流动资产周转速度减缓是由应收账款周转率和存货周转率都有所下降引起的，从报表上看，货币资金过多且大幅增长是影响流动资产周转减缓的最主要原因。销售净利率较上年降低了 6.5 个百分点，而毛利率、营业利润率、销售利润率均有所提高，因此，销售净利率降低主要是所得税费用增加引起的，所得税增加是由子公司有免税期改为减半征收引起的。权益乘数较上年略有降低，在资产负债率极低的情况下，降低权益乘数不利于提高净资产收益率。

企业要改善财务状况、提高盈利能力，应采取的措施有：（1）加强货币资金的管理。AD 公司货币资金本年末较年初增长 53%，货币资金占年末总资产的比重达 42%，存在存量过多、增量过快的问题，应充分利用货币资金进行投资或增加现金股利分配。（2）应当加强应收账款的管理，制定合理的信用政策，加强对客户的信用分析，以加速应收账款的周转。（3）加强存货管理。（4）适当调整资本结构，充分发挥财务杠杆作用。

七、财务比率分析的进一步拓展

本节的前面部分，我们系统地总结了财务比率分析的内容，但财务比率分析只是财务报表分析的一部分，分析师们还需要在经营战略分析、会计分析、财务比率分析后，再进行前景分析。前景分析是经营分析的最后一步，主要用来预测企业未来的经营情况。前景分析中的两种常用技术，即财务报表预测和价值评估，这两种工具将经营战略分析、会计分析和财务分析的结果综合起来以便对企业的未来经营情况进行预测。

既然企业的内在价值是未来现金流量的函数，那么也可以根据企业目前的股权账面价值、未来的股东权益报酬率（ROE）及增长率对企业的价值进行评估。上文所讨论的经营战略分析、会计分析和财务分析是企业内在价值评估的基础。经营战略分析不仅有助于进行可靠的会计分析和财务分析，而且也有助于评价企业竞争优势可能发生的变化及其对企业未来的股权回报率和增长率的影响。会计分析旨在对企业目前的账面价值和股权回报率进行无偏的估计。财务分析旨在深入了解企业目前股权回报率的驱动因素。

通过合理的经营分析得出的预测结论，对许多当事人来说都非常有用，并且在许多情境（context）中都适用。经营分析的实质依赖于其所应用的情境。本教材所涉及的应用情境包括证券分析、信用评估、企业并购以及公司沟通策略的评估。对于每种应用情境来说，上述四个分析步骤都非常有用。然而，要想恰当地运用这些分析工具，则需要精通那些与具体情境有关的经济理论及制度性因素。

即使资本市场是有效的，财务报表分析仍可以在一些方面发挥作用。首先，许多财务报表分析应用于资本市场之外，例如，信用分析、竞争标杆分析和企业并购分析。其次，资本市场之所以有效，是因为资本市场的参与者依靠本教材中所讨论的分析工具来分析信息，并进行投资决策。这反过来更要求公司管理层建立适当的披露与沟通策略。

本章小结

财务报表提供了最为全面的反映上市公司经济活动的会计数据，投资者和其他利益相关者据此对企业制订的计划、经营业绩和管理层业绩进行评价。财务报表是企业财务状况、经营成果和现金流量状况的重要信息载体，但是，财务报表所列示的各类项目的金额，如果孤立地看，并没有多大的意义。财务报表上的各项数据，必须与其他数据相比较，才能成为有意义的信息。本章基于哈佛分析框架，详细阐述了企业战略分析、会计分析以及财务分析，重点讲解了企业战略分析的内容及方法、会计分析的重点以及判断财务报表质量的六个步骤；本章第三节重点讲解了财务比率分析的指标及这些指标的应用分析方法，并说明了企业综合分析方法和原理。

复习思考题

1. 会计信息和会计分析有何价值？有人认为，既然管理层既有动机又有机会影响企业会计报告的数据，那么会计数据和会计分析对投资者来说可能没有用处。你是如何看待这个观点的？

2. 一名财务专业的学生说，"既然经营活动产生的现金流信息已经清楚地摆在那里，真不明白人们为什么还要关心会计报表中的盈余信息。"你同意这种说法吗？原因是什么？

3. 某公司的会计经理认为，"我最希望会计准则能消除管理层编制财务报告的所有选择权，这样所有企业的数据都是统一的标准，也就没有必要做会计分析了。"你同意这种说法吗？原因是什么？

4. 本章讨论了经营分析的四个步骤（即经营战略分析、会计分析、财务分析和前景分析）。作为一名财务分析师，请解释为什么每一步都是你工作的重要内容，并说明这些步骤之间是如何相互联系的。

5. 一位基金经理说："我从不买入有会计政策变更的企业的股票，因为这肯定说明该企业管理层在试图隐藏坏消息。"对此，你有其他解释吗？

6. 会计政策选择（如应收账款计价和坏账处理方法、存货计价方法）对财务报表分析有何影响？

7. 在比较企业的财务比率时，你会使用哪些可能的标准？这些标准有哪些利弊？

8. 企业陷入财务困境是负债比率过高还是收益率过低？利息保障倍数这个指标的数值会出现负数吗？为什么？

9. 企业综合分析中的杜邦分析法为什么以净资产收益率作为核心指标？该指标的分解分别反映了公司哪些经营状况的好坏？

10. 作为财务报表分析师，你认为最重要的分析方法是什么？一名优秀的分析师需要具备哪些专业知识？

案例分析

珀莱雅化妆品股份有限公司（股票代码603605）是集化妆品研发、生产和销售为一体的大型集团化公司，目前旗下有"珀莱雅""优资莱""悠雅""韩雅""猫语玫瑰""悦芙媞""Insbaha""彩棠""YNM"等多个品牌，在中国美妆市场上处于领军地位。目前，公司旗下共计千余种产品，形成了遍布百货商场、日化精品店和大型连锁超市的强大营销网络，成功实现了多品牌、多品类、多渠道、多模式的发展运营机制，综合实力位居行业前列。珀莱雅以"美丽人生美好生活"为使命，追求卓越，不断创新，全力推动"美丽兼具涵养"的美丽新时尚。凭借高品质、高科技的优势，珀莱雅不但广受消费者的喜爱，更获得了国家的高度认可，先后获得了"高新技术企业""ISO9001质量管理体系""ISO14001环境管理体系"等认证。

2020年4月1日晚间，珀莱雅发布了截至2019年12月31日的年度业绩报告。2019年，珀莱雅总营收达31.24亿元，同比增长32.3%；营业利润达4.62亿元，同比增长19%；归属于上市公司股东的净利润达3.93亿元，同比增长36.7%；稀释后每股收益1.96元，同比增长37.1%。

2021年4月23日，珀莱雅发布了2020年12月31日的年度业绩报告。报告显示营业收入3 752 386 849.02元，同比增长20.13；净利润实现476 009 298.41元，同比增长21.22%；基本每股收益达到2.37元，同比增长20.92%；稀释后每股收益2.37元，同比增长20.92%。

（资料来源：珀莱雅化妆品股份有限公司2019年和2020年年报）

思考分析：

1. 根据以上资料结合近几年该公司的年度报告，从战略分析、会计分析、财务分析以及前景分析四个维度评价该公司的经营状况及经营效果。

2. 截至2021年8月17日，该公司股票价格179元，请根据你的分析判断，该公司股票价格是高估还是低估？你的判断逻辑是什么？不用通过计算来说明。

第四章 财务报表质量分析

【学习重点】
- 了解财务报表项目之间的逻辑关系；
- 掌握财务报表质量分析框架；
- 应用财务报表质量分析框架分析企业状况；
- 掌握以存量和流量视角分析企业经营活动；
- 应用哈佛分析框架分析企业经营活动。

第一节 财务报表项目之间的逻辑关系

一、公司战略与财务报告

公司创造价值的过程起源于公司战略。公司战略首先解决的是公司行业这一方向性的问题，行业的不同决定了公司财报的盈利水平不同和结构特征不同。对不同行业的公司进行财务分析时，我们的重点也存在差异。例如，金融行业公司的分析重点是公司的风险管理和信贷资产质量；运输行业公司的分析重点是资产周转率和成本管理；计算机技术行业公司的分析重点是其技术服务的定价能力以及品牌、研发投入等带来的溢价和高毛利是否可持续。

在解决行业问题后，不同公司会采取不同的竞争战略以建立其行业地位，对抗竞争。迈克尔·波特提出了三种卓有成效的竞争战略，分别是总成本领先战略、差异化战略和集中战略，具有上述竞争优势的公司在市场竞争中更容易获得成功。公司在选择竞争战略时，要考虑自身是否具备相匹配的能力，在此基础上采取相对应的行动。

二、财务报表项目之间的关系

公司的目标就是创造价值，其创造价值过程就是公司经济活动的过程，即"筹集资金，投入现金，收回更多的现金"。公司战略需要公司的经济活动来贯彻执行，故而公司战略对财务报表具有宏观的影响。战略的执行又直接影响到三张报表中的具体报表项目，并形成了三张报表之间的现金循环。绝大多数公司的现金循环模式是"战略—筹资活动现金流量—投资活动现金流量—资产（如设备、存货、应收账款等）—收入、成本费用—经营活动现金流量—战略……"我们以上述模式来描述公司财报项目之间的逻辑关系。

1. 战略与现金流量表中筹资活动现金流量的关系：战略决定筹资活动现金流量。战略需要公司的经济活动来实现，而各项经济活动需要资金，筹资活动是为了满足投资活动和经营活动的资金需求。广义的筹资活动，是指一家公司的资本来源，包括外源筹资、内源筹资，其中，外源筹资是指公司的外部资金来源，包括债务筹资和股权筹资；内源筹资是指公司通过生产经营活动获取的超过初始投入金额的增量资金。狭义的筹资活动，是指导致企业资本及债务规模和构成发生变化的活动，具体是指现金流量表中列示的筹资活动。筹资活动现金流量的项目可以分为两大类：一是股权筹资活动现金流量；二是债务筹资活动现金流量。筹资活动需要考虑资本成本、资本结构、融资顺序、融资期限等因素。

2. 战略与现金流量表中投资活动现金流量的关系：战略决定投资活动现金流量。筹集到资金后，公司的战略执行先由投资活动来实施。广义的投资活动，是指一家公司的资金在长期资产和营运资产之间的平衡配置。狭义的投资活动，是指公司长期资产的购建和不包括在现金等价物范围的投资及其处置活动，具体是指现金流量表中列示的投资活动。投资活动现金流量的项目可以分为三类：一是理财型投资活动现金流量；二是股权型投资活动现金流量；三是资产型投资活动现金流量。其中，理财投资活动难以对公司的长远发展有重大影响；彰显公司长期战略的是资产购建活动（购建和处置固定资产、无形资产等长期资产）和股权投资活动（取得子公司和处置子公司，投资战略型联营公司与合营公司）。投资活动需考虑净现值、内含报酬率和投资回收期等因素。

3. 投资活动与资产的关系：投资活动决定公司的资产结构和资产质量。不同的投资活动会形成不同的资产组合。一般公司的资产包括：金融资产（长期存在银行的银行存款、交易性金融资产、债权投资、其他权益工具投资、公允价值计量的投资性房地产等）；联营公司和合营公司的长期股权投资；公司的经营资产（包括长期经营资产，如固定资产、在建工程、无形资产、长期待摊费用等和经营性流动资产，如货币资金、应收账款、应收票据、预付账款、存货等）。

4. 资产负债表和利润表的关系：资产结构和质量决定利润的构成、质量和数量，资本结构决定资本成本。金融资产为公司创造的是金融收益，包括利息收入、短期投资收益、公允价值变动收益等；长期股权投资带来联营公司和合营公司的投资收益；经营资产创造经营利润。经营利润需要结合公司战略和行业进而分析盈利的连续性和持续性，通过比较利润和资本成本，从而判断一家公司是否创造价值。

5. 利润表和经营活动现金流量的关系：营业收入的质量决定利润，进而影响经营活动现金流量。营业收入和需要付现的成本费用（营业成本、管理费用、研发费用、销售费用中需要支付现金的部分）对应经营活动现金流量中销售商品、提供劳务收到的现金和购买商品、接受劳务支付的现金以及为职工支付的现金、支付的各项税费。在间接法下，我们可以通过加减应计项目，将净利润调节为经营活动现金流量。

6. 经营活动现金流量和筹资活动现金流量、投资活动现金流量的关系：经营活动现金流量的净额必须大于公司投资活动后资产所产生的折旧摊销和筹资活动后借款所产生的利息支出，公司才可以持续发展。如果公司经营活动现金流量的净额不能满足公司战略的资金需求，我们就需要增加筹资以弥补资金缺口。

第二节 财务状况质量分析框架与应用

财务状况一般是指公司从事经济活动（筹资、投资与经营等各项活动）所产生的财务结果，反映公司的资本结构、资产状况、盈利状况和现金流量状况。财务状况质量则是指公司财务状况符合既定标准或目标的程度，揭示公司在资本结构、资产状况、盈利状况和现金流量状况等方面的质量表现。财务状况质量分析理论，是指对公司财务状况（某些方面或全部）质量进行分析的理论，主要包括与公司财务状况质量分析理论有关的基本概念、基本框架等内容。

一、基本概念

与财务状况质量分析理论有关的基本概念，主要包括资产质量、资本结构质量、利润质量、现金流量质量以及财务信息质量等。

（一）资产质量

资产是由过去的交易、事项形成的，由企业拥有或控制的，预期会给企业带来经济利益的资源。资产质量，是指资产的变现能力或被公司在未来进一步利用的能力。资产质量的高低，并不完全以该项资产账面金额或物理质量的高低为标准，主要表现为资产的账面价值量与其变现价值量或被进一步利用的潜在价值量（可以用资产的可变现净值或公允价值来计量）之间的差异。高质量的资产，应当表现为按照高于或等于相应资产的账面价值变现或被企业进一步利用。反之，低质量的资产，则表现为按照低于相应资产的账面价值变现或被企业进一步利用。

（二）资本结构质量

这里的资本结构，是指公司的负债与所有者权益结构以及负债内部结构与所有者权益内部结构。资本结构质量则是指公司在现有资本结构下良性发展的质量。资本结构质量较好的公司，一般表现为融资能力较强、偿债能力较强、杠杆比率较为合理。反之,资本结构质量较差的公司,则表现为融资潜力较差、偿债能力较差、债务比例过高等。

(三) 利润质量

利润质量,是指公司利润的形成过程以及利润的结果的质量。高质量的公司利润,应当表现为资产运转状况良好、公司所依赖的业务具有较好的市场发展前景、公司对利润具有较好的支付分配能力、利润所带来的净资产的增加能够为公司的未来发展奠定良好的资产基础。反之,低质量的公司利润,则表现为资产运转不灵、公司所依赖的业务具有公司的主观操纵性或没有较好的市场发展前景、公司对利润具有较差的支付分配能力、利润所带来的净资产的增加不能为公司的未来发展奠定良好的资产基础。

(四) 现金流量质量

现金流量质量,是指公司的现金流量能够按照公司的预期目标进行运转的质量。具有较好质量的现金流量应当具有如下特征:第一,公司现金流量的状态体现了公司的发展战略的要求;第二,在稳定发展阶段,公司经营活动的现金流量应当与公司经营活动所对应的利润有一定的对应关系,并能为公司的扩张提供现金流量的支持。

(五) 财务信息质量

在这里,我们将财务信息与会计信息混同使用。财务信息与会计信息均是指公司的财务会计部门提供的反映公司财务状况与经营成果的信息,也即我们在前面讨论的财务报表中所包含的信息。

财务信息质量,是指公司提供的财务信息对约束财务信息质量的相关要求的符合程度。高质量的财务信息,应能较好地将公司的具体情况与约束财务信息质量的相关要求结合起来,向信息使用者展示并不失真的财务信息;反之,低质量的财务信息,受各种因素的制约,尤其是公司管理层的制约,因而不能较好地将公司的具体情况与约束财务信息质量的相关要求结合起来,向信息使用者展示的有可能是失真的财务信息。

二、财务状况质量分析基本框架

作为一个完整的分析体系,公司财务状况质量分析理论的基本框架主要应当包括资产质量的分析、资本结构质量的分析、利润质量的分析、现金流量质量的分析、财务信息质量的质量分析等。资产质量的分析,包括资产按照质量的分类以及对各项资产进行质量分析;资本结构质量分析,包括对公司资本结构变化与公司融资能力的关系研究、债转股的财务分析等内容;利润质量分析,包括对利润形成过程的分析、对与利润对应的资产质量的分析以及利润质量下降的表现分析等内容；现金流量质量分析，包括对不同质量状态下现金流量特征的分析以及现金流量特征与公司成长特征之间关系的研究等内容。财务信息质量分析，包括对公司财务信息质量状况的分析与研究。具体分析时，我们可按照以下路径展开。

首先，对公司的扩张战略以及经营背景进行分析，掌握公司所处的行业特征和生产经营特点，这是财务状况质量分析的基础条件。对于经营主导型公司而言，所处的行业、生产经营特点以及行业地位，在很大程度上决定了其资产结构、销售政策、议价能力、费用结构、盈利模式以及现金流量等方面的特征。从事实体经营的公司大都以经营性资产为主导，其在资产结构中的固定资产、存货的规模与结构及两者之间的内在联系等方面，体现了公司经营活动所选定的特定行业最重要的信息。通过对这些信息的分析，可以大致了解公司的行业特征。

其次，在了解公司经营背景、行业特征的基础上，对公司资产质量进行分析，可从资产个体质量、资产结构质量和资产整体质量三方面着手，考察公司的经营战略选择以及战略的实施情况；对公司资本结构质量进行分析，以资本来源为切入点，分析公司发展的动力机制。公司资本来源有股东资本、债务资本、业务资本（即公司因业务发展而获得的资本来源，主要包括经营性负债）、内生资本（即母公司整合其子公司资金而对整个集团所做出的资源贡献）、留存收益。

再次，对公司利润质量和现金流量质量进行分析，考察公司经营战略选择的合理性及其实施的有效性，从而对经营战略的实施后果进行评价。公司经营战略的成功实施，应该体现为其利润结构与资产结构能够大体相互吻合、利润的质量较高，以及现金流量对经营战略具有较强的支撑能力等方面。

最后，对公司的管理特征和管理质量进行系统性透视，结合公司治理等其他非财务因素，全面评价上市公司的整体质量。公司的管理特征和管理质量，不会直接体现为公司财务报表中的财务数据，而是蕴藏在财务报表的背后。体现公司财务状况、经营成果和现金流量信息载体的财务报表，既概括性地揭示了公司管理活动的运行结果，也为我们利用财务信息、透视企业的管理特征与管理质量提供了依据。公司质量是公司通过管理活动和治理活动经营公司的综合性结果，其中的治理效应、管理活动和经济后果等要素，均可以在财务状况质量上得以最终体现。在对以上三个方面深入透视的基础上，进一步结合公司治理等其他非财务因素，便可更加科学地把握上市公司的内在价值，更加全面地评价公司的整体质量。

三、财务报表质量分析框架的具体应用

公司的投资人、债权人、顾客、供应商和员工等利益相关者依托公司的财务报表，通过收集、整理公司财报中的有关数据，特别是资产结构、资本结构、利润质量和现金流量结构与公司利润结构的匹配程度，对企业的财务状况、经营成果和现金流量情况进行综合比较和评价，进而影响财报使用者的决策。

资产负债表可以揭示公司财务状况的结果信息。其中，资本结构反映公司的资本引入战略；资产结构反映公司的资源配置战略。利润表和现金流量表反映公司财务状况变化与经营管理的过程信息。利润质量反映公司战略的实施效果，现金流量质量反映对公司战略的支撑能力。资产质量、资本结构质量、利润质量和现金流量质量，相应构成了公司财务状况质量分析的四个维度。

下面我们从资产质量、资本结构质量、利润质量和现金流量质量四个维度着重探究分析公司财务状况质量。

（一）资产质量

资产质量既是公司管理质量和治理效率的集中体现，也是公司盈利能力的基础。公司资产质量分析可以从资产个体质量、资产结构质量和资产整体质量三个层面进行。

资产质量的第一个层面是资产的整体质量。资产的整体质量是指资产在整体上满足公司发展目标的质量。每个公司可能有不同的战略目标，但是在财务上的目标要求却是一致的：公司资产在整体上必须有为公司股东权益的非入资性增值做出贡献的能力，这种能力主要通过利润积累和非利润性资产增值体现。例如，销售一个进价100元的商品获得营业收入150元，就产生50元的毛利，这部分利润因对外交易增值而获得。非利润性资产增值又称其他综合收益，指的是有些资产的价值发生变化了，但不属于利润，属于按照会计准则的要求进行账面调整而引起的增值。它一般不会在公司股东权益非入资性增值中占很大比重。

资产质量的第二个层面是资产结构质量。考察资产结构质量，可以从资产结构的有机整合性和整体流动性两个方面入手。资产结构的有机整合性是指公司资产的不同组成部分，如经营性资产和投资性资产，经有机整合后从整体上发挥效用的状况。它强调各项资产与其他资产组合的增值性，要求公司不断进行资产结构的优化，尽力消除存货积压、资产闲置、投资失控等现象。衡量资产结构的整体流动性，主要是因为资产流动性大小与资产的风险大小和收益高低相联系。通常情况下，流动性大的资产，其风险相对较小，但收益也相对较小且易波动；反之，流动性小的资产，其风险相对较大，但收益相对较高且易稳定。我们可以通过流动性较强的资产在总资产中的占比来衡量资产结构的整体流动性。一般来说，公司资产结构中流动性强的资产所占比例越大，公司资产的整体流动性就越高，相应地，偿债能力也就越强，财务风险也越小。但这并不意味着公司资产的整体流动性越高越好。资产是为公司的发展目标服务的，公司管理应当追求的是资产结构的整体流动性与盈利性的动态平衡。

资产的整体质量好，必须以结构质量好为前提；结构质量好，又必须以个体质量好为前提。资产的个体质量是满足公司对特定资产的个性需求。公司对资产的需求及其质量表现可以归纳为变现质量、被利用的质量、组合增值的质量。变现质量即转化为现金的质量，我们评论流动资产首要考虑的就是变现质量。被利用的质量即长期性经营资产（如固定资产和无形资产等）满足公司生产经营要求的质量，主要关注长期经营资产的利用率和产生增量利润这两个方面。组合增值的质量即某项资产与其他资产组合，优化公司盈利能力的质量。

实际上，流动资产和长期经营资产的组合质量就是组合增值的质量。以身边的公司为例，生产要素差不多的公司，其盈利能力的差异很大，除了品牌不同、管理者不同以外，也是因为资产组合的质量问题。

(二) 资本结构质量

资本结构质量体现了公司资本引入战略的选择及其带来的运行和治理效应，优质的资本结构为公司长期可持续发展提供强大动力和根本保障。资本结构质量分析可以从负债项目和所有者权益项目两个方面进行。

1. 负债项目质量分析。在会计上，负债按偿还期限的长短分为流动负债和非流动负债。流动负债通常为一年内应清偿的债务，其质量分析应重点关注流动负债的强制性及流动负债的规模。

流动负债的强制性即需要偿还的压力和时间长短。不同流动负债项目的偿付期并不一致，有的强制性较大，如短期贷款一般都需要在一年内偿付，而有的强制性较小，如与关联方往来形成的其他应付款可以在很长的时间甚至超过一年的时间内清偿。强制性较小的流动负债会在无形中降低公司的流动性风险，减轻公司的偿债压力。例如，应付职工薪酬和应交税费期末余额在公司经营规模和业绩没有太大波动的情况下会保持相对稳定，形成一定的债务沉淀，不会对公司形成实质性的偿债压力。

我们考虑流动负债的规模时，主要衡量短期借款规模和经营性负债规模。一般来说，公司从金融机构获得的短期借款主要与公司的生产经营活动相关，常用来补充流动资金的不足。我们可以通过比较短期借款与货币资金之间的数量关系，考察公司期末短期借款的规模是否合适。若公司持有大量货币资金的同时大规模借款，表明其短期借款的规模远远超过实际需求数量。尽管这一现象可能是由融资环境和融资行为等因素导致，如银行为规避信贷风险，轻易不愿发放长期贷款，但短期借款的偿付压力大，"短贷长投"更是公司应尽量避免的行为。经营性负债的规模在一定程度上反映了公司对上下游的议价能力。在普遍采用赊购方式的情况下，应付账款相对于应付票据而言规模不断增大，这表明公司与供应商就结算方式谈判时能力越来越强，能够利用商业信用推动经营活动，同时避免了采用票据结算可能引起的财务费用。如果应付票据相对于应付账款而言规模不断增大，表明公司与供应商就结算方式谈判时优势逐渐丧失，不得不采用票据结算，同时不可避免地会引起财务费用的增加，货币资金的周转压力增大。

按照财务理论，非流动负债是形成公司非流动资产和流动资产中长期稳定部分的资金来源，其质量分析应重点关注长期借款的利率水平及担保方式。由于长期借款通常金额大、期限长，因此，由它带来的利息规模一般相对较大，对公司盈利水平会造成较大影响。长期借款的利率水平越低，长期借款的质量就越好。但近几年，金融机构出于对风险控制的考虑，一般不会轻易提供较长期限的贷款。借贷时,公司所采用的担保方式不同,限制和约定的内容就有所不同,对公司经营活动可能造成的影响也会有所差异。根据我国担保法规定,贷款担保方式有保证、抵押、质押三种。保证担保是第三人介入的担保形式,而抵押担保和质押担保均是以一定财产或物权作为担保物的担保形式。一般来说,贷款担保的限定条件越宽松,对公司正常经营活动可能造成的影响越小,长期借款的质量就越高。

2. 所有者权益质量分析。所有者权益是指公司资产扣除负债后由所有者享有的剩余权益,由实收资本(股本)、资本公积、其他综合收益、盈余公积和未分配利润构成。其质量分析主要关注构成项目所包含的质量。实收资本(股本)是公司股东投入的资本,分析时应关注股权结构、股权性质,即股东构成情况,同时关注控股股东和重大影响股东的背景、资源优势、投资目的等。其他综合收益是根据企业会计准则的规定未在当期损益中确认的各项利得和损失。以资产公允价值变动等原因引起的其他综合收益,不是以真实的交易事项为基础,并不产生真实的财务后果,是尚未实现的损益。其所形成的所有者权益仅仅对应相关资产和负债的调整,如果引起这些价值变动的资产尚未进行处置,所形成的所有者权益会继续存在于资产负债表中,并不代表股东真正享有的权益。

(三)利润质量

公司以盈利为目的,利用各种经济资源赚取利润的能力是其生存发展的一项最根本的能力。在传统的财务报表分析中,对公司盈利能力的分析主要是通过计算相关财务指标进行纵向、横向对比来对其盈利能力加以评价。指标分析过于关注数量维度的盈利能力问题,没有考虑质量维度的盈利能力因素。因此,公司利润质量分析可以从利润含金量、利润持续性以及利润与公司战略的吻合度三方面入手。

1. 利润含金量。利润含金量即公司利润项目带来现金流量的能力。公司经营的理想状态是,各项经营活动赚取的利润最终能够为公司带来充足的可自由支配的现金。而会计上的利润是基于权责发生制核算出来的经营成果,收入和费用的确认时点与相应现金的收支时点并不一致。因此,判断利润含金量时,我们主要分析核心利润含金量。

核心利润是公司开展经营活动所赚取的经营成果,是公司在行业中竞争地位和核心竞争力的体现。我们可以通过将核心利润与经营活动产生的现金流量净额进行比较,以了解核心利润的含金量。由于上述两者在计算口径上存在差异,最好将核心利润调整为同口径核心利润再与经营活动产生的现金流量净额进行比较。核心利润及同口径核心利润调整公式如下:

核心利润 = 毛利 − 税金及附加 − 期间费用(销售费用、管理费用、研发费用、财务费用)

同口径核心利润 = 核心利润 + 折旧与摊销 + 利息费用 − 所得税费用

在公司经营稳定发展的情况下,同口径核心利润与现金流量表中的经营活动产生的现金流量净额应大体相当。如果后者严重不足，应结合公司具体的回款及付款情况进行分析。

2. 利润持续性。利润持续性即公司盈利能力在过去与未来一段时期内持续发展的状况，是判断公司投资价值的核心要素。盈利能力不具有持续性，公司发展前景就会处于高度不确定状态，是否满足持续经营的基本假设存在疑问。因此，利润持续性分析应成为衡量公司利润质量的一个重要方面。我们可以从利润成长性和利润波动性两个方面分别考察利润持续性。

成长性是衡量公司财务状况和预测其未来发展前景的重要方面。由于核心利润是公司利润的核心，最能体现公司的行业地位和核心竞争力，因此，我们可以通过核心利润增长率及核心利润率增长幅度来考察公司在核心业务上盈利能力的变化趋势。通过计算和比较公司近年来的核心利润增长率，既可以考察公司核心业务经营成果的历史变化趋势，也可以据此大体判断其未来业绩的走势。核心利润与营业收入之比就是核心利润率，是公司经营活动基本盈利能力的表现。通过计算公司核心利润率的增长率，可以进一步把握公司经营活动盈利能力的变化情况，与同行业公司的核心利润率进行比较，可以更清晰地认识自身的核心竞争力和竞争地位。

利润波动性是公司利润无法保持相对稳定而出现业绩变化的区间范围，可以通过各期利润的相对变化幅度来加以衡量。一般来说，如果公司利润构成中存在某些无法持续发生的"非经常性损益"项目，就会在一定程度上影响利润的波动性。非经常性损益是指公司发生的与经营业务无直接关系，以及虽与经营业务相关，但由于其性质、金额或发生频率，影响了真实、公允地反映公司正常盈利能力的各项收入、支出。在考虑非经常性损益的基础上，还要分析公司内外部环境、自身竞争优势等各方面因素对利润波动性可能产生的影响。

3. 利润与公司战略的吻合度。不同的资源配置战略选择会导致不同的资产结构，直接带来不同的盈利模式，不同的盈利模式又产生不同的利润结构。因此，我们可以通过利润结构与资产结构之间的关系来判断利润的战略吻合度。

在分析时，通常采用母公司数据，分别计算经营性资产与投资性资产的比例关系及核心利润与投资收益的比例关系。若两者大致相当，说明公司战略的实施效果较好，利润的战略吻合度较高；若两者相差较大，在一些主客观因素无法给出合理解释的情况下，一般认为公司战略的实施效果不够好，利润的战略吻合度较低。除此之外，还可以通过计算各类资产的报酬率进行分析，从而便于找出资产中相对较强的盈利区域。

（四）现金流量质量

经营活动现金流量是公司持续发展的内在动力，是公司自身造血能力的表现。因此，现金流量质量分析的核心是经营活动现金流量质量的分析。我们可以从充足性和稳定性两个方面考量。

经营活动现金流量的充足性是指公司是否具有足够的经营活动现金流量来满

足正常的运转和规模扩张的需要。经营活动是公司主要的经济活动,也是其获取持续资金来源的基本途径。从绝对值方面来说,公司经营活动现金流量的充足性主要表现为公司经营活动现金流量能够支持企业正常运营,能够抵补当期的经营活动现金流出量。经营活动现金流量正常且具有充足性,公司在现有规模下的简单再生产才可能持续。

经营活动现金流量的稳定性是指公司各会计期间经营活动现金流量规模是否存在大幅度波动,内部构成是否基本符合行业特征,以及是否存在异常变化情况。持续平稳的现金流量是公司持续经营并得以发展的前提,是正常运转和规避风险的重要保证。若公司经营活动现金流入结构合理且稳定程度较高,表明其经营活动现金流量的质量较好,能够保持现金顺畅周转,避免出现资金闲置或紧张的状况。相反,如果一家公司经营活动现金流量的规模和结构常出现明显波动,表明其经营活动现金流量的质量较差,主营业务的获现能力存在较大的不确定性,经营风险较大。

第三节 基于存量与流量视角的企业经营分析

一、存量与流量的概念

企业在日常经营中需要进行原材料的采购、产品的加工生产、产成品的销售等活动,而在这些周而复始的活动过程中,一些资本转化为固定资产等不动产暂时或永久的储存在过程内部、一些资本转化为货币资金等流动资产随生产环节不断流转。从这个角度,我们可以将企业的活动划分为存量和流量两个概念来理解,这将有助于我们认识到企业活动的本质。

1. 存量的含义。存量是指储存的数量,本节我们讨论企业储存的资产数量,也即企业的存量资产。企业的存量资产,从广义上讲是指企业在某一时点所拥有的全部可确认资产,如企业的货币资金、存货、应收账款、固定资产、无形资产等都属于企业的存量资产,存量资产的规模大小往往能够反映出一个企业的规模大小,同时也能够反映出企业的个体差异性和行业独特性特点。对企业的存量进行分析、了解并掌握企业的存量资产情况,不仅能够帮助管理层进行经营决策的制定,而且能够让外部投资者更加清楚地了解到企业真实的运营状况。

2. 流量的含义。流量是指流通的数量,具体到企业当中则表现为现金流的流量。企业现金流的流量主要反映在现金流量表中,现金流量表是反映企业在一定会计期间现金和现金等价物流入和流出相关信息的报表,这里的现金是指企业的库存现金以及随时可支取的银行存款;现金等价物则主要包括企业持有的期限短、易于用货币衡量、变现能力强的投资,如可在证券市场上流通的三个月内到期的债券投资(如国库券)等。现金等价物虽然不是现金,但其能够随时变现,且具有和现金相似的支付能力,因而可以等同为现金。需要注意的是,权益性投资并不属于现金等价物,这是因为权益性投资的变现金额通常不能确定。

现金流量(cash flow)是指企业某一时期内现金和现金等价物流入和流出的数量,如销售商品、提供劳务、处置固定资产等获得现金,产生现金的流入;购买原材料、进行无形资产研发、偿还债务等支出现金,产生现金的流出。通过分析企业现金流量表中的现金流量变动,债权人、股东以及企业管理层能够对企业经营状况是否良好、资金是否紧张以及企业偿债能力有更为直观和清楚的了解。

二、财务报表分析中的存量分析内容

(一)货币资金存量分析

1. 货币资金的存量管理。财务管理中经常讨论有关货币资金存量的适当性,其核心问题在于企业的货币资金应该保有多少?要想得到这个问题的答案,就必须了解企业存量现金的用途用量,这里我们根据现金的支付方式将企业的货币资金分为两类:一类是用于购置机器设备、固定资产的资本性资金;另一类是用于维持企业日常运转的日常周转资金。

(1)资本性资金管理:企业的资本性资金支出主要用于固定资产、无形资产、对外投资等,它主要取决于企业的战略安排。从根本上说,企业的资本性资金支出所需要的资金绝不能只靠经营活动现金流来支持,必须通过另外的融资安排实现,这个融资安排则取决于企业的长期发展计划和长期的战略安排。这是因为企业的经营活动现金流入需要用来解决简单再生产问题、补偿折旧、补偿无形资产的摊销、支付利息、分红等,因此,资本性资金支出一般需要通过融资来满足。下面我们来看一下美的集团 2019 年的资产负债表,母公司年末货币资金存量达 522.9 亿元,但即便是如此高的现金存量,其母公司同时期流动负债总额仍高达 1 098 亿元。美的集团流动负债规模巨大的一个重要可能性就是,其货币资金大都必须用于特定的项目,必须按照筹资计划来严格规定用途。在这种情况下,对于其他的资本性支出,就只能另行筹资。综上所述,企业对资本性资金的管理应当考虑长期战略安排,并且在进行资本性资金支出时,不能够过度依赖于企业日常形成的经营活动现金流。

(2)日常周转资金管理:日常周转资金是企业在日常经营活动中所必需的资金。它的用途十分广泛,如企业为其他客户垫资、购买原材料时垫付运费、日常商业信用借贷等。日常周转资金的存量问题取决于企业的管理能力和企业经营活动获取现金流量的能力,周转资金的安排必须能够在满足企业正常运营的前提下,做到最优化,既不浪费企业的现金流,又不降低现金利用率。从价值增值的角度来看,货币资金的增值幅度相对较小,甚至还会有遭遇通胀而贬值的风险,只有让货币资金运作起来才能增强其增值能力,进而提高企业的经营效益。从供求关系的角度讲,企业日常周转资金的存量取决于两方面因素的影响:一方面是企业能够获得的净利润;另一方面则是现金流量表中所产生的经营活动现金净流量。前者决定了日常周转资金的存量上限和主要来源；后者决定了日常周转资金的用量大小。只有在明确了企业的现金创造能力（即盈利能力）和经营活动的现金需求量之后，我们才能够对企业的日常周转资金存量作出合理适当的安排。

此外，货币资金的存量还会受到融资环境的影响。如果企业的经营资产可以产生预期规模的核心利润，并且核心利润能够产生较为理想的经营活动现金净流入量，那么较小规模的现金存量就不会导致企业周转困难，同时企业也会具有更好的融资能力和融资环境。

综上所述，货币资金的存量管理不仅需要考虑企业的盈利能力，还要考虑融资环境、经营理念等诸多问题，因此，我们很难确定一个最佳的货币资金存量。但随着学者们研究的深入，借助现金流量预算管理等专门技术方法，我们已经能够较为合理地对现金流量和资金存量做出安排。

2. 货币资金质量分析。上面我们讨论了关于货币资金的存量管理，存量管理更多关注数量问题，忽略了有关质量的分析，接下来我们谈一谈有关货币资金的质量问题。

在研究货币资金质量之前，我们应当了解到，企业的财务报表附注中对三类货币资金都有披露：库存现金、银行存款、其他货币资金。前两类货币资金我们早已耳熟能详，这里不再过多赘述；其他货币资金主要是指限制了自由支付的货币资金，因为对自由支付的限制较小的货币资金流动性也会更强，所以其他货币资金所占比重不应过大，在融资过程中要尤其注意被限定用途的货币资金金额。此外，还应当注意银行存款的内部结构——币种、汇率的不同可能导致的币值差异问题。

在明确了货币资金的类别以及需要考虑的相关因素之后，货币资金的质量问题就主要体现在对付款过程的控制当中。作为企业流动资产当中流动性最强的一项资产，货币资金的支付过程将直接决定货币资金的质量。这里所讲的支付过程不仅仅指的是最后环节的付款，还指企业从需求产生、到采购入库、再到最终支付的整个过程。

首先，需求产生的控制。企业的需求应当考虑局部与整体的利益一致性问题，局部的利益应当服从于企业整体的利益，需求引发的支付从产生方向来讲主要可以分为两类，一类是自上而下的支付，如股东大会、董事会或高层管理人员作出的关于固定资产购置的决定，这类支付通常符合股东利益和企业整体的利益；另一类则是自下而上的支付，如某个生产部门或车间进行的投资以及日常开支，自下而上的支出往往容易站在局部的立场考虑问题。因此，需求产生环节需要高层管理者来权衡整体与局部的利益关系。

其次，采购过程的控制。采购过程主要包括采购方式的选择、采购途径的选择、采购材料的选择等。在采购过程中我们要秉持合规原则和效益原则，这意味着采购的过程不仅要符合规定，而且要能够具有效益性，这样既可以为企业节约采购成本，又不损害采购材料的品质。采购方式和采购途径的选择是企业要考虑的一个重要问题，不同的采购方式和途径所产生的成本不尽相同，给企业带来的效益也不同，这就要求企业在相同质量下尽可能选择采购成本最低的采购方式和途径，在相同采购成本下尽可能选择质量最好的产品。

再次，材料入库的控制。许多企业在采购过程中过于关注花了多少钱买东西，而不那么关注买了多少东西、买的东西究竟好不好。这是因为在大额采购交易过程中，在途损耗比例难以确定、计量误差问题不可避免、员工尽职尽责程度无法把控，这些问题都可能造成入库材料数量不足和质量不好，从而引起现金流出量的增加，并最终降低企业的效益。要解决这一问题，就需要企业的财务部门、业务部门以及总管单位共同重视，从每一个细节和环节入手，提高货币资金的利用质量。

最后，最终付款环节控制。最终付款环节是货币资金流出企业的最后一道关口，支付命令的下达以及货币资金的划转需要格外重视。

3. 货币资金与短期流动性风险分析。上面我们谈到，货币资金可以分为用于日常周转的经营性货币资金和用于战略投资的投资性资金。无论用途如何不同，流动性大、变现能力强的货币资金都与企业的短期流动性风险密切相关。不妨想象这样一家制造公司，它采购一家供应商的产品作为原材料，并承诺将在30～60天内支付货款。然后，公司在进一步加工生产中投入相关的劳务成本、生产成本，并在这些成本发生时进行支付，而延迟支付其他成本。此后某个时间点上，公司将产品出售给顾客，并从顾客那里获得现金，用销售款项支付供应商的购货款。在上述过程当中，如果该制造公司能够同时满足以下几个条件：(1) 公司能够延迟对供应商等其他方的资金支付；(2) 公司可以应对产品生产加工过程中所需要的直接支付；(3) 公司能够确保销售货款的收回，且销售货款的金额大于对供应商等其他方的应付款额，那么企业就不会有任何短期的流动性问题。然而，大多数公司往往并不能同时满足以上几点，公司经营发展阶段不同、员工工资的支付不确定性、产品销售款回收周期的不确定性等都会影响公司对以上几点的判断。因此，绝大多数公司通常都会面临短期流动性风险，为了考察货币资金与公司短期流动性风险的关系，我们引入两个财务指标：流动比率与经营性现金流/流动负债比率。前者的分子为公司的流动资产，而货币资金又属于流动资产的重要组成部分；后者的分子则是货币资金中的经营性货币资金，这两个财务指标将货币资金与企业短期流动性风险联系在了一起。

流动比率等于流动资产除以流动负债。它的资产负债表含义为企业在资产负债表日拥有的现金以及预计在一年内可以转换为现金的其他资产之和与当前会计期间内将要到期的负债金额之间的关系。

在评估流动比率时，应当注意以下几个解释性问题：

(1) 当流动比率 >1 时，流动资产与流动负债同时等量的增加会导致流动比率的下降；而当流动比率 <1 时，流动资产与流动负债的同时等量增加会导致流动比率的上升。同样地，当流动资产和流动负债同时等量的减少时，也会出现与之相似的解释问题。

(2) 流动比率容易成为一些企业"粉饰报表"的手段。即在资产负债表日临近时，采取一些措施得到与公司日常经营状况不相符合的漂亮的流动比率。例如，一家公司可以加快赊销采购（流动比率＜1时）或延迟赊销采购（流动比率＞1时）来改善流动比率。

（3）流动比率过高并不意味着良好的经营状况。现在国际上通常认为，企业良好的流动比率应当维持在2左右，这表明流动比率过高并不一定是一件好事。例如，在经济衰退时期，消费者消费需求降低，公司大量商品无法正常销售，企业应收账款回收困难，这会让流动比率上升到一个很高的水平。

从本教材第一章的表1-1美的集团2019年资产负债表中可以看出，在2019年12月31日，美的集团母公司流动资产总额为1 133.6亿元，流动负债总额为1 098.2亿元，流动资产总额高于流动负债。经过计算得2019年美的集团流动比率为1.03，接近1，这表明美的集团2019年公司的流动资金较为充裕，短期流动性风险较低。

(二) 存货的存量分析

1. 存货质量分析。存货是指企业正常生产经营过程中持有以备出售的产品或商品，或者为了出售仍然处在生产过程中的在产品，或者将在生产过程中或提供劳务过程中耗用的材料、物料用品等。对存货的质量分析应当涉及以下几个方面。

（1）存货的构成及规模分析。存货的构成和规模会因为公司所处行业的不同而有很大的差异，例如，传统的工商企业、现在的房地产企业等往往具有规模庞大的存货项目，这些项目占用资金较多，并且内部结构复杂。因此，对存货的分析绝不能仅仅依靠资产负债表上的存货余额数字、存货周转率等财务指标，而应当充分了解公司存货相关信息，对存货的构成及内部结构进行深入分析。

一般而言，以工业企业为例，企业以销定产的具体体现主要有：原材料和产成品的相对比例大体保持不变，总体规模随着企业营业规模的增减适当放缩；而如果原材料的相对规模有所增大，很有可能是企业预见到原材料价格可能上涨而做出的一种资产管理安排，在当下购入一定量的原材料以降低未来预期可见的产品成本；但如果原材料的相对规模有所减小，产成品的相对规模却增加，就可能是因为产品滞销而减产导致的结果。总之，存货是企业中具有相同或类似特征的流动资产的总称，它的结构复杂，构成多样，不同存货间的变化可能存在相互抵消，因此，只考察存货总规模很可能会忽视许多具体的情况和问题。表4-1列示了美的集团存货各项目的变化情况。

表4-1　　　　　　　　　　美的集团存货各项目变化情况

项目	2019年期末余额（千元）	2018年期末余额（千元）	变化幅度（%）
库存商品	22 046 730	18 600 407	18.53
原材料	5 009 197	5 181 916	-3.33
在产品	1 596 042	2 040 228	-21.77
委托加工物资	219 542	239 741	-8.43
低值易耗品	38 185	38 763	-1.49

续表

项目	2019 年期末余额（千元）	2018 年期末余额（千元）	变化幅度（%）
已完工未结算	4 009 176	3 924 807	2.15
合计	32 918 872	30 025 862	9.64

资料来源：根据美的集团 2019 年年报中存货附注信息整理。

通过以上数据分析我们可以知道，美的集团 2019 年库存商品规模大幅度增加，其他存货数量都有所下降，其中，下降幅度最大的是在产品，这表明 2019 年美的集团在产品规模下降而产成品规模增加。倘若我们不深入分析公司存货的内部构成，而仅仅考虑资产负债表中存货余额，这些更加细致的信息以及可能反映出的公司经营状况就会遭到忽略。

通常来讲，大型企业集团会生产和销售多种产品，不同产品的盈利能力、技术需求、市场发展前景以及应对变化能力都存在较大差异。过分依赖一种或几种产品，当产品出现问题时公司容易遭受巨大损失；而多元化的产品策略也有可能会让企业失去其核心竞争优势、迷失发展方向。因此，应当对企业的存货内部种类构成等进行综合分析，只有这样才能做好存货的管理活动，进而抓住企业发展的关键所在。

我们还需要关注企业存货的自然质量状态，例如，持有待售的库存商品是否保存完整、功能齐全；产成品的质量要求是否达标；产品生产流程是否符合规定；等等。通过对存货的质量分析，我们能够了解存货目前所处的状态，并为分析存货的盈利性、周转性以及保值性提供依据。

同时，存货的自然质量状态与存货的时效性密切相关。例如，食品等特殊存货往往具有一定的保质期；与药材配方等有关的存货产品通常依赖于特定的技术，以及专利的时效。因此，在对存货进行质量分析时，应当具体问题具体分析，根据存货的具体形式，结合其特点特征，只有这样才能得出真实准确的存货质量状况。

（2）存货的收益能力分析。上面我们讨论到存货的内部有多种构成，其中最主要的是在产品和产成品，产成品作为企业的库存商品其目的在于持有以备出售，因此，存货的收益能力直接关系到企业的盈利能力。提起存货的收益能力，就不得不说一说销售毛利率这一财务指标，销售毛利率通常能够在很大程度上反映企业日常经营活动中的初始获利空间，也可以体现存货项目的盈利性。不仅如此，在一个发展较为成熟、竞争比较完全的行业中，销售毛利率往往趋向于平均化。例如，在垄断行业中，毛利率普遍较高；而在零售行业中销售毛利率则普遍较低。正常情况下，如果同行业中企业的相对毛利率水平不断下降，则可能是企业的产品市场竞争力下降或是企业的产品生命周期出现了改变，由快速发展期转而进入成熟期；反之，当企业的相对毛利率水平上升时，就可能是企业产品取得了新的核心竞争优势，或者企业刚刚处于导入扩张期。因此，在对存货项目的收益性进行分析时，应当结合相应的财务指标，综合考虑相关因素的影响。

（3）存货的周转性分析。存货周转率是指企业营业成本与平均存货水平的比值。它是一个动态的内部管理指标,主要用来反映一定会计期间内存货流转的速度。同时,存货周转率也能够反映企业的运营状况,因为营业成本的大小取决于公司的采购成本、转换成本、其他成本以及成本的计算方法等,而平均存货水平是企业持续运营管理的综合结果。从企业的角度来讲,核心问题在于加速存货的销售,这就要求存货能够快速地流转,也意味着更高的存货周转率。存货的销售速度越快,存货所耗费的资金占用就会有效降低,相应的企业经营风险也会下降;流转速度快也能够为企业带来更多的盈利,创造更多的价值。

另外需要注意的是,存货的周转性还会受到公司战略的影响。如果公司实施的是差异化战略,那么公司可能更偏向于通过高新技术生产具有独特核心价值的产品,来保持产品的领先性、优质性和独特性,并以此来达到吸引顾客、占领市场的目的。这一战略下的产成品所包含的附加价值相对较高,加工生产流程可能更为耗时复杂,相应的周转性也会较低;而实施成本领先战略的企业则正好相反,这时企业会采取各种措施来以最低的价格提供物美价廉的产品来战胜对手,"薄利多销"的经营理念可能会激励企业加快存货的销售,存货周转率会相对较高。因此,在对存货的周转性分析时,也应当同时考虑企业战略可能造成的影响。

2. 以存货为核心的生产链管理分析。企业的生产链通常是指从供应商处购得原材料、到对原材料的生产加工、再到最终产成品的销售全过程。这里我们主要讨论该过程中涉及的与存货相关的上下游收付款管理,表现到资产负债表上,就是经营性债权债务和存货的动态关系管理。

(1) 采购货物付款管理:采购货物支付货款通常会因为付款方式的不同而在资产负债表中呈现为不同的会计科目。例如,在货物到达之前支付货款会形成"预付账款"、货物到达后仍未支付货款则会形成"应付票据"或"应付账款"。我们将从采购货物的付款管理入手考察企业的欠款能力,以企业的应付款项为例,表4-2是美的集团2019年财务报表相关信息。

表4-2　　　　　　　　　美的集团2019年采购付款安排　　　　　　　　单位:千元

项目	2019年末		2019年初	
	合并数	公司数	合并数	公司数
存货	32 443 399.00	—	29 645 018.00	—
预付款项	2 246 177.00	36 877.00	2 215 888.00	55 069.00
应付票据	23 891 600.00	—	23 325 115.00	—
应付账款	42 535 777.00	—	36 901 626.00	—

资料来源:美的集团2019年年度报告。

由于美的集团的合并报表中未披露母公司付款安排数据,我们以合并数为例进行分析。从上述财务报表我们可以看出,2019年末美的集团的存货金额约为324亿元,但应付票据与应付账款的总额却高达664亿元,几乎达到了存货金额的两倍。基于前面对制造业存货构成分析,企业支付给供应商的金额应当小于等于企业持有存货的金额,实际情况却是企业出现了远大于存货规模的相应负债。

这是什么原因呢？让我们来举例说明。假设企业购得一批价值 20 亿元的存货，约定三个月之后支付货款，反映在资产负债表中就是企业的资产增加了 20 亿元，同时应付账款增加了 20 亿元。当企业获得足够的存货以后，在一个月内销售出了 10 亿元的存货，此时企业的存货变为 10 亿元，虽然企业通过销售获得现金流入，但是根据事前约定，企业并不需要在部分销售发生时支付给供应商货款——企业的销售速度快于应支付货款的速度，换言之，企业在和供应商的谈判中处于优势地位，即企业在付款安排上有竞争优势。

（2）销售货物收款管理：销售货物收到货款的速度快慢可以通过应收账款周转率这一财务指标得到体现。应收账款周转率等于营业收入除以平均应收账款。

在使用上述计算公式时，我们需要考虑以下两个问题：①分子当中的营业收入囊括了企业的应收票据、应收账款以及预收账款等项目，其中，应收票据是以商业汇票作为结算方式形成的赊销债权；而应收账款则是以合同约定为基础形成的债权，以两者共同决定的营业收入来衡量应收账款的周转速度是否会对最终结果造成影响。②企业的财务报表所披露的应收账款数值是减去相应坏账准备后的净额，但是企业周转的却是应收账款的原值，如果企业的坏账准备数额较大，就肯定会对公式的最终计算结果产生影响。

对企业销售存货获得回款速度的分析可以这样展开：比较销售回款相关项目如应收账款、应收票据等年初与年末的变动情况，如果年末和年初的总体规模大致相同，则表明企业当年的销售货款基本收回；如果年末规模较大，则说明本年赊销款回收数额减少了。表 4-3 是美的集团 2019 年的销售回款安排，我们据此进行分析。

表 4-3 美的集团 2019 年销售回款安排 单位：千元

项目	2019 年末		2019 年初	
	合并数	公司数	合并数	公司数
存货	32 443 399.00	—	29 645 018.00	—
预收账款	16 231 854.00	—	16 781 666.00	—
应收票据	4 768 520.00	—	11 049 539.00	—
应收账款	18 663 819.00	—	18 641 979.00	—

资料来源：美的集团 2019 年年度报告。

从表 4-3 中的数据我们不难发现，美的集团 2019 年，应收账款由期初的 186.4 亿元到期末的 186.6 亿元，总体规模大致相当，这表明当年美的集团以合同约定形式产生的赊销款基本完全收回；而应收票据却由起初的 110.5 亿元下降到 47.7 亿元，这表明当年美的集团多收回了约 62.8 亿元以商业汇票作为结算形式的赊销债权。

综上所述，美的集团在 2019 年对以存货为核心的上下游债权管理工作在加强。由此我们也可以得出较为普遍性的结论：与存货相关的生产链收付款管理，取决于企业对上游供应商和下游销售商的关系处理能力，企业要想最大限度地节约自己的资金,需要对上下游关系进行同时全面的考虑,但实际上并不是每一个企业都能够做到这一点,因为每个企业所处的行业环境、发展阶段以及其所拥有的核心竞争力都是不尽相同的。

(三) 固定资产存量分析

固定资产是指企业为生存商品、提供劳务或经营管理等而持有的使用寿命超过一年的有形资产。此处的使用寿命是指企业进行财务报告的会计年度,不同企业因其行业的独特性不同,会计年度与自然年跨度可能有所不同。固定资产在企业资产中的比重通常与企业所处行业密切相关。例如,在钢铁行业中,企业为了日常进行炼钢生产的需要,往往会配置大量的专用机器设备,这就会导致企业的固定资产在总资产中比重相对较高;而在超市等日常经营活动用不到固定资产的行业中,固定资产在总资产中所占的比例就相对较小。与此同时,过高的固定资产比例也会导致企业盈余管理行为的发生,一些企业会通过自行变更固定资产的折旧年限来达到在不同年份间平滑利润、"粉饰报表"的目的。

同前述对存货的分析类似,在对固定资产的存量分析中我们主要分析固定资产的盈利性、周转性以及保值性情况。

1. 固定资产盈利性分析。企业的日常经营活动离不开固定资产,固定资产能够反映企业的技术水平和核心竞争力,因此,企业的盈利能力与固定资产的盈利性密切相关。以传统制造企业为例,企业利用固定资产对存货进行生产加工,存货又是固定资产为企业创造价值、获取利益的媒介。有鉴于此,固定资产的盈利性和存货的盈利性以及企业整体的盈利性是相互联系的,存货的盈利性我们之前已经分析过,这里不再赘述,而企业整体的盈利性则取决于企业的营业收入和营业成本。营业收入是产品价值的外部实现,可以在一定程度上反映固定资产的总体质量与市场需求之间的吻合程度;营业成本是生产产品的内部耗用,能够反映固定资产的总体质量所决定的生产费用开支水平(如固定资产的折旧计入当期损益进而影响利润);营业收入和营业成本的差额反映了企业赚取的毛利,在此基础上加上营业外收支差额、减去所得税费用就得到了企业的净利润,由此反映企业的市场竞争力,进而决定企业整体的盈利水平。

分析固定资产的盈利性对企业整体盈利性影响的逻辑内涵为:企业购入原材料、利用固定资产对原材料进行生产加工并获得产成品、将产成品出售并取得收入、收入为企业带来经营活动产生的净现金流量。由此我们能够进行以下分析:(1) 固定资产的产能利用情况。通过对存货的生产规模和销售规模考察来确定固定资产的产能利用,一般来讲,存货的生产规模和销售规模越大,企业固定资产产能利用率越高;(2) 通过比较存货规模与营业成本,考察固定资产生产出的产品的市场开拓能力;(3) 通过营业成本和营业收入的比较,考察产品的初始获利能力;(4) 通过净利润与企业经营活动现金流比较,考察产品对当期企业的实际贡献,如果不考虑行业结算差异,也能够在一定程度上了解产品的市场开拓能力。

综上所述，对固定资产盈利性的分析需要结合存货的盈利性及企业整体的盈利性来进行考察。

2. 固定资产周转性分析。固定资产周转性主要衡量企业一定规模的固定资产推动其营业收入的能力与效率。这里我们需要借助固定资产周转率［固定资产周转率等于营业收入除以固定资产（原值）的平均余额］，对这一指标进行分析，需要注意的是，为了使计算结果更加符合企业实际，这里应采用固定资产原值（或者公允价值）来衡量企业固定资产的规模。

3. 固定资产保值性分析。企业持有固定资产的期限通常相对较长，因此，固定资产也构成了企业长期债务的直接物质保障。当企业面临较好的投资机会而又缺乏必要资金时，企业通常能够以其厂房设备等固定资产作为抵押物获取短期或长期借款。固定资产的数量、结构、完整性以及先进性都直接制约着企业的长期偿债能力。而随着时间的推移和市场的变化，固定资产的价值也会发生变化，由此也会影响到企业的长期偿债能力。这里我们将固定资产分为有增值潜力的固定资产和无增值潜力的固定资产：（1）具有增值潜力的固定资产。这主要指那些市场价值在可预期的未来会上升的固定资产，引起这些资产市场价值上升的原因有很多，如特定资产的稀缺性、特定资产的强增值性（如房屋、建筑物等）、某些固定资产在会计上已足额计提折旧但在一定时间内仍能够正常使用。（2）没有增值潜力的固定资产。这主要指企业所拥有的在可预期未来价值不会增加的固定资产。这类资产产生的原因可能是技术落后造成的相对贬值（如计算机等），或是虽然特定固定资产本身价值状况较好，但在特定企业难以得到充分利用（如闲置固定资产等）。此外，由于固定资产发生减值时企业会对其计提相应的资产减值准备，所以我们也可以通过对固定资产减值准备相关会计科目分析，作出对固定资产保值性的初步判断。

三、财务报表分析中的流量分析

财务报表的流量分析主要利用现金流量表的相关信息，分析公司现金流量。现金流量表反映上市公司现金变动的原因和构成，它能够帮助我们判断现金流入和流出的连续性、稳定性以及现金的来源、质量和风险。在现金流量表中，现金流通常被划分为经营活动现金流量、投资活动现金流量以及筹资活动现金流量三类。

（一）现金流量的整体分析

通过对现金流量表的分析，我们能够达到对资金缺口进行监控的目的：以月份现金流量为例，用当月的现金收入减去现金支出，从最终的现金结余数就知道资金究竟是短缺还是盈余。此外，通过对现金流量表中经营活动、投资活动、筹资活动现金流量净额的考察，也能够分析企业在当期的日常经营、投资、筹资中所需的资金是否充裕，进而反映企业的真实生产运营状况。

我们知道企业的利润表可以用来分析企业的盈利状况，因为收入、成本以及利润都在利润表中列示得十分清楚，其实，现金流量表也可以用来分析企业的盈利状况。利润表的编制基础是权责发生制，而现金流量表的编制基础则是收付实现制。权责发生制简单来讲就是只要属于本期的收入，无论企业是否收到现金都要确认为当期的收入；只要属于当期的支出，无论是否支出现金都要确认为当期支出。而收付实现制恰好相反，只要有现金的收支，就要作为当期的收入支出处理。

以美的集团合并报表数据为例，如表4-4所示，美的集团2019年末经营活动现金流量净额385.9亿元，较之年初的278.6亿元增长率约为38.5%，以母公司数据为例，美的集团2019年经营活动现金流量净额的增长率约为50.1%，即使美的集团在本年度的生产经营中存在因收付实现制确认，而实际并不属于本期的经营活动现金流入流出，但是如此巨大的现金流量净额增幅对企业2019年日常经营盈利状况也具有一定的解释力。

表4-4　　　　　　　　　　美的集团的现金流量状况　　　　　　　　　　单位：千元

项目	2019年合并	2018年合并	2019年公司	2018年公司
经营活动产生的现金流量净额	38 590 404	27 861 080	23 804 874	15 860 544
投资活动产生的现金流量净额	23 107 701	18 642 288	19 332 932	21 916 370
筹资活动产生的现金流量净额	3 273 601	13 387 164	2 245 226	9 740 783

资料来源：美的集团2018年、2019年年度报告。

（二）现金流的结构分析

企业的现金流根据其作用不同，可以分为三大类：经营活动现金流、投资活动现金流、筹资活动现金流。下面我们将分别对这三种现金流进行介绍和分析。

1. 经营活动现金流分析。

（1）经营活动现金流的构成。经营活动是指企业投资活动和筹资活动以外的所有交易和事项。以工商企业为例，经营活动主要包括销售商品、提供劳务、经营性租赁、购买商品、接受劳务、广告宣传、推销产品、缴纳税款等。在我国，经营活动产生的现金流量应当采用直接法填列。直接法是指通过现金收入和现金支出的主要类别列示企业经营活动的现金流量。表4-5为经营活动现金流的主要构成。

表4-5　　　　　　　　　　经营活动现金流量项目

现金流	经营活动产生的现金流量项目	说明
现金流入	收到的税费返还	日常经营的相关税费
	出售商品、提供劳务收到的现金	最重要的现金流入来源
	收到的其他与经营活动有关的现金	关联公司转移的资金，严格来说不属于经营现金流入

续表

现金流	经营活动产生的现金流量项目	说明
现金流出	购买商品、接受劳务支付的现金	支付给供应商等的支出
	以职工为支付对象的现金支出	包括工资、住房公积金、福利费用等
	支付的各项税费	日常缴纳的税款
	支付的其他与经营活动有关的现金	注意识别不属于经营活动现金流出的项目

（2）经营活动现金流分析及要点。经营活动产生的现金流往往会受到宏观经济环境、行业特点以及企业结算方式等因素的影响。对企业经营活动现金流的分析主要从三个方面展开：经营活动现金流的充足性分析、合理性分析和稳定性分析。

① 充足性分析。企业经营活动现金流的充足性主要表现在要能够满足企业正常经营发展的资金需要。这就是说，企业如果想要在不进行筹资活动的前提下维持目前经营能力，它的经营活动现金流入量就必须满足以下当期支出和费用：本期经营活动的现金流出量（包括为员工支付的工资等相关现金、购买商品和劳务支付的现金以及支付相关税费所需的现金等）、本期以固定资产折旧和无形资产摊销等为表现形式的前期支付在当期和以后各期收回的长期资产支出。因此，企业的正常经营活动现金净流量应当远远大于零，只有这样，经营活动现金流的充足性才能得到保证。

② 合理性分析。经营活动现金流的合理性是指企业经营活动现金流的流入是否顺利、流出是否恰当、结构是否合理、流入量与流出量之间是否匹配协调。这里以经营活动现金流入的结构是否合理为例，劳动密集型企业的人工成本总额较高，而外购原材料和相关设备的需求不高，其购买商品以及接受劳务所支付的现金就会远远低于为职工支付的现金，而在资本密集型的企业当中则恰恰相反；经营活动现金流入量也同样存在着合理性问题，例如，在以产品经营为主且主营业务具有较强市场竞争力的企业中，经营活动现金流入的主要贡献项目应当是"销售商品、提供劳务收到的现金"；在以对外投资管理为主的企业中，"销售商品、提供劳务收到的现金"项目规模不会很大。

③ 稳定性分析。经营活动现金流的稳定性是指企业在各个会计期间的经营活动现金流量是否存在剧烈波动或其他异常情况、内部构成是否基本符合所处行业的特征。一家企业要想在市场中持续经营发展，稳定是必不可少的条件之一，经营活动现金流量多与企业的主营业务收支密切相关，收入稳定通常能够反映出公司的良好运营情况，且稳定的现金流也是企业防范日常经营活动中各种突发性风险的重要保证。

对经营活动现金流的分析要点有如下几点：

如果经营活动产生的现金流量小于0，一般意味着企业的经营过程中现金收支出现了问题，经营可能存在"入不敷出"的情况；如果经营活动产生的现金流量等于0，则意味着经营过程的现金短期内达到了收支平衡；如果经营活动产生的现金流量大于0，这时就需要分两种情况进行讨论，当此时的经营活动现金净流量能够补偿当期非付现成本时,说明企业能够在现金流转上维持简单再生产;反之则表明虽然经营现金净流量为正,但却并不能弥补以前购买固定资产以及长期待摊费用花掉的钱。

2. 筹资活动现金流分析。

(1) 筹资活动现金流分析内容。筹资活动是指导致企业权益资本和债务资本规模与构成发生变化的活动。这里的权益资本包括实收资本、资本溢价,与权益资本有关的现金流入和流出项目主要有吸收投资、发行股票、分配利润等;债务资本则是企业对外举债所借入的款项,与债务资本有关的现金流入和流出项目主要有发行债券、偿还债务以及向金融机构借入款项等。筹资活动流入的现金主要有吸收投资收到的现金、取得借款收到的现金以及收到的其他与筹资活动相关的现金;筹资活动流出的现金主要有偿还债务支付的现金、分配股利与利润或偿付利息支付的现金、支付其他与筹资活动有关的现金(如捐赠现金支出、融资租入固定资产支付的租赁费等)。表4-6列示了筹资活动现金流量项目。

表4-6　　　　　　　　　　筹资活动现金流量项目

现金流	筹资活动产生的现金流量项目	说明
现金流入	借款收到的现金	从银行等金融机构借款
	吸收投资收到的现金	吸收的股权投资资金
	收到的其他与筹资活动有关的现金	接受的现金捐赠等
现金流出	归还债务支付的现金	偿还贷款本金支出
	分配股利、利息偿付等支付的现金	付现金股利及银行利息
	支付的其他与筹资活动有关的现金	其他筹资费用等

(2) 筹资活动现金流分析及要点。对筹资活动现金流的分析主要从以下三个方面展开:适应性分析、多样性分析以及融资行为恰当性分析。

① 适应性分析。筹资活动现金流适应性是指其与经营活动以及投资活动现金流量周转状况间的适应性,即当企业的经营活动和投资活动现金流量净额之和小于零,企业又没有足够的现金可以动用时,筹资活动需要及时、足额筹集到经营投资所需的现金;当企业的经营活动和投资活动现金流量净额之和大于零时,企业应当适当降低筹资活动规模,进而减少筹资成本,提高企业的经济效益。因此,对筹资活动现金流进行适应性分析十分有用且必要。

② 多样性分析。企业进行筹资活动的方式有很多种,不同的筹资方式所产生的筹资成本不尽相同,目前我国主要的筹资渠道和方式有吸收直接投资、发行股票、发行债券、民间融资、银行借贷、融资租赁等。企业必须根据自身实际情况,选择最适合企业发展的融资途径和方式,确定合理的筹资规模、期限和还款方式,实现筹资渠道和方式的多样化,并以此降低企业的筹资成本和筹资风险。

③ 融资行为恰当性分析。融资行为恰当性分析主要考察企业是否存在超过实际需求的过度融资、是否存在企业资金被其他企业无效益占用等不良融资行为。此外,在判断企业融资行为恰当与否时,还要考虑筹资行为究竟是企业管理层以扩大投资和经营活动为目标的主动筹资,还是因日常经营和投资活动所需现

金流短缺而不得已进行的被动筹资，因为在不同的筹资压力下，企业融资行为的恰当性也有很大的差异。

整体上，对筹资活动现金流量的分析应侧重于发行股票、债券、长期借款产生的现金流入和偿还债务本金与利息、分配股利以及利润产生的现金支出。筹资活动现金流的净增加或减少，在某种程度上可以反映企业的筹资能力。

3. 投资活动现金流分析。

（1）投资活动现金流的构成。企业投资活动的现金流量主要包括企业长期资产的购建、现金等价物范围内的投资，既包括对内投资，也包括对外投资。表4-7 列示了企业投资活动现金流项目。

表 4-7　　　　　　　　　　投资活动现金流量项目

现金流	投资活动产生的现金流量项目	说明
现金流入	收回投资收到的现金	前期投资撤回
	取得投资收益收到的现金	前期投资赚的钱回收
	处置固定资产、无形资产和其他长期资产收回的现金净额	销售、变卖、报废资产收的钱
	收到的其他与投资活动有关的现金	如收回融资租赁设备本金、已宣告发放的股利等
现金流出	购建固定资产、无形资产和其他长期资产所支付的现金	购买长期资产等，对内投资
	投资所支付的现金	一般指对外投资
	支付的其他与投资活动有关的现金	购买股票债券时，实际支付的价款中包含已宣告但尚未领取的现金股利或已到付息期但尚未领取的债券利息

（2）投资活动现金流分析及要点。投资活动现金流分析应主要关注投资活动现金流量与企业战略的契合性以及现金流入量的盈利性。

① 战略契合性分析。企业的投资活动通常有三种目的：第一，购置企业日常经营活动所必需的生产设备等；第二，为企业的对外扩张和进一步发展进行权益性投资和债权性投资；第三，利用企业闲置资金进行投资以期获得高额投资收益。前两类活动构成了企业生存发展的基础，体现了企业长期发展战略的要求。因此，企业的投资活动现金流应当与企业发展战略相吻合。在投资活动现金流的战略契合性分析时，要区分不同战略下企业投资现金流的变动特点。例如，企业实行对内扩张或者对外扩张的发展战略：对于实行对内扩张战略的企业，其投资活动现金流出量和流入量一般表现为"大进大出"的特点，这是因为企业需要大量购置固定资产等生产设备，同时要对已有资产进行更新换代、技术更新；对于实行对外扩张战略的企业，其"投资支付现金"项目和"投资收回现金"项目两者也会表现出"大进大出"的特点。

② 盈利性分析。投资活动的最终目的在于获取利益，因此，盈利性是企业投资活动的基本特征之一。企业的投资活动引起现金流入的原因主要有两个：一是收回投资成本或残值（包括对外投资本金以及处置固定资产、无形资产和其他长期资产的变现价值）；二是取得现金形式的投资收益。对于收回的投资成本，

应重点考虑变现价值与初始投资成本的比较，并以此来考察收回投资成本过程中所体现的盈利性。而对于以现金形式取得的投资收益，应主要通过对比投资收益附注中"成本法、权益法核算的长期股权投资收益"和现金流量表中"取得投资收益收到的现金"这两个项目，来分析投资收益的现金获取能力。

对投资活动产生的现金流分析还应注意以下几点：

首先，在分析企业的投资活动现金流时应当考虑企业所处的生命周期。例如，处于成长期的企业，要建造营业场地以及购置相关生产设备，此时企业的投资活动净流量减少在所难免。此时，如果经营活动现金流量为正，则可用来弥补投资所需的资金，反之就需要向外融资。

其次，分析投资活动现金流时应当结合企业目前的投资项目来考虑。当企业扩大自身经营规模或者进行技术革新时，往往需要大量的资金投入。此时投资活动支出的现金流高于收回的现金流，投资活动现金净流量为负，但经过一段时间后，如果企业的投资活动卓有成效，就能够在可预期的未来产生正的现金流入来偿还债务、创造收益。

最后，要理性对待投资活动净现金流的正负。一方面，投资活动初期产生的现金流量小于零通常是正常现象，这时需要关注投资支出的合理性和投资收益的实现状况；另一方面，当投资活动产生的现金净流量大于或等于零的时候，需要关注长期资产处置、投资收益实现以及投资支出过少的可能原因。

综上所述，我们对企业的经营活动现金流、投资活动现金流以及筹资活动现金流的构成和分析要点进行了深入探讨，企业中不同类型的现金流量往往能够为我们提供截然不同的财务信息，这些信息并不孤立，它们相互影响又相互联系，共同构成了企业这个庞然大物正常运转的动力系统。

第四节　财务报表重构

战略是公司所制定的具有整体性、长期性、基本性的发展规划。战略的实施决定了公司的资产结构，资产结构又反映出公司的资源配置情况，资产负债表中诸多概念，如库存现金、存货、应收账款、流动负债等都不能直接体现出公司战略的概念，从报表信息双视角的角度来讲，公司战略信息即为资产负债表所不能传达的信息之一。但是，尽管资产负债表概念中公司战略信息缺失，我们仍能够以资产负债表为基础对公司进行战略分析，这就要求我们不能仅用会计的固有思维和观念去解读资产负债表中的有关项目和数据，而应当抓住实质，对原有资产负债表进行适当的调整，让报表所蕴含的战略信息更加具现化。在本教材的第一章中，我们列示了标准资产负债表、利润表和现金流量表的格式。这些报表是基于对外财务报告的，是对过去经济事项的确认、计量、记录，无法满足管理层决策活动的需要。管理会计报告更重要的是面向未来，为企业提供决策支持，最终创造价值。基于此，本节我们探讨财务报表的重构，从而以新的视角去观察分析企业的财务状况、经营成果和现金流量。

一、资产负债表重构

（一）标准资产负债表的缺陷

在标准资产负债表中，按照会计准则中规定的资产和负债的流动性强弱来进行划分，资产部分划分为流动资产和非流动资产，负债和股东权益部分划分为流动负债、非流动负债和股东权益。这样的列示对信贷分析非常有用，但对以价值为核心的权益分析来说存在一定缺陷，即没有考虑公司的经济活动逻辑和管理的需要，同时也无法与现金流量表之间建立清晰的关系，具体如下。

1. 按流动性分类武断主观。按照《企业会计准则第 30 号——财务报表列报》的规定，资产满足下列条件之一的，应当归类为流动资产：（1）预计在一个正常营业周期中变现、出售或耗用。（2）主要为交易目的而持有。（3）预计在资产负债表日起一年内变现。（4）自资产负债表日起一年内，交换其他资产或清偿负债的能力不受限制的现金或现金等价物。

负债满足下列条件之一的，应当归类为流动负债：（1）预计在一个正常营业周期中清偿。（2）主要为交易目的而持有。（3）自资产负债表日起一年内到期应予以清偿。（4）企业无权自主地将清偿推迟至资产负债表日后一年以上。负债在其对手方选择的情况下可通过发行权益进行清偿的条款与负债的流动性划分无关企业对资产和负债进行流动性分类时，应当采用相同的正常营业周期。

上述归类中的"预计""交易目的"等都需要人为判断，主观性很强。以资产为例，实务中，一般只是机械地进行分类，把现金、存货、应收票据、应收账款、其他应收款、预付款项等列入流动资产，而不管存货、应收账款等项目到底何时能真正变现，也不管资产的真正变现能力。

2. 无法与现金流量表之间建立清晰的联系。传统资产负债表没有区分金融资产与经营资产、金融负债与经营负债，没有考虑公司的经济活动与财报之间的逻辑关系。

从财务管理角度看，公司的金融资产是尚未投入实际经营活动的资产，应将其与经营资产相区别；负债成本（利息支出）仅是金融负债的成本，经营负债是无息负债，因此，必须区分金融负债与经营负债。由此，金融资产和金融损益匹配，经营资产和经营损益匹配，可以据此正确计量经营活动和金融活动的基本盈利能力，也可以得到更符合实际的财务杠杆。

（二）资产负债表的重构

公司所有的活动可以划分为两类：一类是经营活动；另一类是金融活动。经营活动与金融活动需要的管理能力有很大差异：经营活动包括提供商品与劳务以及与之相关的生产性投资等，属于企业实体的运营层面活动；金融活动是指为经营活动筹集资金以及对闲置资金的运用（投资），属于资本运作层面活动。两类活动的成果便是公司的业绩。

我们按照这两类活动，对标准资产负债表进行重构，形成管理用资产负债表（见图4-1）。

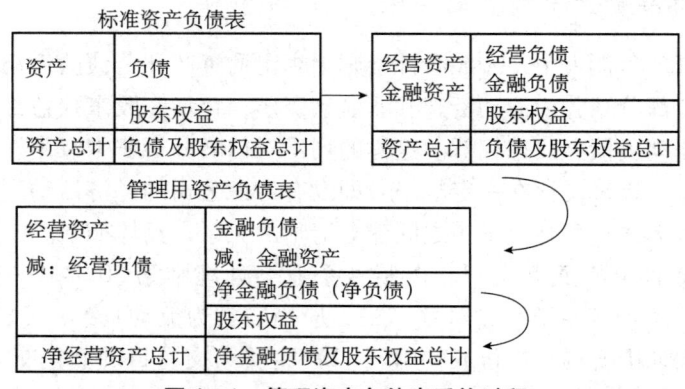

图4-1 管理资产负债表重构过程

编制管理用资产负债表分为三步：首先，将资产分为经营资产与金融资产。经营资产是指提供商品或劳务所涉及的资产，金融资产是指利用闲置资金进行投资所形成的资产。其次，将负债分为经营负债与金融负债。经营负债是在生产经营活动中自发形成的负债，金融负债是主动性的筹资活动所形成的负债。最后，变换会计恒等式，由此形成下列表达式：

$$资产 = 经营资产 + 金融资产$$
$$= \left(\begin{matrix}经营性\\流动资产\end{matrix} + \begin{matrix}经营性\\长期资产\end{matrix}\right) + \left(\begin{matrix}短期\\金融资产\end{matrix} + \begin{matrix}长期\\金融资产\end{matrix}\right)$$

$$负债 = 经营负债 + 金融负债$$
$$= \left(\begin{matrix}经营性\\流动负债\end{matrix} + \begin{matrix}经营性\\长期负债\end{matrix}\right) + \left(\begin{matrix}短期\\金融负债\end{matrix} + \begin{matrix}长期\\金融负债\end{matrix}\right)$$

$$净经营资产 = 经营资产 - 经营负债$$
$$= \left(\begin{matrix}经营性\\流动资产\end{matrix} + \begin{matrix}经营性\\长期资产\end{matrix}\right) - \left(\begin{matrix}经营性\\流动负债\end{matrix} + \begin{matrix}经营性\\长期负债\end{matrix}\right)$$
$$= \left(\begin{matrix}经营性\\流动资产\end{matrix} - \begin{matrix}经营性\\流动负债\end{matrix}\right) + \left(\begin{matrix}经营性\\长期资产\end{matrix} - \begin{matrix}经营性\\长期负债\end{matrix}\right)$$
$$= 经营性营运资本 + 净经营性长期资产$$

$$净金融负债 = 金融负债 - 金融资产 = 净负债$$
$$净经营资产 = 净负债 + 股东权益 = 净投资资本$$

以美的集团财务报表为例，重构后的管理用资产负债表如表4-8所示。

表 4-8　　　　　　　　　美的集团 2019 年管理用资产负债表　　　　　　　　单位：千元

净经营资产	2019年12月31日余额	2019年1月1日余额	净负债及股东权益	年末余额	年初余额
经营性流动资产：			金融负债：		
货币资金	70 916 841.00	27 888 280.00	短期借款	5 701 838.00	870 390.00
应收票据	4 768 520.00	11 049 539.00	向中央银行借款		99 754.00
应收账款	18 663 819.00	13 641 979.00	吸收存款及同业存放	62 477.00	44 386.00
预付款项	2 246 177.00	2 215 888.00	衍生金融负债	27 100.00	756 299.00
其他应收款（扣除应收利息、应收股利）	2 712 974.00	2 960 939.00	一年内到期的非流动负债	1 420 691.00	6 963 685.00
存货	32 443 399.00	29 645 018.00	长期借款	41 298 377.00	32 091 439.00
其他流动资产	65 011 027.00	74 952 820.00	其他非流动负债	863 826.00	1 016 352.00
经营性流动资产合计	196 762 757.00	162 354 463.00	金融负债合计	49 374 309.00	41 842 305.00
经营性流动负债：			金融资产：		
应付票据	23 891 600.00	23 325 115.00	交易性金融资产	1 087 351.00	2 654 045.00
应付账款	42 535 777.00	36 901 626.00	衍生金融资产	197 412.00	220 197.00
预收账款	16 231 854.00	16 781 666.00	应收款项融资	7 565 776.00	2 254 950.00
应付职工薪酬	6 436 109.00	5 788 004.00	发放贷款和垫款	11 659 497.00	11 328 392.00
应交税费	5 096 267.00	3 875 298.00	投资性房地产	399 335.00	391 765.00
其他应付款（扣除应付利息、应付股利）	3 800 568.00	3 346 129.00	其他非流动金融资产	1 750 107.00	784 269.00
其他流动负债	39 074 777.00	31 319 709.00	长期股权投资	22 659 478.00	17 633 618.00
一年内到期的非流动负债	39 426.00	159 027.00	金融资产合计	25 450 284.00	20 346 934.00
经营性流动负债合计	137 106 378.00	121 496 574.00	净负债	23 924 025.00	21 495 371.00
经营营运资本	59 656 379.00	45 857 889.00			
经营性长期资产：					
长期应收款	1 208 079.00	34 815.00			
固定资产	21 664 682.00	22 437 212.00			
在建工程	1 194 650.00	2 077 621.00			
无形资产	15 484 179.00	16 186 675.00			
商誉	28 207 065.00	29 100 390.00			
长期待摊费用	1 267 127.00	1 191 373.00			
递延所得税资产	5 768 993.00	4 421 313.00			
其他非流动资产	4 947 603.00	550 352.00	股东权益：		
经营性长期资产合计	79 742 378.00	75 999 751.00	股本	6 971 900.00	6 663 031.00

续表

净经营资产	2019年12月31日余额	2019年1月1日余额	净负债及股东权益	年末余额	年初余额
经营性长期负债:			资本公积	19 640 313.00	18 451 307.00
长期应付款	33 646.00	88 890.00	减：库存股	3 759 732.00	4 918 427.00
长期应付职工薪酬	2 418 563.00	2 480 318.00	其他综合收益	-711 554.00	-1 332 153.00
预计负债	353 269.00	268 887.00	一般风险准备	366 947.00	366 947.00
递延收益	617 155.00	647 583.00	盈余公积	6 447 658.00	5 079 096.00
递延所得税负债	4 556 002.00	4 422 074.00	未分配利润	72 713 631.00	58 762 315.00
经营性长期负债合计	7 978 635.00	7 907 752.00	少数股东权益	5 826 934.00	9 382 401.00
净经营性长期资产	71 763 743.00	68 091 999.00	股东权益合计	107 496 097.00	92 454 517.00
净经营资产总计	131 420 122.00	113 949 888.00	净负债及股东权益	131 420 122.00	113 949 888.00

资料来源：美的集团2019年年报。

二、利润表重构

（一）标准利润表的缺陷

标准利润表按照分步式计算公司的净利润和综合收益。但是，在公司管理者分析和决策、投资者分析和决策时，标准利润表存在着无法解决的缺陷。

1. 标准利润表无法与标准资产负债表或管理用资产负债表之间建立起清晰的逻辑联系，导致决策者无法建立分析和决策的逻辑基础。资产概念的核心是可以带来未来经济利益，但是按照标准利润表，我们不知道哪些收入和利润是哪些资产所产生的。

2. 标准利润表只考虑扣减债务资本成本，而没有考虑股权资本成本，导致决策者无法根据标准利润表判断和分析一家公司是否真正创造了价值。对于一家公司是否创造价值，必须对该公司的收益和资本成本进行全面对比才能做出判断。

3. 标准利润表自身内部的混乱，按照会计准则规定，必须对公司利润和其他综合收益考虑所得税情况，从而产生递延所得税资产和递延所得税负债的核算。因此，其他综合收益显然已经考虑了所得税费用的问题，但是按照现行标准，利润表在利润总额后面减去所得税费用得出净利润，会误导大家认为利润总额与所得税费用之间存在对应关系，从而忽略和不考虑其他综合收益与所得税费用之间的关系。

（二）利润表的重构方法

我们按照公司经济活动，对标准资产负债表进行重构形成管理用资产负债表。那么，资产负债表与利润表直接存在什么关系呢？资产在使用过程中转换为成本费用，同时为公司带来收入，经营资产所产生的收益为经营利润，金融资产产生的收益为金融资产收益，若投资形成长期股权投资，其所产生的收益为股权投资收益；资金在使用时有资金成本，其中，债务对应债务资金成本，股东权益对应股权资金成本。因此，我们按照管理用资产负债表重构利润表，可以使重构后的资产负债表与利润表之间的关系更加明晰，同时更加全面地考虑资金成本，可称重构后的利润表为股权价值增加表。

我们以美的集团财务报表为例，重构后的股权价值增加如表4-9所示。

表4-9 美的集团股权价值增加 单位：千元

项目	2019年	2018年
（1）营业总收入	279 380 506	261 819 635
（2）减：营业成本	197 913 928	188 164 557
（3）毛利=（1）-（2）	81 466 578	73 655 078
（4）减：税金及附加	1 720 616	1 617 566
（5）减：销售费用	34 611 231	31 085 879
（6）减：管理费用	9 531 361	9 572 639
（7）减：资产减值损失	871 909	447 864
（8）加：营业外收入	613 310	434 756
（9）减：营业外支出	367 288	225 809
（10）加：资产处置损益	131 131	34 934
（11）加：其他收益	1 194 665	1 316 904
（12）息税前经营利润	36 303 279	32 492 826
（13）经营利润所得税=（12）×（31）	4 102 271	3 801 661
（14）息税后经营利润	32 201 008	28 691 165
（15）对联营企业和合营企业的股权投资收益	506 225	349 321
（16）公允价值变动净收益	1 361 163	810 450
（17）财务费用中的利息收入	3 807 136	2 155 862
（18）短期投资收益	—	—
（19）财务费用中的汇兑收益	—	—
（20）其他综合收益	—	—
（21）息税前金融资产收益=（16）+（17）+（18）+（19）+（20）	5 168 299	2 966 312
（22）金融资产收益所得税=（21）×（31）	584 018	347 059
（23）税后金融资产收益	4 584 281	2 619 253
（24）息税前利润=（12）+（15）+（21）	41 977 803	35 808 459
（25）息税后利润=（14）+（15）+（23）	37 291 514	31 659 739
（26）减：真实财务费用	880 703	703 991
（27）财务费用税收递减=（26）×（31）	99 519	82 367
（28）税后财务费用=（26）-（27）	781 184	621 624
（29）税前利润=（24）-（26）	41 097 100	35 104 468

续表

项目	2019 年	2018 年
(30) 减：所得税	4 651 970	4 122 639
(31) 实际所得税率 =（30）/（29）	11.3%	11.7%
(32) 净利润 =（29）-（30）	36 445 130	30 981 829
(33) 减：股权资金成本	—	—
(34) 股权价值增加值 =（32）-（33）	36 445 130	30 981 829

注：①表中百分数计算保留一位小数。②一些项目不能直接从标准利润表中取数，在编制本表时做了一定的简化处理，但是要提醒大家注意的是，简化处理有时候可能会影响分析的准确性
资料来源：美的集团 2018 年和 2019 年年报。

表 4-9 中部分概念需特别说明一下，以免引起误解。

真实财务费用，即标准利润表中的财务费用加上附注中的利息收入，因为利息收入在标准利润表中作为财务费用的抵减项扣除，其本质上应当作为金融资产的收益。

股权价值增加值，是指扣除股东预期回报后公司额外创造的价值。

在股权价值增加表中，如果税前利润为负数，则表明无法满足债权人的预期回报；如果股权价值增加值为负数，则表明不仅无法满足股东的预期回报，还为股东带来价值毁损。

(三) 股权价值增加表的初步分析

1. 营业收入初步分析。我们可以根据一家公司多个年度的营业收入增长情况判断该公司的成长性。营业收入逐年快速增长的公司，其未来具有较好的成长性；营业收入在各年间相对稳定的公司，业务发展较为成熟；营业收入逐年下降的公司，正在衰退。

美的集团 2013~2019 年的营业收入环比增长情况计算如表 4-10 所示。从表 4-10 中可以看出，美的集团的营业收入从 2013 年的 1 209.75 亿元增长到 2019 年的 2 782.16 亿元，7 年增长了 2.3 倍左右。按环比来看，除 2015 年为负增长外，其余年份均为正增长，但波动较大，最高环比增长为 51.35%，最低环比增长为 7.14%。根据以上数据，我们可以把 2013~2019 年的美的集团归为成长型公司。

表 4-10　　　　　　美的集团 2013~2019 年营业收入分析

项目	2013 年	2014 年	2015 年	2016 年	2017 年	2018 年	2019 年
营业收入（千元）	120 975 003	141 668 175	138 441 226	159 044 041	240 712 301	259 664 820	278 216 017
环比（%）	17.91	17.11	-2.28	14.88	51.35	7.87	7.14

资料来源：美的集团 2013~2019 年年报。

2. 毛利初步分析。毛利反映公司营业获利的总额。如果公司想要提高毛利，就需要扩大销量、提高价格、降低成本。毛利率反映公司产品和服务的获利程度，如果公司想要提高毛利率，就需要提高单位价格，降低单位成本。扩大销

量、提高价格、降低成本三者之间又会互相影响。例如，提高价格可能会影响消费者购买意愿而降低销量，降低成本可能会影响产品和服务质量进而影响销量。能否提高毛利，取决于公司的行业特征、竞争策略及其核心竞争力。多数时候，毛利率的高低反映一家公司的护城河即竞争壁垒，毛利率越高越稳定，护城河越深。

毛利 = 营业收入 − 营业成本 = 销量 × （单位价格 − 单位成本）

毛利率 = 毛利 ÷ 营业收入 × 100%
　　　 = [销量 × （单位价格 − 单位成本）] ÷ [销量 × 单位价格] × 100%
　　　 = （单位价格 − 单位成本） ÷ 单位价格 × 100%

我们对一家公司的毛利进行分析时，首先要看毛利总额，毛利总额越高越好，大于零是最低要求。毕竟，毛利总额小于零，公司就会亏损。其次，我们还要分析该公司毛利历史增长情况。有前景的公司，其营业收入应该逐年增长，同时营业成本相应增长，但增长幅度应该低于营业收入，因此，毛利应该逐年增长。相反，营业成本的增幅超过营业收入，则公司增收不增利。

以美的集团为例，2013～2019 年相关数据如表 4−11 所示。

表 4−11　　　　　　美的集团 2013～2019 年毛利分析

项目	2013 年	2014 年	2015 年	2016 年	2017 年	2018 年	2019 年
营业收入（千元）	120 975 003	141 668 175	138 441 226	159 044 041	240 712 301	259 664 820	278 216 017
营业收入增长率（%）	17.91	17.11	−2.28	14.88	51.35	7.87	7.14
营业成本（千元）	92 818 063	105 669 686	102 662 818	115 615 437	180 460 552	188 164 557	197 913 928
营业成本增长率（%）	16.83	13.85	−2.85	12.62	56.09	4.27	5.18
毛利（千元）	28 156 940	35 998 489	35 778 408	43 428 604	60 251 749	71 500 263	80 302 089
毛利增长率（%）	21.63	27.85	−0.61	21.38	38.74	18.67	12.31
毛利率（%）	23.28	25.41	25.84	27.31	25.04	27.54	28.86

资料来源：美的集团 2013～2019 年年报。

从表 4−11 中可看出，除 2015 年之外，美的集团其他年份营业收入、营业成本和毛利都呈正增长，大部分年份营业收入和毛利增幅高于营业成本，仅 2017 年营业收入和毛利增幅低于营业成本。2013～2019 年，美的集团毛利率从 23.28% 增长至 28.86%，发展稳健，表明美的集团在这一段时间内具有较好的竞争力。

三、现金流量表的重构

管理用现金流量表与传统现金流量表的不同在于，前者将企业的实体现金流量按用途分成了两部分：(1) 债务现金流量，即与债权人之间的交易形成的现金流，包括支付利息、偿还或介入债务以及购入和出售金融资产（金融资产超过实际生产经营需要的投资，可以抵销金融负债，被看成"负的金融负债"）。(2) 股权现金流量，即与股东之间的交易形成的现金流，也包括股利分配、股份发行以及股份回购等。另外需要注意的是，管理用现金流量表中的"经营现金流量"与传统现金流量表的"经营活动产生的现金流量净额"不同。前者包括生产性资产投资活动产生的现金流量，后者不包括生产性资产投资活动产生的现金流量。以 ABC 公司财务报表为例，表 4-12 列示了其重构后的管理用现金流量表。

表 4-12　　　　　　　　　ABC 公司管理用现金流量表　　　　　　　　单位：千元

项目	本年金额	上年金额（略）
经营现金流量：		
税后经营净利润	206.72	
加：折旧与摊销	45.00	
=营业现金毛流量	251.72	
减：经营运营资本增加	21.00	
=营业现金流量	230.72	
减：资本支出	300	
=实体现金流量	-69.28	
金融现金流量：		
税后利息费用	70.72	
减：净负债增加	196.00	
=债务现金流量	-125.28	
股利分配	56.00	
减：股权资本净增加	0	
=股权现金流量	56.00	
融资现金流量	-69.28	

重构报表之间并不是相互孤立的，它们如同传统的资产负债率、利润表以及现金流量表一样，具有紧密的逻辑关系。资产、收益以及股权价值之间的逻辑关系如图 4-2 所示。

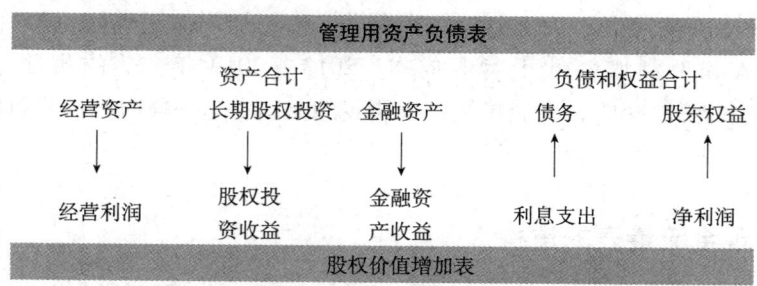

图 4-2　管理用资产负债表与股权价值增加表之间的逻辑关系

如图 4-2 所示，企业所持有的经营资产能够为企业带来经营利润、长期股权投资能够带来股权投资收益、金融资产能够带来金融资产收益。因此，我们可以运用重构后的报表来分析一家公司的经营资产、金融资产、长期股权投资等项目的管理效率以及盈利能力。

四、重构财务报表的分析体系

要想既系统又全面地利用重构报表对企业的经营资产、金融资产以及长期股权投资等项目的管理效率以及盈利能力进行分析,就必须有一个合理全面的综合分析体系。鉴于传统杜邦分析体系存在未区分经营资产与金融资产、未区分经营损益和金融损益、"总资产"和"净利润"不匹配等诸多局限性,因此,应该基于重构后的管理用资产负债表、现金流量表以及股权价值增加表等重新设计财务分析体系。

改进以后财务分析体系的核心公式:

权益净利率 = 税后经营净利润/股东权益 − 税后利息费用/股东权益

= 税后经营净利润/净经营资产 × 净经营资产/股东权益
− 税后利息费用/净负债 × 净负债/股东权益

= 税后经营净利润/净经营资产 × (1 + 净负债/股东权益)
− 税后利息费用/净负债 × 净负债/股东权益

= 净经营资产净利率 − (净经营资产净利率 − 税后利息率)
× 净财务杠杆

由以上公式可得,权益净利率的高低取决于三个驱动因素:净经营资产净利率(能够进一步分解为销售税后经营净利率和净经营资产周转次数)、税后利息率以及净财务杠杆。改进后的财务分析体系基本框架如图4-3所示。

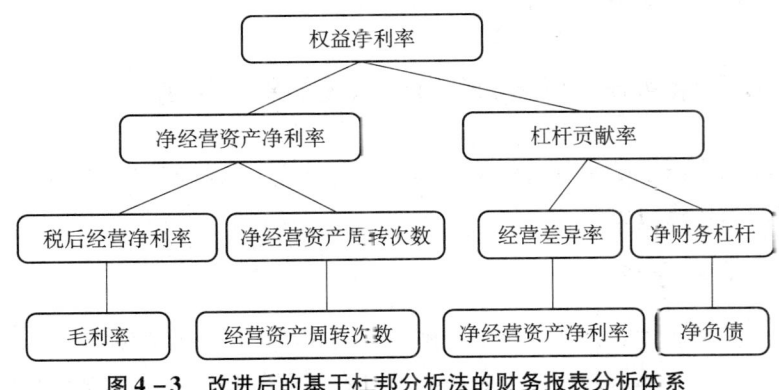

图4-3 改进后的基于杜邦分析法的财务报表分析体系

第五节 哈佛分析框架实际应用:以美的集团为例

一、哈佛分析框架概述

随着资本市场的发展,受各方利益驱动,上市公司财务报表粉饰数据、虚构业绩等造假现象屡见不鲜。仅运用披露的财务报表和传统财务分析方法已不能满足投资者的需求，不能完全掌握企业真实的经营活动状况，难以判断企业的未来发展趋势。伴随着财务分析体系的发展，学者们开始关注如何建立合适的财务分析框架，以达到全面系统地对企业进行财务分析。少数学者提出从经营活动、投资活动和筹资活动三大活动的角度进行财务分析，而绝大部分学者则是考虑构建全新的财务分析框架，其中，应用最广泛的是哈佛分析框架。哈佛分析框架是指在财务报表分析中引进战略分析，从而实现定性分析与定量分析之间的融合。它主要包括战略分析、会计分析、财务分析和前景分析四个维度。本教材在第二章已经做了较为详细的论述。

战略分析为哈佛分析框架的起点，即通过分析公司的外部环境和行业状况，了解公司当前所处的经营环境，从宏观到微观去掌握公司整体情况，从而有针对性地制定经营战略，为后续财务分析奠定基础；会计分析是哈佛分析框架的基石，即在当前会计准则下，通过识别、评价关键科目的会计政策及会计估计，合理地评价企业会计信息的质量，从而为后续财务分析奠定基础；财务分析是哈佛分析框架的核心，即在战略分析和会计分析的基础上，将一系列财务分析方法结合起来，通过横向和纵向对比来评估公司的业绩情况；前景分析是哈佛分析框架的终点，即通过以上三个维度的分析，科学地预测企业未来的发展方向，为企业管理层提供决策辅助。

哈佛分析框架全面地考虑了影响企业发展的各种因素，是一个相对完整、系统的分析框架。它不是仅仅停留在对报表数字的分析上，而是结合战略、环境等各种因素来深入剖析财务数据所蕴含的信息。

二、基于哈佛分析框架的分析：以美的集团为例

上面我们介绍了哈佛分析框架的提出及各维度分析的应用，下面我们简要地以美的集团为例进行分析。

（一）战略分析

战略分析是通过对公司战略的了解，对公司战略的合理性进行评估，以此判断公司实际经营情况与公司战略是否相符。在对美的集团进行战略分析时，主要运用波特五力分析模型来考察。

1. 潜在竞争者进入的能力。从市场情况来看，当前的家电市场特别是白色家电市场竞争激烈，已经形成了多寡头的情况，白色家电市场基本上被美的集团、青岛海尔和格力电器三大品牌占据，它们资产规模大、资金充足、技术领先。对于潜在竞争者而言，想要在相对饱和的家电市场获取到更大的市场份额和立足之地是十分困难的，除非潜在竞争者具有技术领先优势和雄厚资金支持。

从技术角度来看，当前的大品牌均持有大量的专利技术，各品牌内部已经形成了良好的技术创新环境，技术的进步更有可能在这些大品牌的内部产生，潜在

竞争者想要进入也要面对较高的技术壁垒。2019 年，美的集团扎实推进专利"提质控量"工作，全年获得中国发明专利授权 2 704 件，位居家电行业第一，国内外专利申请共计 13 525 件，海外专利申请数量同比增幅超过 100%。

2. 供应商的议价能力。根据美的集团 2017~2019 年财务报告，对其前五大供应商在此期间的供应情况进行统计，如表 4-13 所示。美的集团对前五位供应商的采购额占年度采购额的比重虽有波动，仍呈下降趋势，从 2017 年的 5.73% 下降至 2019 年的 5.42%。同时，美的集团对第一大供应商的采购额占年度采购额的比重低于 2%，可见美的集团的供应商非常分散，对单家供应商的依赖程度很低。作为家电行业的龙头企业，美的集团面对供应商时处于强势地位，供应商的议价能力较弱。

表 4-13　　　　美的集团 2017~2019 年前五大供应商情况

供应商	2019 年采购金额（千元）	占年度采购额比例（%）	2018 年采购金额（千元）	占年度采购额比例（%）	2017 年采购金额（千元）	占年度采购额比例（%）
第一名	3 134 243	1.71	2 307 458	1.35	2 464 169	1.44
第二名	1 730 001	0.94	1 731 187	1.01	2 106 841	1.23
第三名	1 717 144	0.94	1 645 154	0.96	1 892 036	1.11
第四名	1 671 119	0.91	1 558 351	0.91	1 747 344	1.02
第五名	1 663 638	0.91	1 303 861	0.76	1 590 519	0.93
合计	9 916 145	5.42	8 546 011	4.99	9 800 909	5.73

注：由于四舍五入的原因分项和合计之间可能存在尾差。
资料来源：美的集团 2017~2019 年年报。

3. 购买者的议价能力。表 4-14 展示了 2017~2019 年美的集团对前五大客户的销售情况。美的集团对前五位客户的销售额有逐年上升的趋势，销售额占年度销售额的比重由 2017 年的 9.89% 上升至 2019 年的 12.86%。但总体来看，前五位客户占美的集团总销售额的比率依然不大，其中，美的集团对第一大客户的销售额占比为 7.18%。可以看出，美的集团的客户数量庞大，分布十分分散，且对单个客户的依赖性不强。因此，美的集团在面对客户时处于优势地位，购买者的议价能力不强。

表 4-14　　　　美的集团 2017~2019 年前五大客户情况

客户	2019 年销售金额（千元）	占年度销售额比例（%）	2018 年销售金额（千元）	占年度销售额比例（%）	2017 年销售金额（千元）	占年度销售额比例（%）
第一名	19 971 771	7.18	12 661 370	4.88	12 027 783	5.00
第二名	8 257 101	2.97	5 341 516	2.06	4 847 226	2.01
第三名	2 950 842	1.06	2 777 376	1.07	3 135 444	1.30
第四名	2 450 884	0.88	2 281 235	0.88	2 001 579	0.83
第五名	2 132 007	0.77	2 261 179	0.87	1 800 838	0.75
合计	35 762 605	12.86	25 322 676	9.76	23 812 870	9.89

资料来源：美的集团 2017~2019 年年报。

4. 替代产品的替代能力。替代产品的替代能力可以从产品品类和产品品牌两方面来分析。从产品品类来看，当前市场上的家电产品均是发展成熟的产品，不同品类之间的替代性并不是很强；现阶段，品类的替代更多的是高科技含量的同种产品的替代或者是高端产品对低端产品的替代。此外，由于美的集团产品品类众多、覆盖面广且市场占有率均位于市场前列，因此，即使出现品类的替换效应，对美的集团的威胁也不大。从产品品牌来看，由于当前市场上品牌众多，消费者可选择的范围较广，品牌替代性较强，虽然美的集团在家电细分领域的市场地位均位列前茅，但品牌替代对于美的集团而言存在一定的威胁。

5. 行业内竞争者现在的竞争能力。根据美的集团对外披露的2017~2019年的年度财务报告，整理出美的集团主要家电品类的市场份额情况如表4-15所示。可以看出，2017~2019年美的集团主要家电品类在国内市场的份额呈基本上升趋势，但当前家电市场的竞争十分激烈，从细分市场排名来看，美的空调位列第二，格力空调位居第一；美的洗衣机位列第二，海尔洗衣机位居第一；美的冰箱位列第二，海尔冰箱位居第一；电饭煲、电压力锅、电磁炉等小家电市场上，美的位居第一。虽然在整个家电行业，美的集团2019年品牌价值位居榜首，但在部分细分市场，其仍未能摘得桂冠。从整体情况来看，其主要竞争对手还是格力电器和青岛海尔，其中，青岛海尔的产品与美的集团的重叠度最高，格力电器和美的集团的竞争主要是在空调领域。从实际情况来看，近年来美的集团的市场份额持续扩大，在多个细分领域有追赶上行业第一的趋势。

表4-15　　　　2017~2019年美的集团主要家电品类市场份额情况　　　　单位：%

家电品类	2019年		2018年		2017年	
	线下市场份额	线上市场份额	线下市场份额	线上市场份额	线下市场份额	线上市场份额
家用空调	28.90	30.00	25.00	23.30	24.60	24.00
洗衣机	27.40	31.20	26.00	31.00	24.60	29.00
冰箱	12.60	17.70	11.00	16.40	10.70	15.00
电饭煲	43.90	29.60	43.00	31.80	44.80	33.00
电压力锅	44.30	39.00	44.00	41.50	47.70	—
电磁炉	48.50	41.00	45.00	43.20	52.50	42.00

资料来源：美的集团2017~2019年年报。

在全球经济贸易增速放缓、国内经济增速回落幅度、房地产市场低位运行等内外因素的共同影响下，家用电器行业面临的内外不确定性与波动将有所增加；但从中长期来看，产业结构升级、居民收入稳定、消费多元化、国家政策对绿色、智能产业发展引导以及家电行业产品标准的升级都给家电行业带来了新的机会点和增长点。

美的集团坚持"产品领先、效率驱动、全球经营"三大战略主轴，"以用户为中心"聚焦产品力提升，加大研发投入，创新体系建设，以"用户驱动+差异化技术驱动"的双驱动模式推动产品持续领先，同时持续推动渠道变革转型，持续提升渠道效率。可以看出，美的集团的发展战略与当前的宏观经济环境以及其自身情况是相匹配的，产品领先战略与当前产业结构升级、消费升级相适应，符合实际发展需求，通过加大研发投入，不断提升产品竞争力，实现利润增长；效率驱动战略是与当前激烈的竞争环境相适应的，通过推动工业数字化建设，扩展业务管理数字化覆盖，使公司可以进一步提高效率、降低成本，在竞争中处于更有利的位置；全球经营是美的集团更长远的发展战略，通过因地制宜地推进国际化公司治理，加强区域市场研、产、销体系整合，拓展渠道深度和加强终端销售能力，从而稳步推动全球业务布局。

（二）会计分析

根据美的集团对外披露的 2017~2019 年年度财务报告，可以看到除按照财政部近年新颁布的相关通知和新会计准则对财务报告的编制进行调整之外，美的集团的其他会计政策没有发生变化，且在近几年均保持稳定，没有出现异常变动和调整。根据美的集团的财务报表以及其所处的家电行业的基本特征，我们选取存货作为会计分析的主要对象。

美的集团的存货包括原材料、委托加工物资、低值易耗品、在产品、已完工未结算及库存商品等，按成本与可变现净值孰低计量。对于发出的存货按先进先出法核算，对于低值易耗品采用一次转销法进行摊销。美的集团的存货盘存制度采用永续盘存法核算。在资产负债表日，存货按照成本与可变现净值孰低计量，对于成本高于可变现净值的情况计提跌价准备，并计入当期损益。存货成本包括采购成本、加工成本和使存货达到目前场所和状态所发生的其他支出；可变现净值按日常活动中，以存货的估计售价减去至完工时估计将要发生的成本、估计的销售费用以及相关税费后的金额确定。

根据美的集团 2017~2019 年的财务报告，整理出其存货结构如表 4-16 所示。可以看出，近年来在美的集团销售规模不断扩大的同时，美的集团存货账面价值相对稳定，虽呈上升趋势，但增幅不大，其中，2019 年期末存货同比增长约 9%；各类存货项目的占比保持一个相对稳定的态势，表明其存货管理能力较好。从存货跌价准备计提比例来看，美的集团的计提比率呈现逐年上升趋势，但上涨幅度不大，与同业相比，其计提比率处于较低的水平，与美的集团存货管理能力较好的情况相符，与其自身实际情况相符。总体来看，美的集团存货相关会计政策与同业相比无太大差异，符合家电行业的特征，存货项目数据及存货跌价准备计提规则符合实际情况，存货项目的数据质量良好，可以反映其真实生产经营活动。

表 4-16　　　　　美的集团 2017~2019 年存货结构情况

存货	2019 年期末		2018 年期末		2017 年期末	
	金额（千元）	比例（%）	金额（千元）	比例（%）	金额（千元）	比例（%）
库存商品	22 046 730	66.97	18 600 407	61.95	17 625 714	59.44

续表

存货	2019 年期末		2018 年期末		2017 年期末	
	金额（千元）	比例（%）	金额（千元）	比例（%）	金额（千元）	比例（%）
原材料	5 009 197	15.22	5 181 916	17.26	5 680 125	19.16
在产品	1 596 042	4.85	2 040 228	6.79	2 040 630	6.88
委托加工物资	219 542	0.67	239 741	0.80	221 842	0.75
低值易耗品	38 185	0.12	38 763	0.13	59 370	0.20
已完工未结算	4 009 176	12.18	3 924 807	13.07	4 023 467	13.57
账面余额	32 918 872	100.00	30 025 862	100.00	29 651 148	100.00
存货跌价准备	475 473	1.44	380 844	1.27	206 982	0.70
账面价值	32 443 399		29 645 018		29 444 166	

注：各存货项目的比例系各明细项目期末账面余额占存货期末账面余额的比例。

资料来源：美的集团 2017～2019 年年报。

（三）财务分析

财务分析是哈佛分析框架中最重要的部分，是基于前两部分的结果，对美的集团财务报表进行财务分析。在这里，我们主要从盈利能力和成长能力两方面进行分析。

1. 盈利能力。根据美的集团 2017～2019 年财务报告，计算整理出美的集团主要盈利能力指标如表 4-17 所示。可以看到，美的集团的销售净利率持续增长，这表明美的集团的盈利能力持续增强，产品利润率呈现上升趋势。2019 年，格力电器销售净利率 10.82%，青岛海尔销售净利率 6.14%；与同行业相比，美的集团销售净利率处于中间水平，仍然有较大发展空间。美的集团总资产净利率和权益净利率略有波动，整体呈上升趋势。与格力电器、青岛海尔相比，美的集团 2019 年权益净利率、总资产净利率均处于领先水平，主要是因为美的集团总资产周转率较高，财务政策较稳健，权益乘数水平居中。

表 4-17　　　　　美的集团 2017～2019 年盈利能力主要指标　　　　　单位：%

项目	2019 年	2018 年	2017 年
销售净利率	9.05	8.27	7.69
总资产净利率	8.94	8.46	8.89
权益净利率	26.43	25.66	25.88

资料来源：美的集团 2017～2019 年年报。

总体来说，美的集团的盈利能力良好，产品在市场中有较强的竞争力，总体销售情况领先，市场份额较高。

2. 成长能力。根据美的集团、青岛海尔 2017～2019 年财务报告，计算整理出其主要成长能力指标如表 4-18 所示。可以看出，除 2017 年增长率较高之外，其余年份美的集团销售增长相对稳健，而青岛海尔销售增长率逐步放缓。2017～2019 年，美的集团净利润增长保持相对稳定，扣非净利润增长率有所波动，而青岛海尔净利润增长率波动较大，扣非净利润增长率呈下降趋势，2019 年扣非净利润增长率为负值；虽然美的集团与青岛海尔的净利润复合增长率相近，但美的集团扣非净利润三年复合增长率达 13.32%，其成长性由此可见。

表 4-18　　　　　　　　　　主要成长能力指标　　　　　　　　　单位：%

项目	美的集团				青岛海尔			
	2019 年	2018 年	2017 年	复合增长率	2019 年	2018 年	2017 年	复合增长率
销售增长率	7.14	7.87	51.35	4.94	9.05	15.61	33.68	8.03
净利润增长率	16.75	16.33	17.33	10.74	24.59	9.37	35.18	10.87
扣非净利润增长率	13.29	28.46	15.72	13.32	-12.67	17.38	29.81	0.83

资料来源：美的集团 2017~2019 年年报。

（四）前景分析

结合前述三个维度的分析，可以看出美的集团的整体发展是可期的，其发展战略与其会计数据、财务指标是相符合的。

从家电行业来看，传统家电品类集体增速放缓，但新品类依旧保持增长，高端化、智能化和健康化依旧是产品升级发展的主要特征，美的集团面向消费分层推出多品牌组合，如高端品牌 COLMO 已在高端家居市场获得一席之地，但目前并不具有影响力和高市场份额。小家电方面，美的集团在当前小家电市场份额最大，有一定的品牌优势和规模优势；由于小家电品类太多，很难做到全覆盖，且行业门槛较低，不断有新进入者，市场竞争激烈。尽管如此，在小家电市场美的集团仍有发展空间。

此外，美的集团积极拓展新市场，通过收购库卡集团，美的集团布局机器人及自动化产业，与众多外资、合资及国内传统汽车厂商，在工业机器人方面保持合作，满足在食品饮料、日化医药等行业客户的自动化应用需求。同时，通过深度整合，进一步提高美的集团的自动化水平，提升智能制造水平。2019 年底，美的集团机器人使用密度已超过 220 台/万人，能够有效降低成本，提升产品竞争力。

本章小结

通过本章的学习，我们了解了财务报表项目之间的逻辑关系；掌握了财务状况质量分析的基本概念、基本框架及分析维度；学习了财务报表质量分析的方法；了解了资产负债表和利润表的重构；系统掌握了哈佛分析框架的概念及应用。通过本章的学习，我们了解到企业的财务报表除了能够提供直接可见的企业日常经营相关情况以外，还能够向我们间接传达企业的战略信息；不仅如此，我们还依据企业不同资产和经营活动的特点，分别对企业的全部存量和流量进行了分析，并在此基础上探究了重构后的财务报表间的勾稽关系。

通过本章的学习，我们了解了企业财务报表项目之间的逻辑关系；介绍了财务报表质量分析框架，阐述了从资产质量、资本结构质量、利润质量以及现金流量质量四个维度分析财务报表质量的方法；本章还从存量和流量视角去分析公司经营情况，并利用哈佛分析框架中的战略分析、会计分析、财务分析以及前景分析四个方面简要分析了美的集团的经营状况。

复习思考题

1. 请同学们结合第一节所学内容及美的集团近三年财务报告，试着分析美的集团的竞争战略。
2. 如何理解财务状况质量分析的路径？如何理解资产质量、资本结构质量、利润质量以及现金流量质量的概念？
3. 请同学们结合第四节所学内容，自己找一家公司，运用哈佛分析框架对其进行分析。
4. 企业的经营活动与金融活动划分依据是什么？常见的经营活动和金融活动分别有哪些？
5. 哈佛分析框架的基本分析路径和步骤是什么？为什么哈佛分析框架能够基于寻找公司战略出现的问题进行分析？

案例分析

2020年11月10日，永煤控股发布公告称，因流动资金紧张，公司2020年度第三期超短期融资券"20永煤SCP003"未能按期足额偿付本息，已构成实质性违约，涉及本息金额共10.32亿元。

信用评级机构中诚信国际此前给予该公司的主体评级为AAA。事发当天，中诚信国际将永煤集团及其控股股东河南能源化工集团有限公司的主体信用由AAA级下调至BB级，并列入可能降级的观察名单；相关债券信用等级分别降至BB甚至C级。就在一个月前的10月10日，相关评级机构做出的《永城煤电控股集团有限公司2020年度第六期中期票据信用评级报告》中，还将永城煤电主体信用评为AAA级，评级展望为稳定。

据2020年三季报显示，截至2020年9月30日，永城煤电资产负债表上还趴着469亿货币资金，怎么说违约就违约了呢？

消息一出，市场瞬间炸锅，出现大规模抛售，永煤集团其他存续债券"大幅打折"。据万得（Wind）数据显示，2020年11月13日，"20永煤SCP007"净价继续下跌，跌幅逾90%，收报8.612元；"19永煤CP003"净价跌逾93%，收报6.1956元。

针对此次债券违约，永煤控股集团相关负责人表示，主要原因是公司资金流出现暂时性危机。违约原因具体包括：第一，企业日常经营受疫情与贸易局势的影响，公司现金流在持续流出。但是随着后续经济的复工复产，目前已经均恢复正常；第二，集团主业是煤炭与化工，2020年以来石油价格在持续波动，化工板块亏损额在加大，受化工亏损影响；第三，外部的融资环境收紧，公司流动性收紧，未及时筹集偿付的资金。

（资料来源：永煤控股重要公告）

思考分析：

根据上述永城煤电债券违约的情况，请同学们结合该公司的财务报告及其他对外披露信息，从资产质量、资本结构、利润质量、现金流量质量四个维度进行质量分析，探究其债务状况及偿付能力。

下篇　财务报表分析与公司估值

　　我们认为财务报表分析应该有一个着眼点，公司估值是最常见也是最实用的一个。为此，本教材下篇主要围绕如何利用财务报表进行公司估值分析。下篇主要包括三章内容。第五章基于财务报表分析与估值框架做了一个介绍，与其他类似教材一样的是，本教材同样讲述了三类最核心的公司估值方法。第六章以新经济模式下企业价值创造模式的演变为出发点，介绍了估值关键价值驱动因素，不仅包括关键价值驱动因素的概念及分类，还有对关键价值驱动因素的基础分析，以及通用的价值驱动因素分析，也简单分析了关键价值驱动因素分析的例外情形和存在的难点。第七章以宇通客车财务报表分析及其预测为基础，演示不同估值方法下价值估计的内在一致性。尽管不同行业的公司、处在不同生命周期阶段的公司最适用的估值方法会有所不同，但读者明了不同估值方法导致大致相似的估值结果后，在很大程度上会更加信任所选估值方法得出的结果。此外，读者还可以用其他估值方法来检视已采用方法的合理性与可信度。

第五章 财务报表分析与估值框架

【学习重点】
- 理解财务报表在公司估值中的应用；
- 掌握基于乘数的价值评估；
- 掌握现金流量折现估值；
- 掌握剩余收益估值模型；
- 理解利用估值模型对公司估值的原理。

第一节 公司估值概述

一、公司估值概念辨识

在正式介绍财务报表在估值中的应用前，先说明以下几组重要概念之间的区别——股本价值与公司价值之间的区别，基本面分析估值与可比公司估值之间的区别，基于现金流量、利润或是经营变量等不同因素的估值模型之间的区别。

（一）股本价值与公司价值

股本价值与公司价值之间存在着很大区别。

股本价值。公司股本价值等于归属于公司股东所拥有的资产价值。由于公司的股本价值代表着公司所有股票的市场价值总和，因此，股本价值有时也称为市场价值。我们还必须了解资产负债表中的股本账面价值和股本市场价值之间的区别。普通股的每股价值可以用公司的市值除以公司发行在外的普通股股票数量计算得出。如果是上市公司，在市场机制运行正常、能够公正反映公司股本价值的情况下，股本价值等同于公司的市场价值。

公司价值。公司价值与股本价值不同，是指整个公司的价值，即归属于所有债权人、股东及所有利益相关者的价值总和。公司价值是公司股本价值、公司债务的市场价值、少数股东权益和其他要求权的总和。

(二) 基本面分析估值与可比公司估值

估值方法基本上可以分为两类，即基本面分析估值法和可比公司估值法。基本面分析估值法，顾名思义就是基于公司的一些最基本信息进行估值，其结果通常会是一个确切的数值。公司的基本信息包括与公司目前和未来发展趋势相关的经济信息，这种类型的估值方法通常也被称为独立估值法。可比公司估值法则是根据与被评估公司相似的公司或是相关产业之间存在的联系（资金或经营特征方面）来对目标公司进行估值。换句话说，可比公司估值法认为公司的价值是某个乘数与一个具体值（销售额或利润）的乘积。

在评估公司价值或是股本价值以及使用基本面分析估值法或是可比公司估值法时，可以使用不同的估值基础。例如，在基于现金流量折现的估值模型中，估值的基础既可以是针对股东的自由现金流量（free cash flow to equity，FCFE），也可以是针对所有股东和债权人的公司自由现金流量（free cash flow to firm，FCFF）。在基于剩余收益估值模型中，估值基础是公司资本总额和资本收益率与资本成本之间的差额。在基于资产估值模型中，估值的基础是公司资产的总价值，通常来讲是指净资产的价值。在某些情况下，还可以使用一些诸如消费者数量或是生产能力经营方面的变量作为估值的基础，简要总结如图 5-1 所示。

		估值基础		
		现金流量	收益或利润	资产
估值方法	基本面估值法	现金流量折现 投资现金流回报率折现 股利折现	剩余收益 经济增加值	净资产价值
	可比公司估值法	公司价值/息税折旧摊销前利润 公司价值/息税前利润 公司价值/自由现金流	市盈率 市销率	市值/账面价值 市净率

图 5-1 公司估值的信息基础

二、公司估值的模型

财务报表在估值中的应用体现在各种估值模型中，主要包括基于乘数的估值模型、基于现金流量的估值模型以及基于收益的估值模型。

（一）基于现金流量的估值模型

1. 现金流量折现模型。使用现金流量折现模型（Discounted Cash Flow，DCF）时，公司价值等于公司未来所有自由现金流量按照适当的资本成本折现后的现值。资本成本通常使用的是加权平均资本成本，即股本成本和债务成本的加权平均数。现金流量折现模型可以分成两部分，第一部分通常是明确的预测期，在此预测期内每年的自由现金流量和加权平均资本成本都可以进行清晰预测，再将各年的自由现金流量进行折现计算，其总和即为明确预测期内的公司价值。第二部分通常称作终值期,假定这一期间内的资本成本和自由现金流量增长率保持不变。从明确预测期后的第一年算起,所有自由现金流量都需要折算为现值进行计算。现金流量折现模型的计算公式如下所示。

$$EV = \sum_{t=1}^{n} \frac{FCF_t}{(1 + WACC)^t} + \frac{TV}{(1 + WACC)^n}$$

$$TV = \frac{FCF_{n+1}}{WACC - g}$$

其中,EV 表示公司价值;FCF 表示未来特定某年的自由现金流量;WACC 表示加权平均资本成本;TV 表示终值;g 表示 n 年后自由现金流量的增长率;n 表示明确预测期的年数。

2. 投资现金流回报率模型。除了 DCF 模型中使用的根据公司未来自由现金流量的现值来确定公司价值外,还可以通过计算反映公司目前和未来创造自由现金流量能力的回报率来估算公司的价值。这一估算方法的典型代表就是投资现金流回报率(cash flow return on investment,CFROI)。投资现金流回报率是指一家公司在某年创造的可持续现金流量与当年对公司资产的现金投资额之间的比率。可以将投资现金流回报率想象成公司所有项目的加权平均内部收益率。投资现金流回报率的计算公式如下所示。

$$现金投资总额 = \sum_{t=1}^{n} \frac{CF_t}{(1 + CFROI)^t} + \frac{TV}{(1 + CFROI)^n}$$

其中,现金投资总额表示考虑通货膨胀因素后的所有股东和债权人的现金投资总额;CF 表示考虑通货膨胀因素后的年现金流量;TV 表示考虑通货膨胀因素后的未来现金流量的终值;n 表示公司资产的平均经济寿命。

由此式计算得出的投资现金流回报率可以与公司当前或历史的资本成本率进行比较,同时也可以和本行业的数据进行比较。

3. 股利折现模型。股利折现模型(dividend discount model,DDM)不是传统意义上的以现金流量为基础的估值模型。股利折现模型认为,公司的股本价值应该等于公司未来所有股利(股息分红)折现的现值。换句话说,DDM 模型是通过预测公司未来的股东分红并将其折算为现值来估算公司当前的股本价值的。该模型的计算过程可以分成两个独立的步骤:第一步,预测公司未来几年(通常是 5~10 年)的股息分红,并使用恰当的资本成本率将其折算为现值。第二步,完成第一步明确的预测期阶段后,需要对公司长期的年股利增长率和长期的资本成本进行恰当预测,并由此计算出终值,即预测期之后各年股利折现后的现值。股利折现模型公式中所用到的资本成本需要反映股东分红这一特定现金流所隐含的风险水平。通常来说,风险水平越高,所使用的资本成本也应该越高。应该注意到,在使用 DDM 模型计算终值时,只使用了一个统一的资本成本和股利增长率,也就是说,还需要为明确预测期之后各个时期确定一个固定的股利增长率和资本成本。这里隐含着在无法确定一个固定的股利增长率和(或)资本成本的时候,可以灵活调整明确的预测期限,即可以适当延长预测期,直到可以采用一个适当的固定增长率数值。

(二) 基于收益的估值模型

1. 剩余收益模型。剩余收益是指一家公司所创造的真正利润，是相对会计利润而言的。会计利润是由会计准则决定的。剩余收益不仅考虑公司的债务成本，还考虑股本成本，如权益投资人的机会成本。剩余收益模型的隐含意义在于，公司不仅需要达到盈亏平衡点，还需要创造出足够的价值来弥补其正在占用的资本成本。剩余收益的计算公式：

$$RI_t = (ROE_t - r) \times BV_{t-1}$$

其中，RI 表示剩余收益；ROE 表示股东权益报酬率；r 表示股本成本率；BV_{t-1} 表示 t 年初股本的账面价值。

剩余收益模型使用公司股本权益的账面价值和预期剩余收益的现值来估算公司价值，其公式如下：

$$公司价值 = BV_0 + \sum_{t=1}^{n} \frac{RI_t}{(1+r)^t} + \frac{TV}{(1+r)^n}$$

其中，BV_0 表示公司当前股本的账面价值；RI 表示公司未来剩余收益，剩余收益是公司的净利润与股东要求回报收益之间的差额；r 表示股本成本率；n 表示预测期内的年数。

终值（TV）的计算公式如下：

$$TV = \frac{RI_{t+1}}{r - g}$$

其中，g 表示从 t 年起到之后无穷年剩余价值的增长率。

与股利折现和自由现金流量折现不同，这两种估值模型中，来源于永续经营部分的终值在计算中占了很大的比重。剩余收益模型用到的值多数都是近期或未来几年的估值，因为公式中重要的组成部分为股本的账面价值，且账面价值多数可以直接在资产负债表中找到。在大多数情况下，时间越久。剩余价值在总价值中所占的比重越小，因此，很多情况下将终值考虑为 0。相对于现金流量折现模型而言，剩余收益估值模型在这一点上具有明显优势，因为 10~15 年后终值的预测结果，伴随着预测时间的增加，其误差也很容易扩大，此结果通常只是有经验的估值人员通过其掌握的知识来做出的一个最合理的猜测。

剩余收益估值模型的另一个优点是计算中用到的数值都是基于标准的会计报表科目，都很容易找到。但这同样导致了剩余收益模型的一个缺点，因为模型中的参数都是基于会计准则产生的，通常不能准确体现公司资本和现金流量的真实经济价值。

2. 经济增加值模型。经济增加值估值模型是基于剩余收益模型稍做改动后的价值评估模型，即 EVA（economic aalue added）。该模型认为公司价值等于公司当前权益资本与所有未来经济增加值折现后的现值之和。而指定年份的经济增加值等于公司收入减去其运营成本和资本成本后所获得的超额收益，即年初资本总额乘以投入资本回报率和资本成本的差额。

经济增加值是对剩余收益和经济利润微调后的变量，是对财务报表中的一些数据进行调整使其转化为可供估值的统计数据。具体来说，就是要对税后净营业利润（net operating profit after taxes，NOPAT）和年初资本总额进行调整。通常来说，需要调整的项目可以归类如下：（1）将权责发生制转换为收付实现制。（2）从清算观念转换为持续经营观念。（3）剔除非正常状态下的损失或收入。年经济增加值的计算公式为：

$$EVA = NOPAT - (WACC \times K)$$

其中，EVA 表示经济增加值；NOPAT 表示税后净营业利润，等于营业利润 ×（1－所得税率）；WACC 表示加权平均资本成本；K 表示年初资本总额，通常为股本账面价值加上有息负债。

年经济增加值的公式还可以有另一种表达方式，如下所示：

$$EVA = (ROIC - WACC) \times K$$

$$ROIC = \frac{NOPAT}{K}$$

其中，EVA 表示年经济增加值；ROIC 表示年投入资本回报率；WACC 表示加权平均资本成本；K 表示年初资本总额；NOPAT 表示税后净营业利润。

上述公式计算结果可以体现一个企业的经济增加值为正数还是负数，换句话说，经济增加值的正负体现该企业是否正在创造价值。根据经济增加值的计算公式，如果公司想要创造价值，可以考虑以下几种途径：

（1）在保持加权平均资本成本和投资总额不变的情况下，提高投入资本回报率。

（2）在保持投资回报率和投资总额不变的情况下，降低加权平均资本成本。

（3）在投入资本回报率大于加权平均资本成本的前提下，增加投资资本总额。

（4）在投入资本回报率小于加权平均资本成本的前提下，减少投资资本总额。

（5）在投入资本回报率大于加权平均资本成本的项目中，延长其使用期限。

但公司管理团队和股东们的目标并不只是想最大化某一年的经济增加值，而是最大化公司价值，即公司未来各年经济增加值的现值与公司资本总额之和的最大化。未来各年经济增加值之和也被称为市场增加值（market value added，MVA）。对于上市公司而言，市场增加值即为公司的市场价值与投入资本总额之间的差额。换句话说，市场增加值是公司对未来经济增加值的期望值，其计算公式如下：

$$EV = K_0 + \sum_{t=1}^{n} \frac{EVA_t}{(1+WACC)^t} + \cdots + \frac{TV}{(1+WACC)^n}$$

$$TV = K_n^* + \frac{(ROIC_n - WACC) \times K_n^*}{WACC - g}$$

其中，EV 表示公司价值；EVA 表示经济增加值；K_0 表示公司的资本总额；WACC 表示加权平均资本成本；TV 表示终值；ROIC 表示投入资本回报率；K^* 表示预测期后资本总额；n 表示预测期的年数；g 表示 n 年后未来经济增加值的增长率。

尽管上述模型和现金流量折现模型从表面上看起来差别很大，但实际上，如果使用的输入数据保持一致，用不同公式的估值结果应该差别不大。经济增加值与折现现金流的关系可以用下面这个等式来表达：

公司价值 = 未来现金流的现值
= 资本总额 + 未来经济增加值的现值

EVA 模型的使用有非常广泛的意义，其主要用途在于当现金流量折现模型不能很好地发挥作用时，EVA 指标可以作为公司各个时期经营状况的衡量标准。由于 EVA 指标可以独立用于计算不同的企业、部门、生产线或是同企业内不同地区分公司的经营状况，其在薪酬管理方面（例如价值管理）的作用表现得尤为突出。EVA 模型的另一大优势在于其可以将绩效评估与公司估值有效地联系起来。这一优势确保了公司对员工及其管理层的评估奖励与公司的经营状况保持一致。这样一来，能否满足资本市场的要求将会直接影响公司绩效评估的结果。

（三）基于乘数的估值模型

估值比率是指公司的市场价值与另一个变量（销售额、利润或现金流量）之间的关系。公司的这一估值比率也可用于同其他公司、行业平均水平或是公司自身的历史数据进行比较。"比率"和"乘数"这两个说法有时可以通用，因为它们所代表的数值是相同的。不同之处在于，比率是除法运算的结果，而乘数则用于乘法运算中。最常见的乘数包括以下几种。

第一种是盈利乘数，其反映了公司价值与其当前或未来净利润之间的关系。这些指标只与公司股东有关系，因而也被称为股本价值。盈利乘数最典型的代表就是市盈率（P/E），其计算方法为公司普通股的市场价格除以普通股每股收益。

第二种是现金流和息税折旧摊销前利润乘数，其反映了公司价值与其现金流量或是息税折旧摊销前利润（EBITDA）之间的关系，如公司价值/息税折旧摊销前利润乘数（EV/EBITDA）。

第三种是销售收入乘数，其反映了公司价值与公司收益或销售额之间的关系。因为公司的销售额和公司所有债权人和股东利益相关者都息息相关，所以销售收入乘数反映的是公司价值。销售收入乘数的例子包括公司价值/销售额（EV/S）。

第四种是资产乘数，其反映了公司价值与净资产价值（也被称为账面价值）或调整后净资产价值之间的关系。资产乘数的例子包括股票当天每股收盘价值/股票每股的账面价值（P/BV）。

第五种是经营乘数，其反映了公司价值与一系列同经营相关因素的关系，所谓与经营相关的因素包括客户数量和订阅用户数量等。经营乘数的例子包括公司价值/客户数量（EV/customer）。

第二节　现金流量折现估值策略

现金流量折现模型是最常用并且可独立使用的估值模型。现金流量折现模型有很多种不同的类型，在这些模型中，麦肯锡的 DCF 模型是典型的可独立使用的估值模型。我们会着重介绍麦肯锡现金流量折现模型，因为这一模型是专业评估师使用最多的，并且在大量行业和不同的价值评估状况下被证明是有效的模型。

麦肯锡模型同其他所有的现金流量模型一样，其背后的主要思想在于公司当前的价值等于将未来所有现金流量用一个可以反映这些现金流量内在风险水平的折现率折现后的总额。换句话说，评估者所需要做的就是逐年预测公司未来的自由现金流量以及与这些现金流量相符合的风险水平（也就是计算折现率），然后将所有未来现金流量折现到当前来对目标公司进行估值。

那么，为什么现金流量模型，特别是麦肯锡现金流量折现模型如此流行，并且被如此广泛地使用呢？原因有以下几点。

第一，这一模型从理论上讲是"正确的"，并且与财务理论和其他用于资本市场的模型，如资本资产定价模型（CAPM）和货币的时间价值，是相互匹配的。

第二，DCF 模型对公司价值进行评估的过程很符合实践中资本市场对公司价值评估的方法。评估模型对公司的理论价值做出了很好的估计，如果是上市公司，还可以得到实际价值与理论价值的比较。因此，一个有用的估值模型所估算的理论价值必须能在一定程度上反映资本市场的估值。

第三，DCF 模型不受所谓的报表粉饰的影响，所谓报表粉饰就是在合理范围内人为地篡改或操纵报表数据，使公司财务报表从表面上看起来更具吸引力。DCF 模型只关注现金流量，任何不影响现金流量的会计准则都不会对 DCF 模型造成影响。

第四，DCF 模型的使用需要评估者对企业以及目标公司所处的行业有深入的了解。这就意味着，评估者需要深入调查能够在公司或整个行业创造价值的基本因素。乘数法估值则不需要进行如此深入的调查，例如，基于相对乘数或是净资产的估值，很容易由于缺乏内部的洞察力而导致估值结果出现偏差。

必须要记住一点，利润不能代表现金流量。正如前面所提到的，利润很容易受各种会计准则的影响，因此，在使用 DCF 模型进行估值时，花费一定的时间和精力关注基础分析是非常必要的。使用 DCF 模型估值最困难的地方并不在于如何去创建这个模型，而在于如何综合公司及其行业未来的发展规划，对应选择相应的输入变量。即使是对经验丰富的公司价值评估专业人员来说，这一点也是很大的挑战。因此，在使用DCF模型进行估值时，花费一定的时间和精力关注基础分析是非常必要的。

一、估算资本成本

正如前面所描述的，通过现金流量折现模型所计算出来的公司价值是其所有未来现金流量现值的总和。因此，需要先计算未来现金流量折现所需要的资本成本，也就是所谓的折现率。折现率要能够反映预测的未来现金流量的内在风险。计算一家公司资本成本的方法有很多种，加权平均资本成本（WACC）法是目前最常用的方法。WACC的计算公式为：

$$WACC = \frac{E}{D+E} \times C_E + \frac{E}{D+E} \times C_D \times (1-T)$$

其中，E表示股本的市场价值；D表示债务的市场价值；C_E表示股本成本；C_D表示债务成本；T表示所得税税率。

WACC是一个理论上合理并且正确的计算资本成本的方法，它的计算步骤可以分为以下三个部分：评估目标公司的资本结构；计算股本资本融资的成本；计算非股本融资的成本。

（一）目标资本结构

资本结构分析的核心在于研究公司的负债权益比率，即负债/股本比率（debt/equity ratio）。公司股东和管理层团队在决定公司负债/权益比率的时候，通常需要考虑两个完全相反的因素。一方面，债务的风险低，因此，其使用成本低于股本，所以债务是一种特别而又比较有吸引力的融资方式。此外，通过债务融资所支付给投资者的利息通常是可以抵税的。所以债务使用得越多，公司的资本成本越低，相应的股本回报率就越高。另一方面，公司管理层还需要平衡经营风险和财务风险。如果是处于起步期的高新技术公司，其经营风险比较高，同时公司的现金流量也不太稳定。作为公司管理者，此时就不能增加资产负债表中的债务，防止财务风险的增加。这样平衡的行为通常是伴随特定行业产生的，是被普遍认知的。

决定WACC的第一步在于对目标公司的资本结构状况进行评估，这一步可以通过以下几个程序完成：一是建立基于市场价值的公司资本结构；二是可比公司的资本结构；三是在公司财务政策及管理层发展策略基础上确定公司未来可能的资本结构；四是公司的资本结构应当既能使公司加权平均资本成本达到最低又能享受足够多的利息抵税，并同时保证经营风险与财务风险的平衡。

公司目前的资本结构需要使用不同类型资本的市场价值而不是账面价值来计算得出。在公司发行的股票和债券都是公开交易的情况下，这一计算并不复杂，而且还相当准确。但是在很多情况下，市场价值是非公开的。尽管如此，仍可采用一些办法来处理这样的状况。

首先，需要寻找公司近期发行的债券和股票交易价格作为这项债务或股票市场价值的代表。如果这项交易是近期发生的，这就为市场价值提供了很好的近似值，这是一种估算债务市场价值的方法。另一种估算债务市场价值的方法是计算这项债务未来所有支出的净现值，包括债务的每一笔利息和最后应付本金的价值。

其次，评估者同样需要查看可比公司的资本构成状况，如果同行业中不同公司的资本结构存在巨大的差异，评估者就需要搞清楚差异出现原因。造成差异的原因可能是由冒险的扩张策略而引发的经营风险的不同、保守的财务管理者或是其他原因。在确定目标公司资本结构时，所有的投入都是有价值的。

再次，重新审视公司管理层所制定的明确或是隐含的发展目标及发展策略。这一做法将提示公司资本结构会如何随时间的推移而发生变化。如果公司有收购计划，为了完成收购，公司债务将会很明显地增长。正如前面所提到的，管理者会试图平衡公司的经营风险和财务风险。因此，可以得出这样一个结论：一个相对冒险的战略决策很可能伴随一个不那么激进的资本结构（比较少的债务）。

最后，在决定目标公司资本结构时还需要指出的一点是，计算负债/权益比率。这一比率要能够为目标公司提供最低的加权平均资本成本、最令人满意的利息保障倍数和经营/财务风险比率。利息保障倍数是指可以用来支付利息的收益，需要能够在公司处于下坡期或是遭遇外部意外事件时拥有支付利息的安全边际。

（二）资本成本——股本融资

股本成本，即股东对其投资所要求的回报率，是指公司从外部投资者那里吸引到额外的权益投资所需要支付的成本。换句话说，这是投资者将资金特定地投入到这家公司而不是其他地方所要求的回报率。因此，它可以看作是股本投资者的机会成本。股本成本由两部分组成，即投资者在无风险投资中所获得的无风险利息和投资者向公司投资后所获得的与其风险水平相匹配的额外收益。计算股本成本的方法有好多种，但是最常用是资本资产定价模型。

（三）资本成本——非股本融资

非股本融资的成本或是支付给债权投资人的债务成本，也是公司想要从外部吸引更多的资金所需要支付的成本，首先是从银行，其次是从其他的贷款机构。这部分成本是指借款人借款给公司后公司所要支付的利息。需要注意的是，资本成本是按照债务的市场价值来计算的，而不是简单地通过将利息费用除以资产负债表中负债的账面成本算出的。非股权融资资本成本可以通过以下公式计算得出：

非股权融资资本 = 无风险回报率 + 合理的风险溢价

如果公司在近期借入了资金，付给这笔资金的利息就是公司债务成本最好的衡量标准。如果估值的目标公司最近没有类似的资金交易，还可以查找同行可比公司的交易记录，使用它们的利息率作为评估公司的非股权融资成本。

很明显，计算公司的债务成本是相对简单的。然而，上面的公式要求对债务进行适当的标准化。如果公司的资本结构相对复杂，使用一些其他的计算方法也是必不可少的。例如，在复杂的资本结构中，公司使用了更复杂的利率结构、外币贷款、可转换债券或夹层融资等。

（四）估算股本成本的方法——股本成本估算

正如前面所提到的，CAPM 是一种从理论上讲正确的股本融资成本的估算方法。但是其计算烦琐，实务中应用受限，特别是对于一些小公司或者是没上市的公司。因为 CAPM 的计算方法不仅需要股本的市场价值信息，还需要 β 系数，想要得到这些数据对于未上市公司而言是非常不容易的。

评估这种类型公司的第一个捷径就是借用可比上市公司数据，用这些公司的 β 系数同样可以提供一些可接受的近似值以供参考。

如果所需的数据无法找到，还可估算股本融资成本，这一方法被称为估算的股本成本（estimated cost of equity，ECE）。估算的股本成本从下面四个变量中得到：股票的一般市场折现率；同行相似公司的折现率；处于相同阶段公司的折现率；目标公司特定的风险水平，如未来现金流的风险状况。在此状况下，也可以间接地估算出一个恰当的股本成本。当进行股本折现率的估算时，市场折现率可以作为起点，使用下面的公式：

市场折现率 = 无风险利率 + 市场风险溢价

无风险利率是指在给定期限内从一个无风险的投资中所获得的利息率。通常来说，无风险利率等同于政府发行期限相同债券的利息率。

市场风险溢价是指投资者所要求的投资市场平均水平股票的回报率。很明显，投资股票的风险高于投资政府债券，因此，投资者会要求更高的回报率来补偿其承担的高风险。

第二个捷径是参考同行可比公司的折现率。投资银行的分析师是如何估算它们的风险的呢？可比公司与目标评估公司是否有差异，差异在哪里？如果所承担的风险高，折现率相应地是否也要有所提高？

如果从资本成本范围的一端开始讨论，假设无风险利率是 3.5%，则这个值代表的是最低的资本成本。另一个极端是一家早期高速增长的小公司，其伴随的风险要明显高于无风险利率或有稳定资金流的成熟公司。例如，风险投资公司为处于起步阶段公司的股本投资，基于公司所处的阶段及投资金额，所要求的回报率通常在 30%~70% 之间。这些公司通常没有什么债务，银行通常也不会放贷给它们，因为其缺乏足够的现金流量，此时公司的资本成本和股本成本是一样的。对于此类公司，可以假定公司资本成本在其极端值中的某个位置。

最后，还需要基于所估算的股本成本（ECE）再做加权平均资本成本（WACC）计算。对于一些处于刚刚起步阶段的公司而言，估算其股本成本等同于估算加权平均资本成本，因为这些公司通常没有债务，WACC 等式中与债务相关的那一部分计算结果为 0。

为了估算公司特定的风险，需要对公司最基层、最基本的经营活动进行分析研究，同时还需要分析影响公司成败的关键价值驱动因素。这些因素等同于公司的价值源泉，是用来预测公司未来现金流量的基础。在第七章中，提供了一个模型用来分析公司的活动、环境和其他的关键价值驱动因素。

当使用估算的股本成本（ECE）时，运用敏感性分析来检查估算结果是否合理是非常有效的。例如，同时运用评估者认为合理的最低折现率和最高折现率来对公司进行估值，这样的估值结果就是公司价值可能存在的合理范围。

二、计算自由现金流量

计算自由现金流量意味着计算可以满足公司股东权益和债权人要求权的现金流量，这也是归属于全部利益相关者的现金流量。需要注意公司披露的净利润与自由现金流量之间是有所差别的。净利润包括的一些会计科目，例如，折旧、递延税负债，这些都不会影响到公司的自由现金流量。因此，公司报告的净利润和自由现金流量是完全不同的概念。

在计算自由现金流量时，通常需要将公司的未来分成两个阶段——明确预测期阶段和终值阶段，后者也常被称为隐性预测价值期。在明确预测期阶段的少数几年中，现金流量的预测有一定的准确性，而且是逐年来进行预测。在终值阶段，想要逐年预测现金流量是很难也很耗费时间的，因为想要预测的是未来很久之后发生的情况，所以通常会计算一个终值，其等同于明确预测期后到无穷期间的自由现金流量现值。公司价值的计算最终可以表达为：

$$公司价值 = \frac{可明确预测期公司}{现金流量的现值} + \frac{可明确预测期后（终值期）}{公司现金流量的现值}$$

可明确预测期的长短取决于公司自身、行业状况及整体的经济形势。在计算终值时，会使用一个稳定的增长率并假定这一增长率会一直持续到期末，这一增长率也称为永续增长率。因此，可明确预测期必须持续到增长率可以达到稳定不变的那一年。例如，假定目标公司的增长率在 6 年内都处于无规律状态，那么可明确预测期就需要从第 1 年开始一直持续到第 6 年。

还有一个限定可明确预测期长短的因素是对成长率的估计。只要成长率高于加权平均资本成本，就可以进行明确的价值预测估算。这就意味着，如果假设目标公司的成长率在第 7 年到第 12 年是 15%，资本成本是 12%，那么在这几年中目标公司的现金流量同样应该被视为是可明确预测的，因此，不能简单地包括在终值里进行计算。然而随着预测期的增加，时间越久，预测的准确度就越低，因此，可明确预测期超过 10 年的状况是很少见的，也不推荐这样做。相反地，连续多年增长率都很高的公司，预测期可以分成三阶段来进行。当公司的增长率持续稳定地接近国内生产总值（GDP）增长水平时，就可以开始进入终值期进行评估。公司最后一个阶段的成长期通常被认定为是稳定时期。公司这一时期的起点会根据公司和行业的不同而有所不同。有些公司在 3 年后开始，有些则是在 8 年后，还有些会在 15 年后，对此并没有一个标准化的衡量方法。

在计算逐年的现金流量时，要从公司当年的损益表和资产负债表中的数据开始，然后根据需要调整账面数据，使其变成"真实的"数据来反映公司的现金流量状况。特定年度的自由现金流量的计算步骤如下所示：

自由现金流量 = 税后净营业利润 − 资本性支出 + 折旧摊销 +/− 营运资金的变化

其中：税后净营业利润 = 营业利润 × （1 − 所得税税率）

资本性支出简单来说是指公司机器设备的投资，需要强调的是，这些投资发生在当年并且会影响到当年的现金流量。折旧是一种会计做账技术，它将投资成本在资产的经济寿命内进行分摊，维持投资损耗的均衡。然而，现金流量只在投资发生的当年受到影响，折旧并不是现金流出。当收益的基准是息税前利润时，计算自由现金流时就要将折旧加回来。营运资本是指与流动资金、商业信用、存货、赊销和赊购间的净额及其他无息债务相关联的资本。伴随着公司的成长，其营运资本也会有所增加，由此会减少自由现金流量，然后影响公司价值。在可明确预测期，每一年都需要计算营运资本的变化。营运资本的增加意味着公司自由现金流量的减少，反之则意味着公司现金流量的增加。有技巧性地对营运资金进行管理通常也是非常宝贵的价值创造机会，因而是不能被忽视的。

最终，通过计算得到逐年的自由现金流量，只需要用下面的公式来将这些现金流折现到当前即可。

可明确预测期内 FCF 的现值：

$$FCF \text{ 现值} = \sum_{t=1}^{n} \frac{FCF_t}{(1 + WACC)^t}$$

其中，FCF_t 是未来第 t 年的现金流量；WACC 是加权平均资本成本；n 是可明确预测期间的年数。

在已经有了可明确预测期的公司价值时，要计算整个公司价值，还需要从可明确预测期到之后无穷年的所有自由现金流量的现值（也就是终值）。

【延伸阅读 5−1】

科普兰（Copeland）等（1990）比较详尽地阐述了自由现金流的计算方法：自由现金流等于企业的税后净营业利润（即公司不包括利息收支的营业利润扣除实付所得税税金之后的数额）加上折旧及摊销等非现金支出，再减去营运资本的追加和物业、厂房、设备及其他资产方面的投资，即：

FCF =（税后净营业利润 + 折旧及摊销）−（资本支出 + 营运资本增加）

由于所处的角度不同，对自由现金流的认识出现了一些差异，并由此形成常见的关于自由现金流的两种分类：企业整体自由现金流（free cash flow of firm，FCFF）和股权自由现金流（free cash flow of equity，FCFE）。FCFF 是指公司企业扣除了所有经营支出、投资需要和税收之后的，在清偿债务之前的剩余现金流；FCFE 是指企业扣除了所有的经营支出、投资需要和税收支付，以及还本付息后的剩余现金流。可见，FCFF 是公司所有权利要求者（包括普通股股东、优先股股东和债权人）的现金流总和，用于计算包括股权价值和债务价值两部分的企业整体价值；FCFE 计量的仅是扣除各项支出后可分配给公司股东的剩余现金流，用于计算企业的股权价值。

两类自由现金流的计算公式分别：

FCFF = 息税前利润 − 税金 + 折旧与摊销 − 资本支出 − 营运资本追加额

FCFE = 净收益 + 折旧与摊销 − 资本支出 − 营运资本追加额 − 债务本金偿还 + 新发行债务

FCFF 和 FCFE 的主要分歧点在于是否将筹资活动产生的现金流，即发行和偿还债务本息纳入自由现金流的范畴。如无特殊说明，自由现金流指的就是公司整体自由现金流，包括股东和债权人两部分的现金流总和。

三、计算持续价值

我们已经计算了明确预测期内公司的自由现金流量，现在要开始考虑从可明确预测期最后一年开始到无穷期的自由现金流量，将所有的这些自由现金流量折现到当前，这个价值就叫作"终值"或者是"持续价值"。

当这个计算一直延伸到未来很久之后，想要做到精确就变得非常困难了。然而这样的计算仍然非常重要，因为公司的绝大部分价值都来自终值。公司价值中的 70%～80% 都是源自其终值期的计算，这样的现象是很常见的。

使用一个相对较长的可明确预测期而不是过早地使用终值技术，从理论上来说也是可行的。可明确预测期在这样的情况下可以延长至 50 年，自由现金流量在此情况下可以逐年预测 50 年。如果在这样的状况下，可明确预测期后（50 年之后）的自由现金流量折现值就会变得非常小，甚至是可以忽略不计的。然而，想要准确并清楚地预测未来那么长的一段时间，是非常困难甚至不现实的一件事情。因此，使用终值技术来间接地估算从稳定增长出现的第一年起到之后无穷年间的自由现金流量的方法大体上来说是可取的。

终值的计算可以分为以下三个步骤：

（1）估算从终值开始的第一年起到之后无穷年间的稳定的持续增长率 g。

（2）使用估算的可明确预测期最后一年的自由现金流量乘以持续增长率 (1 + g)。

（3）使用恰当的折现率并减去持续增长率。

终值可以通过如下公式进行计算：

$$TV = \frac{FCF_{t+1}}{WACC - g}$$

其中，FCF_{t+1} 表示可明确预测期后第一年的自由现金流量；t 表示可明确预测期的年数；WACC 表示加权平均资本成本；g 表示未来期间自由现金流量的期望增长率。

需要注意的是，确定从哪一年起自由现金流量开始按照恒定的比率增长是很重要的，也就是上面公式中要运用的那一年的现金流量。因为终值的计算是基于可明确预测期最后一年的现金流而得出的，占公司总价值的很大一部分。

还有一个对价值有很大影响的变量是永续增长率的确定。增长率的大小对终值有巨大的影响，相应地也会对整个公司的价值有很大影响。从长远的角度看，行业的增长率不会超过 GDP 增长率，整个行业的增长率应该与 GDP 增长率持平。不同行业的长期增长率会有所不同，但是想要超过 GDP 的增长率是非常困难的。

以上的公式说明如何计算在 t 年时的终值，也就是说可明确预测期最后一年的价值，而不是当前的价值。为了能够计算出当前的终值，换句话说就是可明确预测期后的所有自由现金流量的现值，还需要从可明确预测期期末折现到当前，所使用的公式为：

$$TV = \frac{TV_1}{(1+WACC)^t}$$

这样计算出的价值就是终值现值，相当于从可明确预测期之后到无限期的所有自由现金流量合计的现时价值。

对于经历高速发展公司的第三个阶段。正如前面所提到的，传统的 DCF 模型要求将现金流量折现的估值分成两个阶段：可明确预测价值阶段和终值阶段。对于一些快速增长的公司而言，简单地将其分为两个阶段有些不切合实际。具体原因包括：终值计算期的增长率需要是恒定的，这是一个需要考虑的问题。这可能涉及必须把非常快速的增长率变成较慢速稳定的增长率。这一现象不能真实地反映出高速增长公司的实际状况，很可能公司会在几年中经历一个非常快速的增长期，随后几年会有一个高于长期永续增长率的增长期，最终才达到一个长期恒定的增长率。这种情况下的估值相应地就应该分成三个阶段。

当使用包括中间阶段的第三个阶段时，只要计算结果是令人满意的并且有效果的，可明确预测期对公司的估值就应当服从于其精准性和可控制性。接下来的一个时期，增长率高于长期稳定增长率时期，同时也高于预估的资本成本。在此期间（也就是通常所说的高速增长期），高速发展公司假定其增长率可以稳定地高于长期的永续增长率。这一阶段，只要假设在合理范围内，公司将会经历高速增长期，可用如下公式计算。

高速增长期的自由现金流量（FCF）的现值：

$$FCF_0 = \frac{FCF_t \times g_{t+1}}{(1+WACC)^{t+1}} + \frac{FCF_{t+2} \times g_{t+2}}{(1+WACC)^{t+2}} + \cdots + \frac{FCF_{t+z} \times g_{t+z}}{(1+WACC)^{t+z}}$$

其中，FCF 表示可明确预测期最后一年的自由现金流量；t 表示可明确预测期的年数；g 表示目标公司的年增长率；WACC 表示加权平均资本成本；z 表示高速增长期的年数。

从公司达到其长期永续增长率的年度开始，就可以使用之前提到的方法来计算终值。需要注意的是，用于计算终值的现金流量是高速增长期最后一年的现金流量，而不是可明确预测公司价值期最后一年的现金流量。

四、公司最终价值

为了计算所有未来自由现金流量的现值，需要将从可明确预测公司价值期、可能存在的高速增长期和终值期所得到的自由现金流量折现值相加。此外，在折现到当期后，还需要加上所有其他非营业现金流量，具体表述如下：

可明确预测期的所有自由现金流量折现之和 + 高速增长期的自由现金流量折现价值 + 终值的现值 +/− 非营业自由现金流量现值

= 所有自由现金流量现值 = 公司资产的价值 = 公司价值

现金流量折现是从公司总资产中获得未来现金流量的现值。由于公司估值的目的常常是计算股东股本价值，换句话说是计算属于公司所有者的那部分价值。股东股本价值是公司价值减去公司债务的市场价值，用股东股本价值除以所有的普通股股票数，即可得到每股的价值。其计算公式为：

$$每股价值 = \frac{股本的市场价值}{公司所有的股份数}$$

现在已经完成了一个完整的 DCF 估值模型。由此评估所得到的价值是公司理论上的市场价值，这个估值建立在合理的假设和预测基础上。

五、现金流量折现估值中的问题

（一）检验模型假设

通常情况下，可以使用基础乘数和相对乘数这两种方法来对 DCF 模型的估值结果进行二次校验。这是因为所有的估值模型从数学角度讲都是有相关性的，并且在关键假设相同的前提下，不同模型给出的估值结果应该是相同的。

这一观点从实践上来讲很有意义，其中最重要的是以下两点。

首先，各种估值模型间的不同，重点不在于它们所产生的结果不同，而在于每个模型都强调重视一些方面而忽略了另一些方面。有了所有模型都是有相关性的这一认识后，可以将一个模型的假设放在另一个模型中来对其进行检验。例如，已知一些特定的 DCF 模型的假设，可以用这些假设来计算长期的股本回报率（ROE）或是长期的市盈率（P/E），并以此来检查关于 DCF 模型的假设用在其他的模型中时是否依然合理。

其次，一个令人困惑甚至相互矛盾的估值结果——例如，股权交易价格可能比市盈率估值得到的价格要低，但是要高于通过现金流量折现模型估值的结果——按照假设相同、所有模型的估值结果也应该相同这一观点，出现矛盾的估值结果后，自然就可以将估值讨论的重点从模型的技术性问题转到模型的基本假设上来。

结果就是，估值模型的选择其实就是根据评估者个人的品位和偏好。大多数模型从根本上说，目的在于计算未来现金流量的净现值，并且试图找到一个合适的折现率。

为了将这种解释过程变得容易接受和具有可操作性，必须做如下假设。

（1）所有的价值都来自终值期。

（2）不考虑盈余需要。大体来讲，不考虑盈余需要意味着股本的增长等同于新投资的需求，账面价值的增长相当于留存收益的增加加上新股发行的价值。

（3）不发行新股。

（4）在长期持续均衡期间，所有的增长率和比率都保持不变。

（5）现金和市场有价证券的持有量没有增加。

（6）边际资本回报率和平均资本回报率从长期均衡状态看是相等的。

（7）负债/权益比率保持不变。

（8）利息率保持不变，因此，债务的价值也保持不变。

（9）忽略少数股东权益。

（二）现金流量折现方法仅仅是计算工具

现金流量折现模型，连同其他的估值模型一起都只是一种计算工具，通过模型得到的值完全取决于输入的变量。这意味着什么呢？即如果所提供的计算没有错误，也没有在技术上出现任何问题，通过这些模型，或多或少可以得到一个相对准确的公司价值。这个价值完全取决于输入的变量是怎么预测和处理的，模型本身只是将基本的输入变量转变成依照模型得出的价值计算结果。

因此，只要估值模型是正确的，估值结果其实是次要的。为了决定模型所需要的输入变量而对公司所做的基础分析对于公司价值产生的影响才是巨大的，所以这样的基础分析通常会占用整个估值过程中大量的时间，并且耗费很大的精力。

第三节　基于乘数的价值评估策略

估值专家、管理者以及投资者会经常使用基于乘数的估值方法来对公司进行估值。基于乘数的估值方法认为，公司价值可以通过与之相关的特定变量，如销售额、息税折旧摊销前利润（EBITDA）、净利润或是账面价值体现出来。

比率和乘数所代表数值的大小是相同的，但是这两个术语却常常会用在不同的环境下。比率等于公司价值/变量，是通过除法运算得出的结果；而公司价值等于变量×乘数，故乘数是用于乘法运算中的一个参数。

一、乘数的分类

（一）基本乘数和相对乘数

乘数可以简单地分为两类，即基本乘数和相对乘数。从其名字就可以看出，基本乘数是根据公司自身最基础的数据运算得来的。相对乘数恰恰相反，是将目标公司自身的一些变量（例如息税折旧摊销前利润），与同行业内的其他公司或与整个行业的平均水平进行横向或纵向的比较而得出的。在这两种基于乘数的估值方法中，最常用到的是相对乘数估值法。

基本乘数估值法的运算过程需要遵循以下步骤：

第一步，在对公司进行估值前需要选择一个适当的财务变量。

第二步，搜集计算所需要用到的输入数据。

第三步，如有需要，对所需要数据进行适当调整。

第四步，计算比率。

第五步，将计算所得到的乘数应用在公式中对公司进行估值。

也可将乘数与同行业其他公司进行比较，从而对目标公司和其他公司的相对价值进行比较。

相对乘数的运算过程需要遵循以下步骤：

第一步，在对公司进行估值前需要选择一个适当的财务变量。

第二步，找到可用于作对比分析的同行业公司或是本行业的平均数据。

第三步，根据公司间的差异对数据进行必要的调整。

第四步，计算所需行业或是可比公司的比率。

第五步，将计算所得比率应用在公司特定的财务变量中来对目标公司进行估值。

（二）股本乘数和公司乘数

股本乘数和公司乘数是两种最基本的乘数，可以作为相对乘数使用，也可以作为基本乘数使用。

公司乘数反映的是整个公司的价值。公司乘数是一个与所有对公司财产享有要求权的主体（股东权益持有者、债权人和持有少数权益的股东等）相关的财务变量。典型的公司乘数有公司价值/销售额（EV/sales）、公司价值/息税折旧摊销前利润（EV/EBITDA）。

股本乘数反映的是股东对公司剩余财产要求权的财务变量，通常也被称为市场价值或者每股股价。股本乘数是一个只与股东相关的财务变量。这些变量是指公司支付给债权人、少数权益的股东和非股本债权所有者后的剩余价值变量。股本价值等于公司价值减去债务的市场价值、少数股东权益和其他债务要求总和等。典型的股本乘数如市盈率、市净率等。

在使用公司乘数和股本乘数进行估值时需要格外注意的一点是，所使用到的输入数据要保持分子和分母的一致性。也就是说，所有使用到的价值或是统计数据都要与公司相关利益持有人保持一致（即分子和分母要对应）。

相对于股本乘数而言，公司乘数在很多方面都表现得更具吸引力。首先，与股本乘数只关注股东价值不同，公司乘数将企业作为一个整体对待，因此，其估值结果更全面，有更强的综合性。其次，公司乘数受资本结构差异的影响较少，因为其估值是基于无杠杆效应影响下的公司进行的。最后，公司乘数中使用了受会计政策影响较小的财务数据，如息税折旧摊销前利润或营业自由现金流量。将 EBITDA 和利润进行对比可以看出，EBITDA 在整个公司乃至整个市场都具有更强的可比性，因此，使用 EBITDA 不需要对其进行太多调整。

在计算公司乘数时，所选用的财务数据必须能够反映公司所有债权人和权益人所共同要求的利益。例如，净利润只是反映股东权益的财务数据，因而不适合用在公司乘数的计算中。销售额是公司全部债权人和股东权益人共同所有的，因而可以作为计算公司乘数的依据。一般而言，如果公司不存在任何财务的杠杆效应（即公司没有债务），公司就没有其他的债权人（假设也没有少数股东利益和养老金义务等）。在此情形下，公司价值等同于其股本价值。

（三）乘数的使用方法

计算乘数的方法有以下几种。

用另一个相似的公司或是行业平均水平乘数来对目标公司进行估值，这是使用乘数进行估值最标准的方法。将目标公司目前的乘数与可比公司的相同乘数进行比较。这种横向比较可以作为公司估值的组成部分之一，或是用于帮助了解公司在同行业及整个市场中的地位。我们常常还会将公司目前的乘数与基于公司预测的未来乘数，或是公司的历史数据进行纵向对比。通过对同行业公司乘数的对比来分析乘数的分布状况，可以发现一些隐含在估值中的事后效应，如公司战略决策或资本结构的改变。对于公司而言，这些事后效应也是非常有意义的一些发现。将公司由市场所决定的当前的相对乘数与公司基于其基本状况所得出的基本乘数进行对比，可以判断公司股票是被市场低估了还是高估了。

历史乘数是根据公司最近 12 个月的数据计算得出的。相较于标准乘数而言，历史乘数的优点在于公司由于日历财务年度不同而引起的差异都会在计算中考虑到。

相对比率用于分析公司价值与整个市场的关系。就市盈率比率（P/E）而言，其计算公式也可以表达为：相对市盈率＝公司市盈率÷市场市盈率。使用相同的利润指标，如与公司下一年的利润来进行比较是非常重要的，只有这样才会得到有意义的数据。使用相对比率进行比较，通常会随着时间的推移不断进行更新。

预测乘数是将目标公司当前的市值与其下一年预计的销售额、利润或是 EBITDA 相关联。使用预测数据的最大缺点在于其准确程度可能会很低，但是只要定期及时地对数据进行更新，这些预测乘数就会与公司的理论价格及真实的市场价格保持较高的契合度。

（四）基于乘数估值法的优缺点

使用乘数估值法对目标公司估值有诸多好处，其中包括以下几点。

一是效率高。由于乘数的运算通常并不复杂，其运算所需要的其他公司或是行业平均水平的数据可以很容易地通过一些公司出版刊物、专业的数据库或是投资银行的分析报告收集到,因此,使用乘数法进行估值是一种最快速的估值方法。与现金流量折现估值法相比较,乘数估值法是一种更快速、更便捷的估值方法,同时也是一种因技术原因导致估值出现偏差的风险性较低的估值方法。然而,抛开传统的认为乘数估值法是很简单的运算这一观念不谈,想要准确运用乘数估值法进行估值同样需要时间,也需要付出很多的努力。尽管如此,其时间和努力相对于传统的基础估值法而言还是少了很多。

二是显著性。如果使用得当,基本乘数和相对乘数都可以对有需要的目标公司进行很好的估值。除了估值外,投资者通常还会使用乘数对公司的价值进行横向和纵向分析与比较。这就是理解基于乘数的估值方法,并且能够对估值结果进行讨论的重要性所在。现金流量折现估值模型的精髓不是那么容易掌握的,而且其适用范围也远远不如乘数估值法广泛。

三是补充作用。使用现金流量折现模型或是其他任何一种独立使用的模型进行估值都是一件非常烦琐的事情,并且由于涉及的内容过多,其出现运算错误的可能性也非常大。在这种状况下,将目标公司的估值结果利用其可比公司的乘数进行对比是一种快速检验估值准确性的方法。此外,乘数估值法也可以被看作是一种前期测试,在花费更多的时间对目标公司进行分析和估值前,乘数估值法可以使评估者对当前的估值状况有一个大致的了解,这样做可以帮助评估者决定是否要对目标公司进行更深层次的研究。

当然,使用乘数估值法估值也有缺点,具体包括以下两个方面。

一是估值过程过于简单化。基于乘数的估值法将其注意力全部集中在一个单一的财务变量上,这将直接导致目标公司其余可用于创造价值的变量在评估时被忽略,因此,估值的结果可能会不准确。

二是估值的不准确性。在使用相对乘数估值法进行估值时,评估者实际上是在让其他投资者来为目标公司做出估值。相对乘数反映的是市场对公司未来现金流量、利润、利润率、增长潜力和其他影响公司价值的重要因素所持的观点。如果市场和其他投资者所持的观点都是错误的,又该如何做呢?此外,还需要对乘数估值法中用到的一些财务变量进行调整,但想要进行比较精确的调整又是比较困难的,所以估值的准确性也可能会因此而受到影响。

二、选择合适的乘数

在使用基于乘数的估值法进行估值时,选择一个或是几个合适的乘数是非常重要的步骤。如平常一样,在对目标公司进行估值时,大家关注的重点往往是如何界定寻找那些能够对公司价值产生重大影响的关键性财务变量。这些变量可以是一些常见的关键变量,如收入或是毛利;也可以是一些与经营或是特定行业相关的变量,如宾馆客房数量或是每千瓦时的发电量。

基于乘数的估值法通常在估值者对于公司最基本的经营活动并不太了解的情

况下使用。这样往往容易产生不准确的估值结果，从而导致投资者做出错误的投资决策。分析公司的基本业务和关键价值驱动因素可以避免以上提到的负面影响。本教材将在第六章中对该问题展开深入讨论。

（一）分析可比性

相对乘数通过使用可比公司或是同行的变量乘以目标公司的某个财务变量来对公司进行估值。需要注意的一点是，所选择的可比公司要与需要估值的目标公司尽可能地相似。估值时所使用到的乘数应该是一个与目标公司的经营范围和价值驱动因素都十分相似的可比公司的乘数。当寻找相似的可比公司时，下面一些重要的指标可以为估值者提供参考：市场规模、市场增长额、相对市场占有率、进入市场的壁垒、品牌影响力、销售收入、毛利润总额、销售收入和现金流量的增长额、资本支出水平、经营风险与财务风险、资本结构。

事实上，想要做一个合理的分析，就需要对每一个可比公司进行研究，并试图更多地掌握公司基层业务的驱动因素。对于可比公司财务和经营上的各个层面了解得越多，对其乘数的分析就会越精准，估值结果也会相应越有意义。

真正用心的投资者会确保考虑到不同公司中所有影响价值创造的因素。然而，在评估的经济性和准确性之间总是存在着平衡关系，必须权衡两者的关系后才能判断什么样的调整是必需的。如果不能找到合适的可比公司，那么使用行业平均乘数来进行估值就是最好的方法。

我们将在不同乘数的描述中对各种类型的乘数逐一进行更详细的介绍。

（二）时期

在使用乘数进行估值时，需要考虑的另一个重要问题是哪一年的数据可以用作基础数据进行分析？理论上讲，公司未来的财务状况及其未来的现金流量是需要引起重视的数据。并且，实践证明预测的乘数才能够更准确地确定公司价值，同时其结果和市场对公司的定价也更加吻合。这些研究结果是基于一些美国上市公司的数据而言的。相较于其他地区的市场状况，美国上市公司数据预测的准确性要更高一些。对于那些小公司和没有来自股票市场压力的公司而言，其预测的准确性就会相对较低。在实践中，大部分的投资者和分析家通常都会着眼于公司当前的财务数据以及公司下一年的预测数据。

使用乘数法对公司估值时，还可以从公司历史乘数这一角度入手进行分析。例如，如果想要找一个价值被市场低估了的资产，不仅要分析市场当天对于目标公司或者其他可比公司现金流量的估值，还要了解公司过去的估值状况。更具体地说，想要对比的是一个成熟公司目前的乘数估值和其在上一个经济周期中同期的乘数估值。

（三）会计政策差异的问题

通常在为估值选择乘数时，评估者总是希望涉及的主要财务指标能最大限度地具有可比性。那些受会计准则影响较大的变量需要做出大幅度的调整，以增强其可比性，那些影响较小的变量需要的调整幅度也较小。利润乘数如市盈率比率对会计准则十分敏感。在对两家公司的股权收益比率进行比较时，如果其中一家公司的折旧摊销速度是其竞争对手的两倍，那么对于这两家公司的相对价值的分析如果忽视了资产折旧速度这一会计准则的不同而带来的影响，其分析结论必然会是完全错误的。通常来讲，对于现金流量不产生影响的会计准则，不会影响公司的估值。

最常见的需要应对会计准则做出调整的科目，如折旧与摊销、投资、非经常性项目、租赁等。在众多会计科目中，只有几个需要调整后拿来作比较，并以此最大限度地提高公司之间乘数的可比性。可是，正如前面所提到的，我们仍然需要对所期望的估值程度的精确性做出判断。在大多数的情况下，近似值就基本可以满足要求了。

避免上述"圈套"的一个最有效的方法就是使用那些受会计准则影响较小的财务变量。这些变量通常是用来估算公司价值而不是股本价值的。当然，这还取决于公司进行估值的目的以及估算公司价值是否会比调整会计准则的差异更为复杂。但在公司价值能够符合评估者估值目的的情况下，可以尽量使用一些受会计准则影响较小的财务数据：

一是销售额（收入）。销售额位于损益表的第一栏内，可用于公司间甚至是整个市场进行横向比较。但是，单纯用销售额作比较，完全不考虑公司的成本，也无法反映公司的利润水平。另外需要注意的是，销售额也并不是完全不受会计准则影响的财务变量，特别是由于收入确认和递延收入的处理方法不同，也会导致销售额的差异。

二是息税折旧摊销前利润（EBITDA）。在损益表中，EBITDA 这一会计科目所处的位置比较靠后，也涵盖了公司大部分的成本，因此，这一数据可以比较客观地反映公司利润的真实水平。EBITDA 受会计准则差异的影响并不大（对 EBITDA 产生影响的两个主要会计因素是销售收入和成本的确认标准），可以将 EBITDA 看成是现金流量的近似值。在目前所使用的基于乘数的估值法中，EBITDA 是最常使用的一个财务统计数据。

三是现金流量。如果计算方法得当，现金流量是一个完全不受会计准则因素影响的财务数据。即使现金流量被管理者人为地进行了篡改（参考安然公司的例子），其仍然是非常适合用于在各个公司间进行横向比较的乘数。现金流量乘数的缺点是，其计算过程相对比较复杂。此外，由于可能存在临时增加的收入、非经常的成本或是投资等偶然性因素，公司现金流量每年也会出现不稳定的情况。因此，在使用现金流量作为乘数估值时，公司通常会参考近几年现金流量的变动趋势，对异常的现金流入和支出进行适当调整。

三、各种不同的乘数

本节介绍几个最常用也是最有用的乘数及其计算方法，包括讨论这些乘数的优缺点和适用条件。

(一) 账面价值乘数

账面价值乘数反映的是公司股本的市场价值与公司账面价值之间的关系。股本价值可以理解为当公司倒闭时，付清所有的债务后剩余给股东的所有价值。账面价值是指公司调整后的账面总资产减去调整后的总负债的差额。账面价值比率通常被称为市净率，即每股市场价值/账面价值或是 P/BV，在有些国家也被称为净资产价值比率。

账面价值乘数的计算公式为：

$$\frac{股本价值}{账面价值} = \frac{公司的市场价值}{经调整的账面资产总额 - 经调整的账面负债总额}$$

在公司估值刚兴起时，每股市场价值/账面价值的使用非常广泛，其流行程度要远远超过今天。这是因为 P/BV 比率对于有大量有形资产的公司，如工厂、矿山、大宗商品等的估值是非常有效的，在这些公司中，其有形资产是影响公司销售收入和现金流量的主要因素。现在仍有类似的公司存在，如银行、房地产公司和投资公司等。以上这些行业都有一个共同的特点，即公司运作着很大规模的固定资产，却只有很小的边际利润率。

然而，当今社会很多公司都更加侧重于智力资本，公司销售收入和现金流量也是从智力资本中获得的。这些公司的账面价值通常都比较少，对于这样的公司 P/BV 比率则不适合用来进行估值。

使用基本乘数法计算的公式为：

$$\frac{每股市场价值}{账面价值} = \frac{ROE - g}{ROE \times (C_E - g)} \times ROE$$

其中，ROE 表示股本回报率；g 表示增长率；C_E 表示股本成本。

从基本乘数公式中可以看出，股本回报率在很大程度上决定着 P/BV 比率的大小。如果股本回报率较高，相应的 P/BV 比率也会较高。投资者对每股要求的回报增加，自然会有一个相对高的股本回报率。相反地，如果股本回报率较低，即投资者要求的权益回报率较低，则相应的 P/BV 比率也会较低。同样地，较高的利润增长率也会带来一个较高的 P/BV 比率，而较低的利润增长率也必然导致较低的 P/BV 比率。

当计算一个濒临破产的公司的 P/BV 比率时，账面价值将不包括任何无形资产，因为这些无形资产通常没有任何转售的价值。此时的比率通常是指股本价值/有形资产账面价值，其计算公式为：

$$\frac{股本价值}{有形资产账面价值} = \frac{公司的市场价值}{账面资产总额 - 账面负债总额 - 账面无形资产总额}$$

账面价值乘数的主要优点包括：

第一，账面价值乘数这一概念本身浅显易懂，计算时所需要的数据非常容易在公司的资产负债表中找到。

第二，账面价值是一个相对稳定的值，不易随时间的变化而发生改变，因而非常适合于对历史数据进行分析。

第三，在公司发生亏损或是出现负的现金流量时，账面价值乘数依然可以使用。因为资产的概念在大多数市场及国家的定义是相似的，使用账面价值乘数来作比较的效果会比较显著。

账面价值乘数的缺点在于，该乘数假设净资产是价值创造的主要源泉。而对于当今社会的大多数公司而言，包括那些几乎没有资产的服务性公司，这一理论是不正确的。其他缺点还包括：一方面，账面价值受会计准则的影响非常大。因此，各国及各公司间的账面价值计算方法会因其会计准则的不同而产生巨大差异，所以不具有可比性。另一方面，资产负债表上所记录的账面价值完全不能公正地体现出资产在市场上的经济价值，其真正的市场价值可能是完全不一样的数值。

（二）收入乘数

收入乘数也被称为销售额乘数，反映的是公司价值与其收入（销售额）之间的关系。收入是一个和公司所有股东权益人和债权人息息相关的现金流量，所以收入需要与整个公司的价值相关联。正因为如此，通常所用到的股本价值/销售额比率从理论上来讲是不正确的，这一公式只有在公司价值和股本价值相同时才适用。

当使用收入乘数时，公司的盈利能力或是其现金流量是没有被考虑在内的，因此，按照收入乘数计算的公司价值不会与任何理论价值（如现金流量、息税前利润等）的关键性变量相关。当使用收入乘数时，评估者会自然而然地对公司成本结构作一个假设，默认公司的收入乘数很大程度上取决于其营业利润率。高的收入乘数通常代表较高的营业利润率，反之亦然。实际上只有成本构成和营业利润率相似的公司，才可以用这一方法来作比较。

因为不需要衡量公司的盈利能力，收入乘数可以而且也经常用于对亏损的公司进行估值。

$$\frac{EV}{Sales} = \frac{公司价值}{销售额}$$

公司价值/销售额也可以表达成一个基本乘数来使用，其计算公式为：

$$\frac{公司价值}{销售额} = \frac{ROIC - g}{ROIC \times (WACC - g)} \times (1 - T) \times M$$

其中，ROIC 表示投入资本回报率；g 表示收入增长率；WACC 表示加权平均资本成本；T 表示税率；M 表示 EBITDA 边际利润率。另外：

$$\frac{股本价值}{销售额} = \frac{边际利润率 \times 股息支付率 \times (1 + g)}{C_E - g}$$

其中，C_E 表示股本成本率；g 表示增长率。

股息支付率的计算方法为股息/净利润。

应该在何时使用收入乘数呢？正如前文所提到的，收入乘数虽然只是一个粗略的衡量指标，但是却有许多突出的优点：

第一，收入不容易被操纵。收入受存货、摊销折旧、异常收支等会计政策的影响不大。因此，收入乘数适合在不同的公司、行业或是国家之间进行横向比较。

第二，适用于公司不同的发展阶段。有一些会计科目可能会在公司发展的不同阶段变成负数，因而无法应用在乘数运算中，但是收入变量在大多数情况下都大于零，因而可以适用于不同公司发展的不同阶段。有一些新建的公司，其损益表中所有的利润科目都显示为负数。还有一些经营出现困难的公司，其损益表中也会有一些科目显示为负数。对于这种类型的公司，现金流量乘数和利润乘数都不可用，因为在比率的计算公式中，分母必须为正值。但是收入乘数依然可用，因为无论公司出现何种状况，其收入必然会大于零。

第三，收入乘数是一个相对稳定的数值，其随时间变化的幅度很小。比起净利润特别是现金流量而言，销售收入不容易受到异常项目的影响。因此，与其他指标相比，收入乘数能够更准确地反映公司价值的长期发展趋势，是估值中相对可靠的一种方法。

第四，收入可以反映出公司或产业未来的发展趋势。公司价格策略的调整、日益激烈的竞争或是公司战略目标的改变都会对其收入产生直接的影响。因此，收入状况可以在很大程度上反映出公司或产业未来的发展趋势。

在使用收入乘数时，还需要密切关注一些问题，如销售额的波动状况、收入的确认标准以及可比公司间的利润率差异。通常来讲，公司的收入乘数与公司收入增长率之间有着紧密的联系。收入增长越快，收入乘数的值也就越高。此外，正如前面所提到的，收入乘数还与公司的毛利总额有着直接的联系。在其他条件相同的情况下，公司的毛利总额越高，其收入乘数也就越高。

（三）利润乘数

市盈率比率（P/E）乘数反映的是普通股每股市场价值与税后每股收益的关系。市盈率比率早在20世纪30年代初就被提出了，这一乘数大概是所有乘数中使用率最高的一个。尽管已经有很多的专业人士指出净利润并不是衡量公司财务状况的最佳指标，但是这并不影响市盈率指标仍是当今最流行的分析指标之一的地位。相对市盈率比率的计算公式为：

$$\frac{价格}{收益} = \frac{公司的市场价值}{净利润}$$

又或者以每股作为基础，该公式的另一个表达方式为：

$$\frac{价格}{收益} = \frac{普通股每股市价}{普通股每股收益}$$

市盈率只考虑了股票投资者享有的现金收益，即损益表中的剩余收益。由于剩余收益是在损益表的最后才计算出来，因此，其受会计准则影响的程度非常大。

基本市盈率乘数的计算公式为：

$$\frac{价格}{收益} = \frac{ROE - g}{ROE \times (C_E - g)}$$

其中，ROE 表示股本回报率；g 表示利润增长率；C_E 表示股本成本。

从公式中就可以看出，市盈率的大小主要取决于三个变量，即股本回报率、利润增长率和股本成本。

由于在损益表中利润位于最末端的位置，因此，利润比率对会计政策的敏感度非常高。市盈率适用的条件为当前利润可以代表公司的未来利润或是未来利润的发展趋势。市盈率成为最流行、使用最广泛的分析指标，其主要根本优势在于以下几点：

第一，市盈率是一个最直观的统计数据，直接将资产的买价同其收益联系在一起。

第二，计算市盈率所需要的数据非常容易找到。大多数上市公司的历史收益、当前收益及其预测收益都是对外公开的，这些数据都很容易得到。

第三，市盈率是判断归属于股东利益的非常具体的标准。

第四，市盈率经常会出现在各种出版物中，所有投资者都熟悉这个指标。大多数的投资者都会对市盈率指标的大小有所了解，这同时提高了市盈率的使用频率，也易于大家对其进行交流讨论。

然而，使用市盈率指标也存在着诸多问题，具体如下：

一是市盈率很容易受会计准则的影响。尽管在使用市盈率时，可以在后期将商誉减值和一些非经常性项目加回到净利润中，这样可以减少会计准则带来的影响，但是净利润的大小还是非常容易被人为地操纵更改。

二是市盈率没有将企业未来增长所需要的成本考虑在内。当企业有很高的增长率时，其乘数也会相应地比较高，尽管此时的股本回报率通常并不高，因为公司发展需要更多的资本投入来支持其高速增长。

三是与现金流量乘数相比，市盈率能够更好地反映出市场氛围以及整个行业的发展态势。这也使市盈率成为整个系统风险的一部分。

在其他因素保持不变的情况下，高的增长率必然伴随高的市盈率。因此，如果一家公司的市盈率较高，其增长率也会相对较高。然而，相对高的市盈率并不能说明该公司的股票是被高估了还是被低估了。问题在于，在增长率差异前提下，其市盈率高出多少才是合理的？或者换一个说法，一定程度的增长率所对应的价值是多少？想要搞清楚增长率和市盈率比率间的关系，需要把市盈率的计算公式进行分解，得到价格/利润增长率（PEG）比率（市盈增长比率）。

（四）PEG 比率

PEG 比率的计算公式为：

$$\text{PEG} = \frac{\text{市盈率}}{\text{预期年盈利增长率}}$$

PEG 的含义：

PEG 比率等于1，表示市场赋予这只股票的估值可以充分反映其未来业绩增长的可能性。

PEG 比率大于1，意味着这只股票有可能被高估，或是市场认为这家公司未来的每股收益会大于其当前的预期。

PEG 比率小于1，意味着这只股票有可能被低估，或是市场认为这家公司无法达到预期的每股收益增长率。

事实上，PEG 比率表示的是投资者为未来每个单位的盈利增长率需要支付多少。因此，通常来讲 PEG 比率能够对市盈率指标起到很好的解释作用。如果公司 A 的市盈率为30，其预期年盈利增长率是15%，则其 PEG 比率为2。公司 B 的市盈率为7，预期年盈利增长率是2%，其 PEG 比率为3.5。因此，公司 A 的股票会比公司 B 更具吸引力。

相对市盈率而言，PEG 比率可以为当前股票估值提供更多有价值的参考意见。市盈率和利润增长率之间的关系比市盈率本身所包含的意义要深远得多。PEG 比率的一个主要缺点在于其大小受预期的年盈利增长率影响很大，因此，其数据的准确性有待进一步考量。

（五）息税折旧摊销前利润乘数

息税折旧摊销前利润乘数反映的是公司价值与息税折旧摊销前利润之间的关系。EBITDA 与公司现金流量最为接近，有两个独特的优点：其一，EBITDA 可以从损益表中计算获得；其二，EBITDA 相对稳定，不易随时间推移而发生改变。由于其与现金流量指标十分相似，并且相关数据很容易获得，EBITDA 乘数已经成为专业的投资者最常用的公司价值乘数。

EBITDA 基本乘数的计算公式为：

$$\frac{EV}{EBITDA} = \frac{ROIC - g}{ROIC \times (WACC - g)} \times (1-T) \times (1-D)$$

其中，ROIC 表示投入资本回报率；g 表示增长率；WACC 表示加权平均资本成本；T 表示税率；D 表示折旧、摊销额占 EBITDA 的百分比。

EBITDA 的相对乘数计算公式为：

$$\frac{EV}{EBITDA} = \frac{\text{股本市场价值} + \text{净债务的市场价值} + \text{少数股东权益} + \text{其他要求权}}{\text{息税折旧摊销前利润}}$$

相比销售收入而言，EBITDA 受会计准则的影响更多，但是和利润等其他会计科目相比，其受影响程度要相对少一些。EBITDA 乘数的优势还包括：一是如同收入乘数一样，即使目标公司目前正处于亏损状态，只要其 EBITDA 大于零，EBITDA 乘数就可用。二是由于其与现金流量大小近似，其估值结果应当与现金流量折现的估值结果类似。三是 EBITDA 近似为公司在偿付债务之前的现金流量，使用 EBITDA 乘数可以对债务杠杆水平不同的公司进行对比。四是鉴于 EBITDA 与现金流量指标相似，因而是兼并收购时（如杠杆收购）对目标公司进行评估的有效工具之一。

另外，在使用 EBITDA 乘数时，需要注意如下方面：

（1）尽管 EBITDA 与现金流量很相似，但两者并不是完全相同的。例如，EBITDA 是未考虑税收和营运资本变化这两个因素的，而这两个因素的变化有可能影响公司的价值，这一点在 EBITDA 乘数中是不能反映的。

（2）公司未来发展所需的投入对现金流量和公司价值有着很大的影响，但是 EBITDA 乘数的计算中也没有考虑这一点。

（3）除非使用历史或是预测数据来标准化当前的 EBITDA 数值，否则，只有在其大于零的情况下才能计算出 EBITDA 乘数。

从 EBITDA 的基本乘数运算公式中，可以看出 EBITDA 乘数受以下四方面因素的影响：

（1）税收状况。税率越高，EBITDA 乘数就越低。因此，有效地进行税务方面的管理有助于提高 EBITDA 乘数，使其超过正常水平。

（2）资本成本。公司的经营风险或是财务风险越高，公司的资本成本也必然越高，这也就意味着公司的估值越低。即使是公司的综合杠杆水平比较低，但如果经营风险高，那么 EBITDA 乘数也会比较低。

（3）折旧状况。在公司的其他资本性支出不做出相应调整的前提下，单纯增加折旧额可以使 EBITDA 乘数相应地增加，因为折旧可以有抵税的效应。

（4）业绩增长和资本支出。如果相对于其可比公司而言，目标公司的业绩增长高于其他公司，或是其资本性支出少于其他公司，该公司的 EBITDA 乘数就会相应地高于同行。

（六）营业自由现金流量乘数

营业自由现金流量乘数反映整个公司的价值和其营业自由现金流量之间的关系。从纯现金流量到损益表中包括的现金流量的近似值，如税后净营业利润（NOPAT）或是 EBITDA，可供选择的现金流量乘数的计算依据有很多。纯现金流量更适用于麦肯锡现金流量折现估值法，其用于乘数估值有一个非常严重的缺陷。由于可能出现的非规律性的资本性支出和异常收支，纯现金流量每年的波动非常大，从而导致估值结果的波动也很大。此外，合理地估计所谓"现金流量趋势"也不是一件容易的事情。与纯现金流量相反，NOPAT 和 EBITDA 的主要问题在于其对会计准则非常敏感。一个相对折中的替换方法就是使用所谓的"营业自由现金流量"作为现金流量乘数的计算依据。

营业自由现金流量的计算方式为 EBITDA 减去预计年再投资额，再减去所需要营运资金的变化额。OpFCF 的基本乘数运算公式为：

$$\frac{EV}{OpFCF} = \frac{ROIC - g}{ROIC \times (WACC - g)} \times (1 - T)$$

其中，ROIC 表示营业自由现金流量/资本总额；g 表示增长率；WACC 表示加权平均资本成本；T 表示税率。

营业自由现金流量相对乘数的计算公式为：

$$\frac{EV}{OpFCF} = \frac{\text{股本市场价值} + \text{净债务市场价值} + \text{少数股东权益} + \text{其他要求权}}{\text{息税折旧摊销前利润} - \text{年再投资额} - \text{营运资金变化}}$$

营业自由现金流量与标准化的息税前利润或平滑稳定的现金流量的大小不相上下。营业自由现金流量是进行乘数估值的良好基础，使用营业自由现金流量乘数应该可以相当准确地估算出公司的价值。营业自由现金流量乘数具有以下几个优点：一是营业自由现金流量受会计准则影响而导致信息失真的结果较小；二是营业自由现金流量乘数适用于不同可比公司之间进行横向对比；三是由于营业自由现金流量比自由现金流量的稳定性更强，因此，其更适合用于对历史数据的分析和公司发展趋势的分析。

营业自由现金流量的为数不多的缺点包括：一是与前面所提到的所有乘数相同，计算公式中的分母必须是正数；二是计算过程相对复杂。

（七）营运乘数

营运乘数（operational multiples）反映的是公司价值与一个特定的经营指标之间的关系，所谓的经营指标通常是在某种程度上与公司收入能力相关的变量。营运乘数的选择对于具体的行业或是行业中的某个领域有所不同，但必须是收入或是现金流量的一个主要的驱动因素。表 5-1 反映的就是不同行业中所使用的不同营运乘数。

表 5-1　　　　　　　　　　一些行业中所使用的营运乘数[①]

行业	乘数
传媒业	公司价值/用户数量
能源业	公司价值/千瓦时生产能力
旅馆业	公司价值/客房数量
通信业	公司价值/移动、固定线路、宽带、网络用户数量
电子商务	公司价值/会员或是客户数量

我们可以为某一个行业或多或少地选出一些有用的数据，更重要的是，需要深入了解这一行业发展的驱动因素及创造自由现金流量和最终价值的因素。计算比率并不是一件困难的事情，理解整个行业以及关注哪些是营运价值的驱动因素才是需要格外关注的。

营运基本乘数的计算公式为：

$$\frac{EV}{unit} = \frac{ROIC - g}{ROIC \times (WACC - g)} \times \frac{NOPAT}{unit}$$

其中，ROIC 表示投入资本的回报率；g 表示增长率；WACC 表示加权平均资本

---

① 参考资料：弗里克曼，托勒瑞德. 公司估值 [M]. 北京：机械工业出版社，2017.

成本；NOPAT 表示税后净营业利润；unit 表示目标公司或行业适用的负载量。

营运相对乘数的计算公式为：

$$\frac{EV}{unit} = \frac{股本市场价值 + 净债务的市场价值 + 少数股东权益 + 其他要求权}{产能或是创收单位数}$$

营运乘数常常用于为关键的业务元素提供早期的预测指标或是用来评估公司的战略性决策。例如，一家传媒公司决定要启用新的营销策略，新策略建立的新的客户群可能短时间内不会立刻对收入带来影响，但是从长远来看，一定会有所影响。因此，可以用客户群的数量或是客户群数量的增长作为早期指标来判断未来收入，预测新营销策略的效果。

营运乘数对于未来的收入或是潜在的现金流量有很好的预见性，因而还可以用于研究那些处于早期的项目或是公司的价值创造状况。

营运乘数还可用于比较同一行业的不同公司间的生产性资产（如千瓦时）。这一价值同样也可以用资产的代替成本来进行比较。这里可以用到托宾 Q 模型。托宾 Q 模型是指在一个经济领域或是公司中资产的市值与资产代替成本的比率。该模型是一个能够有效识别收购机会的分析工具。例如，如果某行业的资产市场价值低于其重置资本，那么处于该行业的公司会更倾向于通过股票市场来获得所需资产，而不会选择在商品市场上购买所需资产。

然而，使用营运乘数既有一定的困难，也存在着一些缺陷。具体如下：营运乘数本身无法提供足够的信息来准确地为公司估值；营运乘数只能粗略地估算价值；策略、定价、毛利或是其他因素的差异可能会导致同一行业不同公司的营运乘数存在着巨大的差异。

四、如何获取估值相关数据

使用基本乘数法来对公司进行估值时，所需要的就是公司本年度的财务数据，这些数据可以很容易地在公司的网站或者其年度报告中找到。

使用相对乘数法来对公司进行估值时，需要知道市场是如何对可比公司进行价值评估的，或是需要了解行业的平均水平。这些数据可以在一些商业刊物、一些金融网站的分析报告或是一些特定的数据库中找到。此外，也可以在股票交易所的网站上找到有关上市公司市场价值的资料，然后基于公司自己的预测来进行估值计算。

第四节　剩余收益估值策略

一、剩余收益估价模型概述

剩余收益估值模型（residual income valuation model，RIV）其实是收益法的

一种，其基本原理仍然是计算企业价值的内在价值，即企业总价值为预期未来收益流的现值。该模式将企业盈利分为两个部分，一部分是正常的盈利，即满足股东的投资机会成本的收益；另一部分则是将正常收入除去后的收益，也就是剩余收益。企业的总价值可以说是企业未来剩余收益的现值与企业未来的正常收益的现值的总和。企业未来的正常收益现值等于企业现在的所有者权益总额，可以用企业财务报表中股权的账面价值表示，所以说企业价值可以表示为股权账面价值和企业剩余收益贴现的总和。

收益法的基本原理是企业的内在价值等于预期未来收益的现值总和对未来收益的理解，股利折现模型使用的是股利，自由现金流贴现模型采用的是自由现金流量。但是，股利和现金流量都是非利润指标，而利润指标直接反映企业的盈利能力，企业的盈利能力又直接决定企业的内在价值。因此，从概念和本质上看，股利和自由现金流量反映的是价值分配而不是价值创造。剩余收益是企业净利润和股东要求的基本报酬之间的差异。剩余收益的引入，可以使投资者更加注重价值创造。我们可以利用企业剩余收益来预期企业未来经济效益，剩余收益可以为正、负或零，企业只有赚取更多的超过权益资本机会成本的收益，即剩余收益，才能真正创造价值，如果剩余收益为负，则企业价值是受损的。

剩余收益估价模型的数据来源于资产负债表和利润表，反映了企业价值等于资产存量的资产价值和未来价值增长的基本思路。企业价值等于其过去的价值和未来增长机会的现值。评估理论界普遍认为，目前与其他企业价值评估方法相比，剩余收益估价模型提供了更客观、更完善的方法体系，同时也为模型的实证研究开辟了一条道路。具体而言，RIV 的估值模型如下：

$$V_t = BV_t + \sum_{\tau=1}^{T} \frac{E(RI_{t+\tau-1})}{(1+r)^\tau}$$

其中，V_t是 t 时刻（评估起算点）的企业价值；BV_t是企业 t 时刻净资产的账面价值；$RI_{t+\tau-1}$是第 t 期的剩余收益；r 是市场要求的回报率；E 是数学期望符号。

剩余收益（RI）则定义为：

$$RI_{t+\tau} = NI_{t+\tau} - r \times BV_{t+\tau-1}$$

其中，$NI_{t+\tau}$代表第 t+τ 期的净收益。

RIV 模型的含义为：企业的价值等于企业已获得的资产即股东权益账面净值，与该企业未来盈余的期望值的折现值，即预期剩余收益的现值之和。RIV 模型把企业已经获得的资产和预期剩余收益联系起来，在企业价值评估过程中，既考虑了已获得资产的价值，又将预期收益考虑在内，使企业价值的定义更加符合会计中"资产"的概念——资产是指企业所控制的资源，该资源预期将会给企业带来经济利益的流入。结合现代会计理论，更加明确了企业作为社会经济活动主体创造价值的能力，也就是核心盈利能力才是企业价值的核心。同时，该模型根据应计会计制下的盈余信息评估企业价值，大大提高了财务报表中的会计信息在企业价值评估中的可用性。

二、剩余收益估值模型的应用

根据剩余收益估值模型，本节以美的集团为例，采用剩余收益估值模型进行估值分析演示，具体地，剩余收益估值模型如下：

$$公司价值 = BV_0 + \sum_{t=1}^{n} \frac{RI_t}{(1+r)^t} + \frac{TV}{(1+r)^n}$$

【剩余收益估值应用案例】

美的集团以家电产业为主，涉足电机、物流等领域，旗下分为四大业务板块，分别为大家电、小家电、电机及物流。2015～2020 年这六年主营业务收入增长率平均为 13.52%，每股收益均值在 3 元以上，是一家业绩稳定增长的公司。表 5-2 是美的集团的收益数据。

表 5-2　　　　　　　2015～2020 年美的集团收益数据

年份	2015	2016	2017	2018	2019	2020
每股净资产（元）	11.53	9.46	11.24	12.47	14.58	16.72
每股收益-基本（元）	2.99	2.29	2.66	3.08	3.60	3.93
净资产收益率（%）	28.66	26.62	25.63	25.80	26.21	24.84

资料来源：Wind 数据库。

美的集团的暖通空调业务 2020 年的收入为 1 212 亿元，消费电器、机器人及自动化系统收入分别为 1 139 亿元、216 亿元。值得注意的是，美的集团的暖通空调业务在 2020 年的收入略高于格力电器的空调业务收入 1 179 亿元。美的集团在年报中称，2020 年在中国家用空调市场，美的在线下空调市场的份额居第二位。这也意味着格力空调在线下市场份额居首位，美的的线上市场份额排在第一位。

查阅色诺芬（CCER）数据库，获取美的集团近六年股票 β 值分别为 0.85、0.86、1.25、1.05、1.04、0.89。因此，在 CAPM 模型计算报酬率中，β 值取近六年均值 0.987。查阅 Wind 数据库获取了过去六年 10 年期国债年收益率为 3.27%，利用沪深 300 指数收益作为市场收益，测算得出过去六年平均股票风险溢价为 6.58%。这样根据 CAPM 模型计算的投资者要求的报酬率为 r = 3.27% + 0.987 × 6.58% = 9.76%。

根据剩余收益计算公式，美的公司 2020 年的剩余收益 $RI = NI_t - r \times BV_{t-1}$ = 3.93 - 14.58 × 9.76% = 2.51 元/股。依据美的集团过去六年营业收入复合增长率 12.74%，因此，假定未来六年剩余收益 RI 增长率按照 12% 增长，那么 2026 年末的每股剩余收益 RI 将达到 4.954 元/股，之后进入一个较为缓慢的平稳发展阶段（假定剩余收益增长率为 5%），据此计算出 2026 年的持续价值 TV = 4.954 × (1 + 5%) / (9.76% - 5%) = 109.29 元/股，如表 5-3 所示。

表 5-3　　未来六年剩余收益及折现数据

年份	2021	2022	2023	2024	2025	2026	持续价值
剩余收益	2.811	3.149	3.526	3.950	4.423	4.954	109.29
折现因子	0.911	0.830	0.756	0.689	0.628	0.572	0.572
折现价值	2.561	2.613	2.667	2.721	2.777	2.833	62.503

资料来源：编者整理计算。

根据剩余收益估值模型计算出公司最终价值：V = 16.72 + 2.561 + 2.613 + 2.667 + 2.721 + 2.777 + 2.833 + 62.503 = 95.40 元/股。2021 年 1~8 月，美的集团股价在 60 元到 105.88 元之间波动，基本处于合理区间。

简而言之，剩余收益估值模型充分利用会计信息、以价值创造为导向的特点弥补了主流价值评估模型的不足，具有更强的环境适应性。无论对投资决策还是对企业价值管理，剩余收益估值模型都是有效的工具，对其进行深入研究具有很强的理论价值和实际价值。

本章小结

通过本章学习，我们了解了公司估值的基本概念及基本框架，熟悉了几种最重要也是最常见的公司估值法，包括股利折现模型、现金流量折现模型、投资现金流回报率模型、剩余收益估值模型、经济增加值模型、净资产估值法；理解了基于乘数的估值法、现金流量折现估值、剩余收益估值模型。在基于乘数的估值法中，着重介绍了账面价值乘数、收入或销售额乘数、利润乘数、PEG 比率、EBITDA 乘数、营业自由现金流量乘数、营运乘数等。在现金流量折现估值模型中着重介绍了其主要步骤：估算资本成本、计算自由现金流量、计算终值、将所有现值加总。

复习思考题

1. 基于乘数的价值评估的常见乘数有哪些？
2. 基于乘数的价值评估的优缺点有哪些？
3. 现金流量折现估值的主要步骤是什么？
4. 现金流量折现估值的优缺点有哪些？
5. 剩余收益估值模型中的剩余收益是什么？
6. 剩余收益估值模型的优缺点有哪些？

案例分析

三六零估值分析

自三六零安全科技股份有限公司（以下简称三六零）2018 年 2 月 28 日正式登陆 A 股市场以来，这家国内最大的互联网安全公司的风波就从未平息过：2019 年 4 月 12 日，三六零宣布转让持有的子公司奇安信的所有股份，周鸿祎和齐向东这两个"老战友"从多年合作走向竞争；同年 4 月 30 日，三六零披露了 2019 年第一季度的财务报表，公告称公司董事及副总经理石晓虹离职，至此最初掌管安全帝国的九人队伍只剩周鸿祎一人。除此之外，三六零在经营方面也出现诸多的问题：占据营业收入大头的广告业务即将触及天花板；游戏业务不断萎缩；智能硬件业务同质化严重，未能担起推动公司增长的重任；手机业务宣布暂停……在这样的背景下，投资者对三六零的态度也急转而下，股价从公司刚上市时的 63.51 元/股一路跌到 12 元/股左右。2019 年 6 月，三六零被调出上证 50 指数，其原因可能是发行时的估值过高、流通情况不足导致股票的成交量较小，这也使得三六零的声誉受到一定的影响。内忧外困下，三六零选择发展"大安全"作为公司未来的战略方向，义无反顾地从 To C（面向消费者）转向 To B（面向企业）和 To C（面向政府）。三六零是否能够凭借新的战略方向绝处逢生？短短两年多时间，三六零市值跌破上市当天股价的 1/5。从价值投资角度来看，我们也好奇三六零的股价是否还存在高估或是低估现象。

1. 公司简介。

三六零创立于 2005 年，是国内成立最早和影响力最大的互联网安全公司之一。在流氓软件和电脑病毒横行的年代，周鸿祎带着他的团队通过提供免费的互联网安全服务，获得了大量忠实的客户，并开创了免费的互联网安全时代。2018 年，公司借壳江南嘉捷电梯股份有限公司成功登陆 A 股市场。

三六零致力于互联网底层安全技术的研发和互联网产品开发，通过向用户免费提供安全产品，将积累的大量用户引向广告、增值服务和智能硬件，实现商业变现，将商业化业务汇集的数据通过分析反过来用于对安全技术进行优化，形成一个正反馈的互联网安全生态系统。在中国互联网协会、工信部信息中心联合发布的 2018 年中国互联网企业百强榜单中，三六零凭借优质领先的产品服务和良好的口碑，排名第九，是排名最高的 A 股上市公司和互联网安全公司。

2. 发展历程。

2005 年 7 月，周鸿祎和齐向东离开雅虎公司，创立了三六零的前身北京奇虎科技有限公司（简称奇虎公司）。奇虎公司的主营业务是为广大的网上社区和论坛提供搜索功能，通过识别、分析用户的生成内容，满足客户发展的进一步需求。2006 年 1 月和 11 月，奇虎公司相继完成 1 400 万美元的 A 轮融资和 2 500 万美元的 B 轮融资。在此期间，周鸿祎敏锐地发现互联网市场对解决流氓软件问题存在很大的需求，并把公司的发展方向从"社区搜索"转向了杀毒领域。2008 年，三六零启用 360.cn，转为平台化运作，不仅持续推出安全产品如三六零安全浏览器、杀毒软件正式版等不断吸引新的用户，还借助安全平台不断扩展业务范围，进入软件下载、手机安全、网站导航等众多领域，用户群体从个体用户拓展到广告游戏公司、一般企业和政府。

2011 年 3 月 30 日，意气风发的周鸿祎敲开了纽约证券交易所的大门，奇虎公司正式在纽约证券交易所挂牌交易，获得了 40 倍的超额认购。2016 年 7 月 15 日，奇虎公司宣布私有化交易完成。2018 年 2 月 28 日，江南嘉捷电梯股份有限公司正式更名为三六零安全科技股份有限公司，三六零正式回归 A 股市场。

三六零一直致力于技术研发，提高杀毒技术水平，多次在全球知名反病毒机构测试中取得不俗的成绩。除了不断提高在网络安全市场的地位以外，三六零还将业务板块拓展到游戏、物联网、手机等领域，逐步形成了以广告、智能硬件、增值服务为主要盈利来源的生态流量体系。

凭借优质的产品服务和先进的安全技术，三六零的活跃用户呈现爆发式的增长。截至 2017 年，三六零取代瑞星和金山，成为活跃用户最多的互联网安全公司。然而，这艘在上海证券交易所重新启航的巨轮并非一帆风顺。在 2018 年 2 月 28 日上市首日，三六零的股价一度涨到65.67元/股，随后跌停，收盘价为56.92元/股，市盈率为114倍。随后三六零股价一路下跌，到2018年12月31日，当年EPS为0.53，市盈率为38倍，仅为上市首日的1/3左右。

3. 业务模式。

三六零作为国内最大的互联网安全公司，引领了个人免费互联网安全的革命，并据此获得大量用户。对互联网企业来说，用户基础和流量是企业可持续发展的血液，通过将安全卫士、手机卫士等产品免费提供给数亿用户，基于庞大的用户群体，三六零通过互联网广告及服务、互联网增值服务和智能硬件业务进行商业化变现。

三六零的经营模式和其他互联网公司有所不同，用一句话概括就是"获取用户+商业化变现"。和国内其他收费的互联网安全公司不同，三六零的绝大多数安全产品对于个体用户都是免费提供的，凭借优质的服务，三六零抓住先机得以迅速积累大量用户，进而实现商业化变现。三六零通过提供免费安全服务，一马当先获取了庞大的用户群体并通过三种主要的方式进行商业化变现。

（1）广告模式。广告模式是互联网商业化的主要模式之一。互联网公司积聚的用户规模越大，其广告平台的价值就越明显。广告平台直接或间接通过广告代理商与互联网企业进行商业合作获得盈利。凭借庞大的用户规模，三六零在广告业务上获得了巨额的收益。三六零2018年年报披露，互联网广告及服务收入达到106.58亿元，占到公司总收入的81.18%。与其他互联网公司的广告业务不同，三六零通过提供免费互联网安全产品进行商业化转换，主要用户流量来自自身的互联网安全等相关产品，外部内容采购成本、流量采购成本等占比较小，因此，毛利率相对于其他公司来说更高，开展广告业务的优势更强。

（2）互联网增值服务。三六零通过免费的产品获得大量的用户流量，并将这部分流量引入互联网增值服务。目前，三六零所提供的增值服务主要是互联网游戏运营服务。三六零在整个互联网游戏产业链中主要担任的是网络游戏平台角色。首先，游戏用户需要在三六零游戏平台进行用户注册；其次，用户通过支付渠道在三六零平台充值之后，资金进入三六零。最后，三六零根据与游戏开发商、发行商约定的分成比例进行收入分配。与互联网广告的惊人收入相反，三六零公司的游戏业务业绩平平。

（3）产品售卖模式。三六零的产品售卖模式主要是针对智能硬件产品。作为三六零战略布局的重要部分，智能硬件产品是对三六零安全生态系统的有力拓展。随着智能硬件产品、智能家居的发展，万物互联时代已经到来。互联网暴露增加导致网络安全攻击面不断扩大，互联网的整体防护难度将会大大增加。三六零对智能硬件领域进行重点布局，产品集中在车联网安全、智能硬件安全、工业互联网安全、无线电安全方面，目前其智能硬件产品的售卖方式主要是在线上通过天猫等平台进行售卖。物联网作为三六零的战略发展方向之一，2014～2018年的营业收入占比未超过10%，毛利率最高仅达到20%，远低于物联网行业平均水平。

（4）政企安全。奇安信曾经是三六零的子公司，国内政企安全的代表企业之一，主要负责向企业提供互联网安全产品的业务。2019年4月12日，三六零发布公告，转让手中奇安信的全部股权，在经过36个月的过渡期后，双方将终止使用彼此的数据、专利和技术。

"大安全"已是大势所趋，网络安全不再仅仅为个人服务，更是上升到国家的战略高度，成为一个强大国家的重要组成部分。互联网威胁不仅体现在损害个人网络层面，还涵盖了交通安全、企业安全、社会安全、军事安全等。这对互联网安全公司提出了新的要求，互联网安全公司要能够利用大数据、人工智能技术为企业、国家提供全面安全保障服务。

三六零重新进入政企安全市场，这一方面是顺势而为，另一方面是在过去十多年的互联网安全经营中，三六零积累了大量的宝贵数据、专利技术、优秀的人才和庞大的用户规模，良好的品牌和口碑也对三六零进军企业市场大有裨益。2018年5月，三六零开始全面布局分布式智能安全系统——三六零安全大脑,将保护网进一步辐射到工业互联网、车联网、物联网等领域,形成万物互联的安全生态系统。2019年6月26日,三六零获得分家之后首个政企大单,中标金额为2.395亿元,核心项目为建设城市安全大脑、网络安全人才培养基地、大数据协同安全技术国家工程实验室。2020年8月,三六零企业安全集团正式升级为三六零政企安全集团。但是,企业安全业务前期需要大量的并购投资,新产品研发周期长、投资消耗大,对比已成为行业代表的奇安信经过几年的发展尚未盈利,三六零在企业安全板块短期内难以扭亏为盈,未来发展潜力如何还须进一步观察。

从目前的经营情况来看,由于游戏、物联网板块业绩下滑,三六零的安全生态系统的商业变现模式主要依靠广告收入。随着用户规模触顶,三六零在现行的商业模式下只能通过优化搜索系统提高广告的传播范围,维持公司业绩的增长。现阶段公司依靠单一板块盈利,当市场波动时,公司难以分散风险。目前三六零的发展战略为进军政企安全领域,由于该领域前期投入大,研发周期长,短期难以对利润产生有利影响,未来发展存在不确定性。

(资料来源:陈玉罡,刘彧,莫昕,等. 大数据与互联网公司估值Ⅱ[M]. 大连:东北财经大学出版社,2020)

思考分析:

查阅三六零公司的财务报告数据,利用本章的几种价值评估方法,包括基于乘数的价值评估、现金流量折现估值以及剩余收益估值方法,对三六零公司进行估值。

第六章 估值关键价值驱动因素

【学习重点】
- 了解企业价值创造模式演变与企业可持续发展；
- 掌握估值关键价值驱动因素的界定及分类；
- 领会关键价值驱动因素结构化的基础分析；
- 掌握通用的营业价值驱动因素；
- 理解关键价值驱动因素分析的例外情形；
- 理解估值关键价值驱动因素的难点。

第一节 企业价值创造与企业可持续发展

近几十年来，企业经营环境发生重大变化，由此导致企业价值创造模式的转变，从而使得单纯的财务报表分析的局限性日显突出。从宏观上说，新时代背景下世界经济的基本特征是国际化、金融化和知识化；从微观上说，新时代背景下人类社会已经从工业社会转入信息社会，企业的经营环境发生了巨大变化。

一、企业价值创造模式的转变[①]

面对21世纪新的经营环境，企业价值创造模式发生了重大变化。在以人力资本为主导的企业里，观念或思想是资本，其他的东西不过是货币而已。"一流企业卖观念，二流企业卖产品，三流企业卖原材料或劳动力""卡通猪比猪圈里的猪更值钱"这些流行语便是企业价值创造模式转变的生动写照。

在以有形资产为基础的工业经济向几乎完全依赖知识资产的知识经济转轨过程中，人力资本创造价值的情形不断地发生于世界范围内的各种企业组织。这种情境也是有目共睹的。然而，基于货币计量，财务报表只能讲述企业有形资产的故事。今天企业的资产软性化，无形资产已经成为企业创造价值的重要源泉。无

[①] 本部分主要参考资料：胡玉明. 财务报表分析[M]. 大连：东北财经大学出版社，2016.

形资产可以使企业发展顾客关系，建立顾客忠诚度，发展新的顾客与市场，开发创新的产品与服务，以低成本在短时间内提供个性化、高质量的产品或服务，增强企业员工技术能力，提高生产能力和质量，缩短对顾客需求的反应时间。新信息技术的出现和全球市场的开放改变了现代企业经济活动的基本假设。仅靠有形资产，企业已经难以保持持续的竞争优势。信息时代呼唤着新的竞争驱动力。一个企业对无形资产的开发与利用能力已经成为创造持续竞争优势的主要决定因素。显然，财务报表没有充分讲述企业无形资产的故事，与当今企业价值创造模式不协调。

因此，企业的价值创造模式从主要依靠有形资产到主要依靠无形资产的转变对企业财务报表分析具有重要而深远的影响。以资产负债表、利润表和现金流量表这种表格化方法为特征的财务报表分析与有形资产占主导地位的环境完全匹配。因为影响财产、厂房和设备的各种交易都可以记录和反映在企业的账簿上。然而，特别关注无形价值创造机制的新经营环境更需要新的财务报表分析思维。价值不只源于有形资产，来自无形资产的价值越来越多。企业财务报表分析应该同时跟踪这两种价值驱动因素。因此，企业财务报表分析必须辨认、描述、监控和反馈那些驱动企业走向卓越的各种无形资产。

我们可以做一个极端的假设：如果两家企业财务报表或财务指标完全相同，难道这两家企业完全一样吗？答案是：可能不一样！因为这两家企业的价值创造动因及其持续性可能不同。例如，企业家精神、企业文化、人力资源的素质、员工的士气与凝聚力、品牌、客户资源等方面可能不同。这些正是财务报表及其财务指标没有充分反映的关键价值驱动因素。

【延伸阅读 6-1】

纵观国内外企业发展史，为什么有些企业能够经受百年的风雨沉浮而经久不衰，成为"基业长青"的企业？为什么有些企业只是昙花一现的"流星企业"而不能成为"明星企业"？为什么中国有些上市公司在上市之前绩效优秀，而上市之后没有多久就陷入困境，甚至退市呢？例如，乐视网、长生生物等。所有这些都向我们提出一个值得深思的问题：企业如何保持可持续发展？

如果企业没有可持续发展能力，创造价值过程终究难以持久，这样的企业最终必定走向衰亡，这样的例证比比皆是。那么，企业创造价值的动因是什么呢？也许，企业创造价值动因的"名单"可以列出一大串，但是，这个问题很难回答。因为不同企业创造价值的动因不同，即便是同一个企业也因其所处的生命周期不同而有所不同。"基业长青"的企业绝非一帆风顺。相反，"基业长青"的企业在长期的发展过程中也历经种种艰难和挫折，同样步履蹒跚，但它却展现出从逆境中迅速崛起的能力，从而最终赢得可持续发展的空间。

21世纪企业面临的经营环境改变了企业价值创造的模式：从主要依靠有形资产创造价值到主要依靠无形资产创造价值。由"制造"转向"创造"和"营销"，这是企业价值创造模式转变的重要标志。任何企业都因顾客的存在而存在。

企业满足顾客需求,只能赢得生存的空间。企业只有不断创造顾客的需求("创造")并引导顾客的需求("营销"),才能赢得发展的空间。在这里,"创造"解决企业的新产品或新服务的问题,而"营销"解决企业的顾客问题。如果企业的"创造"和"营销"都做得好,企业不仅可以不断推出新产品或新服务,还可以拥有源源不断的顾客。这样企业也就具备可持续发展的基本前提。

二、企业价值创造动因与可持续性

无论杜邦财务分析体系还是经济增加值观念都是一种结果导向的财务分析。以利润为例,企业发展战略、财务政策、营销政策都可以影响利润指标的信息含量。尽管可以通过应收账款周转率、存货周转率和经济增加值等指标对利润质量进行分析,但是,问题在于这种结果的驱动因素是什么?这种驱动因素又能够持续多久?这就涉及企业核心能力(价值创造动因)与企业持续创造价值,乃至企业可持续发展问题。

然而,基于历史成本原则,财务报表或财务指标"以会计特有语言"描述企业经营活动及其结果充其量只能说明企业过去的业绩。财务报表或财务指标并没有向人们保证或者承诺企业未来如何。因此,财务报表或财务指标只是讲述企业过去的故事,这就决定了财务报表或财务指标讲故事的逻辑起点是结果导向。单独的"结果"无法向财务报表分析者展示该结果的前因后果。例如,企业的价值创造动因是什么?其可持续性如何?

以我国上市公司为例,即使企业上市之前财务报表或财务指标完全没有问题,上市之后,企业照样可能陷入困境。这又是何故呢?因为财务报表或财务指标只是讲述企业过去的故事,企业上市之后,战略定位可能发生问题,导致恶化财务指标;也有可能在上市之后,企业内部组织结构发生变化而修改原先创造良好财务指标的前提条件,从而致使财务指标不佳;还有可能在上市之前,企业生产的产品正处于成熟期,财务指标自然良好,而上市之后,产品刚好进入衰退期,又不能推出新产品,企业财务指标当然不佳。诸如此类的原因都可能导致企业上市前后财务指标的变化。因此,不能忽略数字背后的"价值创造动因"而简单地将企业上市前后的财务指标进行对比。显然,财务报表或财务指标无法体现上述这些价值创造动因。只有立足于"环境—战略—行为—过程—结果"一体化的逻辑基础,财务报表分析者才能真正理解和体会"结果"为什么是这样的结果(即价值创造动因),从而才能判断其(企业价值创造动因)可持续性。

无形资产的重要性凸现,企业价值创造模式的转变,正是单纯的财务报表分析的缺陷。企业可持续发展是企业核心能力提升和价值创造的和谐统一。企业可持续发展包括企业核心能力的提升与价值创造两个主题。

品牌就是核心能力的外在表现。尽管企业之间的竞争通常表现为核心能力所衍生出来的核心产品、最终产品的市场之争,但其实质却是企业核心能力的竞争。企业只有具备核心能力，才能具有持久的竞争优势，否则只能是"昙花一现"。因此，企业的核心能力决定企业在市场竞争中的兴衰成败，企业核心能力的培植和提升至关重要。企业核心能力是企业的一项竞争优势资源，它能使企业的一项或多项业务达到国内或世界一流水平。企业核心能力是企业发展的长久支撑力，企业一时的成功并不表明企业已经拥有了核心能力。企业核心能力要靠企业长期而持久的培植。

企业核心能力的表现形式多种多样。核心能力可能表现为先进的技术，如华为的5G通信技术、中兴通讯的芯片技术、英特尔公司的微处理技术、佳能公司的影像技术；也可能表现为一种服务理念，如海底捞的"服务至上，顾客至上"的理念、麦当劳遍及全球的快捷服务体系。核心能力的实质就是一组先进技术和能力的集合体，而不是单个分散的技术或能力。企业的核心能力决定了企业价值创造过程及其可持续性。缺乏核心能力的企业，尽管在某个或某几个时期创造了价值，但是其价值创造却难以持久。企业只有持续不断地创造价值才能为企业培植、巩固和提升核心能力提供持续的财务资源，从而强化企业核心能力。这就是企业核心能力与价值创造之间的共生互动关系。只有核心能力的提升与持续创造价值形成良性循环，企业才能真正发展壮大。基于这样的认识，财务报表分析者需要以企业可持续发展为核心，以核心能力与价值创造共生互动关系为基础，关注企业价值创造的动因及其可持续性问题。价值创造是企业经济活动的目标。然而，企业现在创造了价值不等于未来还能够继续创造价值。这就需要深入探究：何种因素导致企业创造了价值？

第二节 关键价值驱动因素的界定

对于估值质量而言，对公司业务和经营环境的分析是非常重要的，更重要的是公司价值创造的过程。当对公司的经营业务进行分析时，所有关系到公司价值的变量都需要考虑在内。然而，这项任务涉及面非常广泛，需要包括很多变量，因此，整个分析和使用的过程是非常复杂和困难的。为了使分析操作起来更容易，基础分析的重点往往只放在有限的几个关键价值驱动因素上。

一、什么是关键价值驱动因素

为了理解公司的价值创造过程，需要确定并理解价值是从哪里创造的，即确认所谓的"企业价值驱动因素"。全面理解价值驱动因素以及对公司未来现金流量所造成的影响，有利于预估现金流量折现价值评估模型中的输入变量。

通常来讲会有数百个价值驱动因素，每一个驱动因素都会为公司的总价值增加一部分。当对目标公司进行估值时，要确定、分析和理解所有的价值驱动因素通常是不可能的，只需要将关注的重点集中在那些能最大限度地为公司创造增价值的驱动因素上，具有这些特征的因素被称作"关键价值驱动因素"。哪些因素是关键价值驱动因素会因公司和所处行业的不同而有所不同，而且这些关键价值驱动因素的影响力也会有所不同。

二、关键价值驱动因素的分类

现金流量折现估值的结果完全取决于模型所需要的输入数据。这些数据源自以下的分析：宏观经济形势、行业结构和发展趋势、目标公司的优势和劣势、关键的经济和财务变量、公司经营决策、其他所有对公司未来现金流量有很大影响的信息。其中，由财务、顾客、内部业务流程、学习与成长四个维度构成的平衡计分卡为分析企业关键价值驱动因素提供了一个思路。基于此，可以将关键价值驱动因素划分为两大类：财务价值驱动因素和非财务价值驱动因素。需要区分财务价值驱动因素，如营业利润率或投入资本回报率[①]，与非财务或营业价值驱动因素之间的不同。

（一）财务价值驱动因素

价值驱动因素在整个公司的每一个层次都存在。在上层管理者眼中，关键价值驱动因素通常反映的是公司的整体表现。因此，它们更多是以财务价值驱动因素的形式存在，并且在公司各个部门间、各个公司间甚至是各个行业间都是可以通用的。常见的财务关键价值驱动因素包括投入资本回报率、股东权益报酬率、营业利润率、收入增长率和营运资本的变化。

（二）营业价值驱动因素

财务价值驱动因素和营业价值驱动因素的区别在于，前者衡量的是公司在过去一段时间内的经营状况，而营业价值驱动因素可以当作公司未来经营业绩和未来现金流量的早期指示信号。例如，客户流失量的增大意味着销售额的下降，新产品销售额的增加意味着公司的产品组合会在未来市场上更有竞争力。

第三节 关键价值驱动因素的基础分析

确定公司的关键价值驱动因素并不是一个简单的任务，因为其隐含一个预设条件——对整个公司的价值创造过程有完整的了解。此外，关键价值驱动因素并不是一成不变的，它会随着时间的改变而改变，所以需要周期性地重复检查。鉴于财务关键价值驱动因素是通用的，所以建议对整个公司、主要营业部门和/或

---

① 投入资本回报率（return on invested capital，ROIC），是指投出和使用资金与相关回报的比例，用于衡量投出资金的使用效果。资本回报率是用来评估一个公司历史绩效的指标，其可以直观地评估一个公司的价值创造能力。

者分公司的分析从确定财务关键价值驱动因素开始。有了已经确定的财务关键价值驱动因素后,需要研究其他经营变量和环境的变化对财务关键价值驱动因素的影响,并以此来找出关键营业价值驱动因素。因此,建议使用情景分析来检查关键价值驱动因素变化所产生的影响,同时也可以帮助理解这些因素之间的相互关系。方法是将基础分析分成三部分,即外在部分、内在部分和联系两者的公司经营策略,如图 6-1 所示。

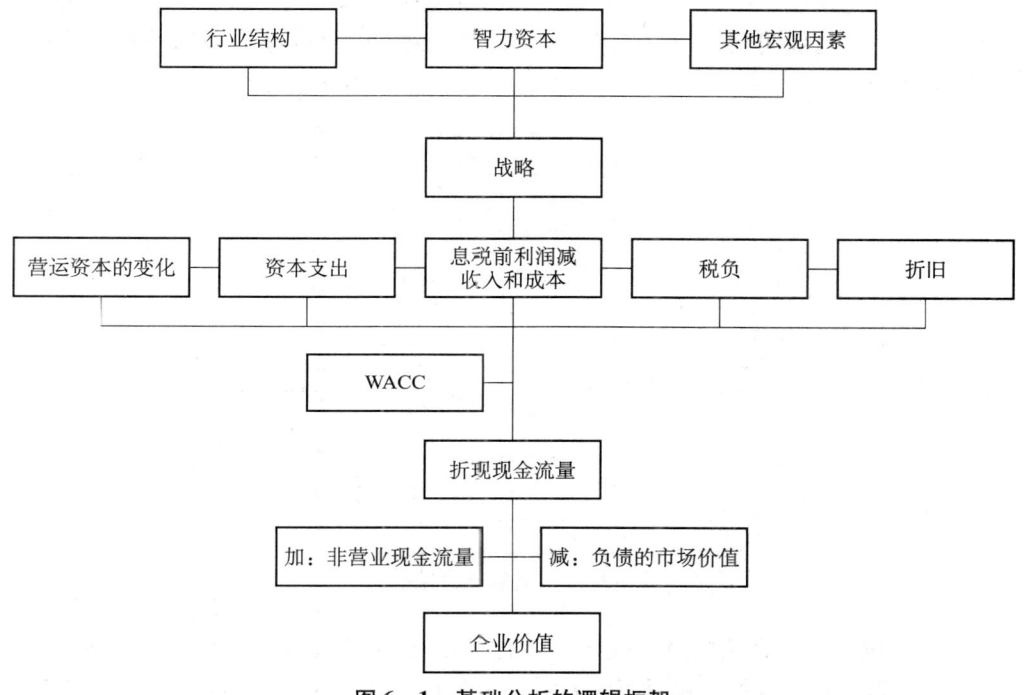

图 6-1 基础分析的逻辑框架

第一,外在部分包括对影响公司的经济因素进行宏观分析,以及对公司所在行业的结构分析。通常情况下,没有必要单独进行宏观经济分析,应该将外部分析重点集中在对行业结构的分析上。主要原因在于:一是最重要的宏观因素、经济增长和对行业的影响已经包括在行业增长变量中了;二是在公司价值评估中很难精确地对宏观变量进行预测。

第二,内在部分是指公司的内部资源,俗称公司的智力资本,包括公司的无形资产,如员工的知识水平、知识产权和公司控制其业务的标准流程。

第三,分析公司经营策略。公司策略就是其管理层在既定的外部和内部条件下为实现公司目标而采用的方法。策略本身并不包含任何价值驱动因素。相反,策略的意义在于公司如何从行业结构的关键价值驱动因素和智力资本中利用并发掘其杠杆作用。在这种方式下,选定的策略可以增加或减少某个价值驱动因素的重要性。

在分析非财务价值驱动因素前,对行业结构和智力资本进行阐述,包括利用波特五力模型对行业结构进行分析,以及利用"智力资本价值树"模型对智力资本进行分析。

一、行业结构

为了能够确定必要的假设条件,行业分析被认为是价值评估中很重要的一部分。波特五力模型基于所谓的五种能力对行业竞争结构进行了分析,这五种外力的结合确定了行业盈利的潜力。波特五力模型如图 6-2 所示,对这五种能力的具体描述如下。

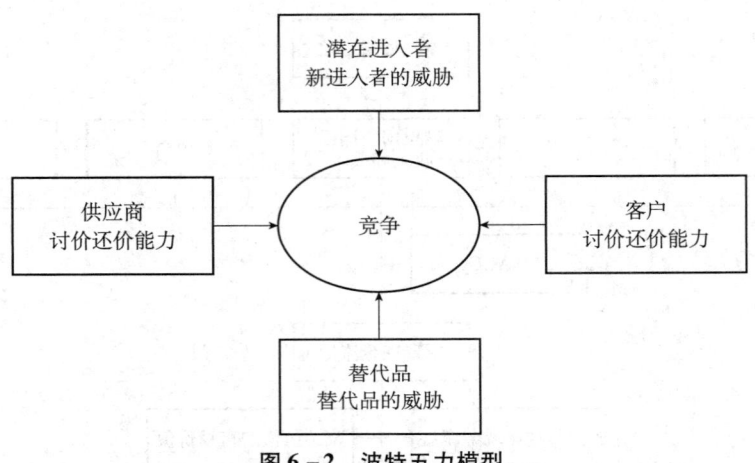

图 6-2 波特五力模型

1. 竞争。一个行业的竞争越激烈,盈利能力就越低。同一行业中的各个企业之间都是相互关联的。这就意味着,一家公司的竞争性举动会对其他公司造成影响,因而也会引起其他公司的对抗性运动。例如,这些动向可能会引发价格竞争、广告活动的竞争、产品的派发或是对客户服务质量的提高。当然,竞争在不同行业发挥不同的作用,也被不同的因素所影响,例如,行业整体的增长或是退出壁垒都会影响竞争。总体来说,一个行业的竞争越激烈,盈利能力就越低。对于一家特定的公司而言,最好的状况就是行业竞争弱(尽管对客户并不是这样的),这可能是由于行业发展的高速增长,也可能是因为市场上的竞争者本身就很少。

2. 潜在的进入者,或进入或退出壁垒。当提及外力因素时,进入壁垒通常是指很难或是需要花费很大代价才能在一个行业中树立起自己地位的常见方式。进入壁垒分为自然进入壁垒和非自然进入壁垒,前者包括经济规模、品牌、专利或是资金需求,后者包括法律法规、国家垄断和关税。对一个行业盈利能力最有利的是进入壁垒很高、退出壁垒很低,这样的形势决定了该行业价格竞争的风险相对较低,也就为稳定环境下的高盈利奠定了基础。最糟糕的情形是进入壁垒低而退出壁垒高,这就意味着会有很多公司在合适的时机进入这一行业中,但即使形势不好,也没有哪家企业能够轻松地离开。

3. 替代产品。在目标行业的分析中,替代品无论作为产品还是服务来讲,能够完全满足消费者相同的需要并提供相同的功能。替代产品通过设置产品价格的上限来限制本行业中企业的盈利能力。值得引起格外重视的是那些已经在行业内公认的能够产生很高额利润的替代产品,当同一行业内的竞争不断加剧时,产品价格就会下降,这一行业的产品将会成为具有威胁的替代产品。

4. 供应商的讨价还价能力。供应商如果处于优势地位,他们就可以对这一行业的盈利能力构成影响。例如,他们可以提高产品价格、降低服务水平或是采取一些其他影响行业结构的措施。类似供应商占据优势地位的例子有:供应商由为数不多的几家公司构成,相对于其客户的行业而言,供应商所处行业的集中程度较高。或者,目标行业对于供应商而言并不是其主要的客户群体。再者,供应商通过垂直一体化经营给目标行业造成了威胁,如果客户不愿意付更高的价钱,供应商可以直接将产品卖给消费者。

5. 客户的讨价还价能力。通过要求更低的价格、更好的服务或是更高的效率,客户群体也可以以相同的方式影响行业的盈利能力。可以提升客户讨价还价能力的因素有:一是客户比卖家更集中,并且能够大批量地买入;二是客户更换供应商的成本很低;三是客户通过垂直一体化给供货商造成了威胁。例如,如果供应商不同意降价,客户可以通过自己生产产品或是自己提供服务来对供应商构成威胁。

基于波特五力模型,就可以对企业所处的行业进行分析。该行业潜在的利润率高吗?其现有的利润率能够继续维持吗?波特五力模型是分析行业当前和未来状况非常好用的一种工具。

二、智力资本

智力资本通常定义为企业的市场价值与其净资产价值之间的差额,也有观点认为,智力资本是企业未反映在其资产负债表上的所有非财务资产。到目前为止,仍然缺少一个模型可以用来具体地计算出智力资本的价值。

早在1836年,英国经济学家西尼尔认为,智力资本是人类拥有的所有知识和技能的总和。被普遍接受的观点是在1969年由美国经济学家卡尔佩斯提出的。他认为,智力资本不仅是一种静态的、纯知识形式的资产,更是一种动态的、有效利用知识的过程。自20世纪90年代以来,学者们从不同角度定义智力资本,主要形成了无形资产观和能力观两种观点。无形资产观认为智力资本是知识等无形资产的集合,能够提升企业竞争优势从而创造价值。能力观认为智力资本是运用知识的能力,从而产生可持续的竞争优势。受经济社会的不同发展阶段以及地域文化差异的影响,对智力资本的内涵理解不一,研究的侧重点也有所不同。对智力资本的分类主要形成以下几种观点:二分法、三分法、四分法和多分法。比较不同的分类方法,基本都包含了人力资本、结构资本和关系资本,只是具体的项目内容有所不同[①]。

毫无疑问,智力资本已经被证明对于价值评估是相当有用的。因此,本部分介绍了一种具有代表性的分析方法,即埃德文森的"智力资本价值树"模型,简要阐述了企业智力资本分析结构化的方法,如图6-3所示。

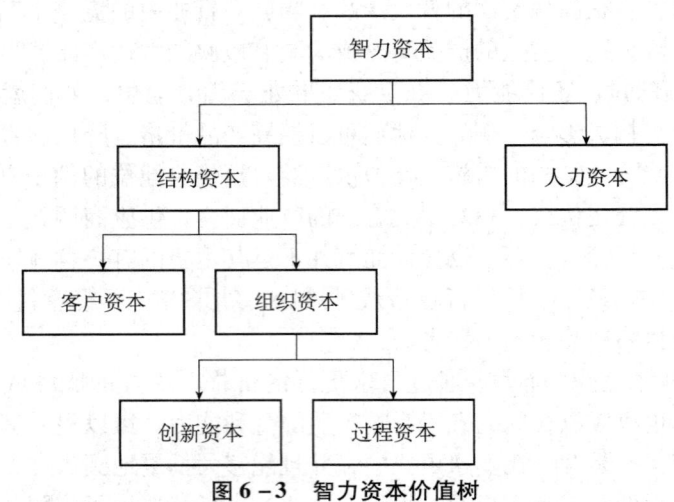

图6-3 智力资本价值树

"智力资本价值树"模型指出智力资本可以分为人力资本和结构资本。人力资本是指公司中每个人所拥有的智力资源,例如,专业技术、教育、与工作有关的知识和能力、企业家精神等。当每晚员工离开办公室之后,其智力资源也会随着离开公司。结构资本可以分为两个分支,即客户资本和组织资本。客户资本可以定义为公司与其所有客户之间所有相互关系的价值。组织资本包括过程资本和创新资本。过程资本是指所有的支持系统、过程文本、手册及IT系统。创新资本由品牌、专利及创意文本组成。

第四节 通用的营业价值驱动因素

在行业结构和智力资本领域中,有大量的影响公司价值的变量适合用来进行分析。筛选这些变量并进行分析需要花费很多时间,从某种程度上讲是不必要的一件事情,这就是为什么那些估值分析人员往往只会集中分析少数的几个变量。瑞典皇家工程科学院在《成长公司价值评估》中公布了对企业价值创造有显著影响的7个主要的非财务价值驱动因素,它们对于不同公司而言已经基本是通用的价值驱动因素了。重要的是,这些变量可以在不同公司间及不同行业间表现得有所不同。当以估值为目的对一家公司进行分析时,不能想当然地认为这7个变量都是最适合的。如果发现了更能说明公司价值的其他变量,就应该使用这

---

① 李连燕,王伟红. 国外智力资本研究综述及展望[J]. 国外社会科学,2019(6):89-97.

些更合适的变量。然而在大多数情况下，这 7 个变量中至少有几个是经营性关键价值驱动因素，因而可以作为分析的基础。

一、行业结构价值驱动因素

行业结构中有三个关键的价值驱动因素，即集中程度、进入壁垒和行业增长。

（一）集中程度

集中程度是指在同一行业中公司的数量，是用来衡量竞争程度的一个标准。如果同一行业中有 200 家竞争的公司，就可以假定这一行业存在着激烈的竞争，因此，其利润率会偏低。如果这一行业只有三家公司，就可以期望高一些的行业利润率，甚至是一定程度的联合竞争。

公司的地位越近似于垄断，公司的这一地位就越具有吸引力。原因在于，一家垄断企业享受到了处于激烈竞争中的企业所没有的优势。垄断企业可以为其产品和服务定一个高价，又或者在价格下降时实行限量供应。此外，垄断企业可以基于不同的客人设定不同的价格，对价格进行微调整以实现其企业利润的最大化。最终，垄断企业可以通过大规模生产来降低成本，同时可以在与供应商谈判时占据有利地位。

一种用来衡量集中程度的方式就是通过公司所占有的市场份额。这一方法是通过用公司市场份额除以总的市场份额（如本行业中的四大公司）计算得出的。这种衡量方法能很好地说明目标公司在一个特定行业中的主导地位以及该行业的竞争水平。

（二）进入壁垒

正如前面所提到的一样，有两种类型的进入壁垒——自然的和非自然的。自然进入壁垒可能是经济规模、巨额初始成本或是强大的品牌效应，这些都可以在竞争激烈的市场中营造出一个类似垄断的情况。非自然进入壁垒，例如，法律法规、国家垄断或是市场上其他类似的干涉行为等限制了现有公司的数量。正如前一部分所介绍的一样，一个行业中的竞争水平对于公司的盈利能力有着至关重要的影响。行业的集中程度给出了行业当前状况的一个简单的概括，但是却没有为行业未来的状况提供任何有价值的信息。对于一个特定行业而言，其结构持久性的主要指标是它的进入壁垒。例如，当某家公司已经达到类似于垄断地位的状况时，其行业进入壁垒可以决定该企业的垄断地位能够维持多久。如果没有较高的进入壁垒，近似垄断地位的情景是不会维持太久的，因为其他的企业会被很快吸引进来并在市场中建立起他们的地位。

进入壁垒的衡量方法有两种，即时间和货币。以时间为计量是指企业作为一个新进入者需要花费多长时间才能对行业中现存的竞争者造成威胁；以货币为计量是指为达到相同目的所需要的净成本现值。

(三) 行业增长

一个行业的高速增长往往可以使该特定行业中的公司价值更高。行业增长率可以包含两个变量，即国内生产总值的增长率和行业自身的增长率。高速增长的行业具有很强的吸引力，其原因有两点。首先，行业高速增长意味着市场在扩大，在此情形下，公司可以在保持或是失去一部分市场份额的前提下，依然能够增加收入和其潜在的利润。在低速增长甚至是负增长的行业中，公司不得不尽可能地抢占市场份额，由此常常会引发公司间的价格战，从而降低公司的边际收益和利润。其次，行业高速增长意味着该行业处于活跃发展期，由此通常可以引发出一个新的行业分割，从而为公司迅速变成市场的领导者、占据其垄断地位提供新的机遇。行业高速增长常常给该行业中的企业创造出能获得更高回报的市场地位的机会。

各种市场研究公司和行业机构都在不断更新和预估行业的增长率，从这些发布的公开数据中可以获得估值所需的相关数据。

二、智力资本价值驱动因素

正如前面提到的价值树所阐述的一样，智力资本一共由四个独立的部分组成，即人力资本、客户关系、创新资本和过程资本。这些领域涵盖了企业智力资本所有的潜在资源，我们将会在下面部分就每一个领域中最重要的价值驱动因素做出解释。

(一) 品牌实力

客户资本可以定义为公司与客户关系的净现值。当然，它可以通过许多不同的方法加以衡量。但是，经常被认为最重要的两点是公司现有客户的忠诚度和公司吸引新客户的能力。客户忠诚度是非常重要的，因为它与公司的盈利能力有最直接的联系。通常来说，相对于通过现有客户增加收入所需要付出的成本，获得新客户所需要的花费是更高的。获得新客户也很重要，因为它为已有的客户群体和市场份额潜在的增长率提供了可能性。估算这两个变量及其后续的客户资本的一个最好的方法是分析品牌的优势。

品牌重要性的原因有很多。第一个原因，全球一体化使得市场变得越来越大，同时也越来越容易进入一个新的行业。相应地，竞争者也变得越来越多，行业背后所隐藏的保护性关税已经不复存在。在为了获得更多客户而进行的这场激烈的战斗中，强大的品牌效应是将该企业产品和服务区别于其他企业，并将优势集中在该品牌所有者身上的一个有效武器。

品牌效应变得越来越重要的第二个原因在于"技术集中"。某一产品、服务或是理念的竞争优势是很难长时间加以维持的。一个创新产品或是服务问世不久，竞争者就能够很快复制并冠以自己的名字后重新推出。其结果就是，极少有产品是真正与众不同的。唯一的不同之处是其品牌，品牌已经逐渐变成客户选择的决定性因素。这一奇怪的现象随着 IT 产业的发展及劳动力流动性的增加愈演愈烈，伴随而来的就是产品的研发和新产品的复制速度变得越来越快。

第三个原因是品牌能够给其所有者一定程度的竞争性保护，因为它能作为一个很强的进入壁垒发挥其功能。在一个现有参与者拥有很强大的品牌忠诚度的市场中，新的竞争者想要进入该市场是非常困难的。试想一下，如果你想进入饮料行业与可口可乐和百事可乐进行竞争，通过自己的产品建立品牌，想要让自己的产品在这样的市场状况下进入潜在客户群的消费意识中，一定需要付出非常大的代价。

此外，与人力资本不同，品牌归公司所有并且按照公司自己的方式保持和客户之间的关系。品牌总是能够经得住时间的考验，一个公司的品牌效应往往会比其早期推出的产品更持久。以 IBM 为例，公司创业之初是只在工厂范围内销售产品的品牌。随后，其强大的品牌效应使其能够制定一个更高的产品价格，最终获得超过行业平均水平的利润。

衡量品牌优势的方法是综合考虑两个因素，即品牌忠诚度和品牌认知度。品牌忠诚度反映了公司留住现有顾客的能力，可以用顾客的重复购买率来衡量。品牌认知度是对公司赢得新客户的可能性的评估，可以通过企业目标顾客群中能识别企业品牌及了解品牌意义的顾客所占的百分比来进行评估。

（二）管理层和董事会的能力与动机

人力成本包括公司的整合能力、关系、才能、知识和经验。公司人力资本和结构资本的最主要区别在于人力资本并不能为企业所拥有。对人力资本的分析可以分为能力和动机两部分，分析应该着重关注公司管理层和董事会团队。

董事会和管理层团队都需要分析，因为他们是相互依赖的。一个水平低的董事会团队可以毁掉企业中一个优秀的管理层团队，同样地，能力差的管理层团队也会阻碍一个优秀的董事会的进步。动机同样非常重要，因为有时仅仅依靠能力并不能保证一定会有好的结果。反之亦然，如果公司董事会和管理层团队是完全没有管理能力的，那么仅仅依靠动机，其收效也是微乎其微的。动机可以被分成两部分：一部分是财务动机，包括期权、现金奖励或是其他与经营绩效相关的奖励；另一部分包括公司整体的工作环境和工作氛围。

因此，可以通过一些关键价值驱动因素来评估董事会和管理层过去的表现，隐含的观点是过去的表现有时可以反映公司未来的表现。例如，将薪酬的一部分直接或间接地与价值创造相关联并结合管理层人员流动率来衡量激励的水平。

（三）创新能力

当衡量公司在市场上的未来前景时，公司不断地更新并在新领域取得突破的能力是至关重要的。创新能力是指一家公司对其当前产品的更新换代、开发一个全新的产品或是对已有产品的更新能将公司引入一个新的行业细分市场的能力。

创新能力的重要性已经在过去的几十年中有了显著的提高,由此导致了产品的生命周期不断缩短。类似的情形在大多数成长型企业中经常可以看到,类似的公司生产新产品和服务的能力,即其创新能力,通常是企业未来获得成功的决定因素(如手机行业)。

衡量创新能力可以通过确认企业收入中源自过去 2～3 年推出的产品和服务所占的百分比多少。这不仅能够衡量出公司开发新产品和服务的能力,还能够衡量出公司将该产品推向市场并以此创新产品为基础来为公司增加收入的能力。

(四)独立于个人的知识

在麦当劳与其分销商签订合同的 11 天后,新的麦当劳餐厅就可以建成并且开始为顾客提供汉堡。麦当劳建立新餐厅的程序在过去的这些年中已经变得很精炼,并且整个程序也有了很详细的标准。这就是一个关于如何创建独立于个人的知识的例子。

独立于个人的知识对于公司而言也是非常重要的,其原因有两个。其一,这部分知识是归公司所有的,它不会因为员工的离开而消失。正是因为如此,相比于纯粹的个人资本而言,独立于个人的知识对公司风险更低。其二,独立于个人的知识比人力资本能发挥更大的杠杆效应。原因在于独立于个人的知识可以同时被很多人在同一时间使用,也很容易进行分配。如果麦当劳只有一个能掌握上述知识的建筑承包商,他们只能每 11 天建造一家餐厅。通过将这些知识以电子手册的形式存储起来,它就可以由很多人在很多地方同时使用。

三、基础分析框架

前面已经阐述了如何将基础分析结构化,其分析模型包括三部分,即外在部分、内在部分和两部分的联系——战略。我们在每个对应的领域一共陈述了 7 个关键价值驱动因素。基础分析的最终模型如图 6-4 所示。

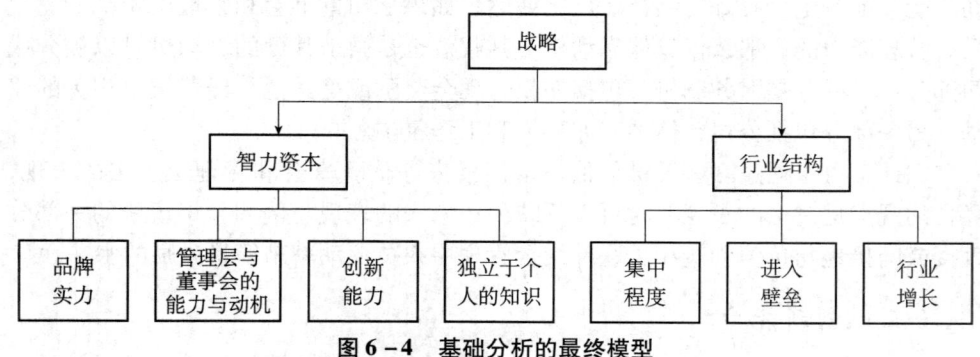

图 6-4 基础分析的最终模型

这一模型旨在为评估者试图了解企业时提供一个灵感或是想法,同时也能为公司当前和未来的地位及意愿做出一个整体的概括，希望能够对公司的基础分析有所帮助。此外，通过结构化的基础分析，价值评估会更准确，评估者也能在对该价值评估进行时有一个良好的基础。

正如前面所提到的那样，除了已经阐述过的7个关键价值驱动因素外，还有一些其他的关键价值因素，这些因素可能对于你想评估的公司而言更适合。总之，评估者可以根据自己的选择，选出最适合行业和公司的驱动因素。

第五节　关键价值驱动因素的例外情形

前面章节所阐述的主要内容是就企业获取基础价值驱动因素、以合理的方式将其结构化，并使它们形成估值概念框架。从价值角度看，公司所具有的高度理想化的特征可以是一种特殊的产品或服务，或是一个特定行业的主导地位。换句话说，投资者会寻求在一个行业有一定的垄断地位的公司来投资。正如巴菲特提出的其判定投资机遇的一个重要标准，他认为判断一家公司是否值得为其投资，这要看该公司是否享有消费者垄断。因此，如果投资者对此感兴趣，那么要怎么来衡量它？目前尚未形成一个共同的认知或是有效的模型可以来对垄断进行计量。更确切地讲，当估值涉及需要考虑垄断时，还没有一个可供合理分析的框架。

缺乏对垄断的分析模型可能是因为"垄断"这个词本身的特征，其代表着政府对行业的约束，以及由此而出现约竞争的减少，这些无疑对于消费者而言是不利的。但是，投资者所偏好的垄断并不受政府的约束，而是由创新和高速增长所驱动的。对垄断进行早期研究的约瑟夫·熊彼特指出，垄断不应被视为资本市场竞争的失败，恰恰相反，其应该作为经济发展的驱动因素。熊彼特认为，确立一个垄断的地位可以激励企业勇于创新实现其产品和服务的资本化。在竞争环境中的垄断，由于没有政府的约束和其他人为的进入壁垒，将不会持续很久，因而被认为是暂时性的垄断。企业将不得不转移到另外的领域或行业，并试图创造一个新的暂时垄断。

关于公司取得成功的基本思想是，企业的成功很大程度上取决于其创造和维持其暂时垄断地位的能力。当讨论"垄断"这一术语时，需要注意的是，垄断是指一家公司在某一特定的行业、行业中的分支或是细分行业中有绝对的主导地位。在一个高度集中的行业中，垄断公司所占的市场份额要求达到60%～70%。但是在一个高度分散的行业中，仅仅20%的市场份额也可以被视为垄断，因为在此行业中的其他竞争者只能拿到1%～2%的市场份额。传统的垄断概念要求在这一行业中只有一家公司，这样的垄断称为绝对垄断。

我们将阐述从垄断角度来对公司进行分析的框架，这一框架也可以为公司估值提供一些额外的输入变量。

一、当前的暂时垄断

一个可以用来计量垄断程度的标准是垄断量。如何将垄断量化？市场份额很明显地为公司在任何市场上的垄断程度或多或少提供了一些指标，但这仅仅只看到了问题的一部分。

考虑这样一个例子，两家处于不同行业的公司 A 和 B，所占的市场份额都为 30%。很明显，这两家公司在其各自的领域中都是很重要的公司，都占据很重要的地位。但是它们到底有多重要呢？其中，A 公司的竞争者占有 45% 的市场份额，B 公司的竞争者都是小公司，只占 1%～2% 的市场份额。显然，B 公司的市场地位更高，在产品或服务的价格上拥有更强大的主导权。换句话说，B 公司比 A 公司有更强大的垄断地位。这个例子就解释了为什么单纯地看市场份额不能为衡量垄断程度提供足够多的信息。

另一个可以用来计量垄断程度的标准就是同一行业竞争者的集中程度，也就是在这一行业中竞争者的数量。如果分析的目标公司处在一个只有三个竞争者的行业中，且目标公司在这三家公司中占有统治地位，那么它就拥有垄断优势。在这种情况下，集中程度就为衡量目标公司的垄断地位提供了一个很好的指标。也有这样一种可能，目标公司的一个竞争对手占有 70% 的市场份额，而目标公司与另一家公司共同分剩下的 30% 的份额。在这种状况下，集中程度就为企业的垄断形势提供了完全错误的信息。

为了能得到一个更适合的计量方法，需要将市场份额和集中程度综合在一起考虑，就是所谓的相对市场份额。可以用下面的公式来定义相对市场份额：

$$相对市场份额 = \frac{公司的市场份额}{行业中最大的四家公司所占的市场份额之和}$$

使用相对市场份额来判断，如果该行业中其他公司的市场份额不超过 1%，拥有 20% 的市场份额就可以被认为具有垄断优势。如果是在一个只有三家公司的高度集中的行业中，拥有 80% 的市场份额就可以被认为具有垄断地位。从数学的角度讲，相对市场份额越接近 1，公司就越接近绝对垄断的地位。

找到一个衡量公司暂时垄断程度的方法固然是一个好的开始，但是这个方法只能对当前的状况进行一个静态的描述，我们还需要知道围绕垄断的动态情况和其未来的发展状况。正如"暂时"这个词所暗示的，在竞争的环境中，垄断地位并不能维持很久。其原因在于，由垄断带来的高额利润（假定垄断公司是效率很高的公司，可以通过降低成本和提高产品价格来巩固其地位）可以吸引很多竞争者进入该行业，使得该行业的竞争变得更加激烈。公司需要建立其垄断的优势地位，更具体地说是其垄断的持久度。垄断公司的高额利润会吸引新的公司加入这一行业中。能够阻止这些潜在的新进公司加入竞争的方法就是提高进入的难度，如进入壁垒，其决定了暂时垄断的持久性。

相对市场份额和进入壁垒所提供的信息为分析企业当前暂时垄断地位提供了

一个可分析性的框架。需要注意的是，这些分析可以针对企业的每一个部门实施，进而能够反映出整个公司的总体形势。同时，这种分析也可以应用在不同的行业中。没有一家公司（即使是可口可乐公司）能够长久地在饮料行业中占据垄断地位。但是如果将细分的行业限定在可乐饮料，情况就会不同了，可口可乐从某种程度上来说就是垄断者。

对于公司暂时垄断地位的存在性和持久性的分析可以直观地通过图6-5表现出来。图形中横坐标表示相对市场份额，在横坐标上越靠右，公司的相对市场份额就越高（相对市场份额的比率越接近1）。纵坐标表示想要进入行业的总体进入壁垒，行业的进入壁垒越高，就越会靠近纵坐标的上方。45度分角线表示，越靠近分角线的右上方，公司的暂时垄断地位就越强，其地位也会越持久。简言之，公司所处的位置越靠近右上方，从垄断地位的角度讲，企业的经营就越具有吸引力。

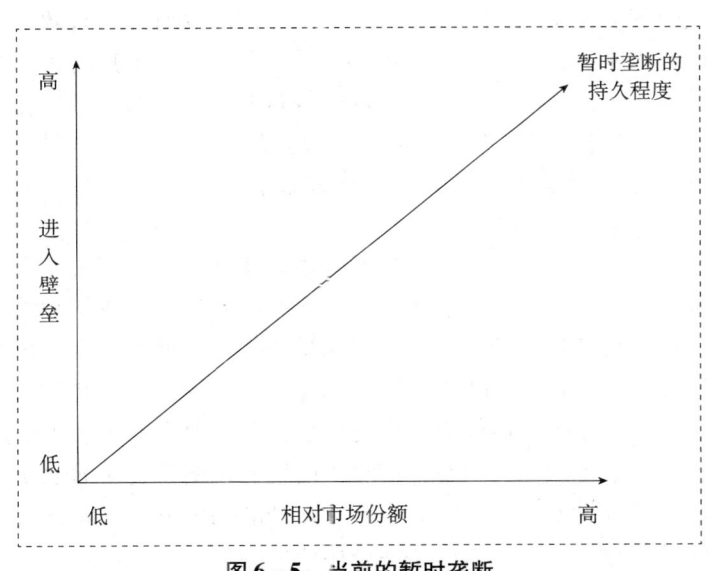

图6-5 当前的暂时垄断

那么，就公司经营而言，暂时垄断意味着什么？假设一家公司处于图形的右下角，那么其就拥有很高的市场份额，继而就会有一个暂时性的垄断地位。从价值创造角度来讲，目标公司就会有很高的可能性为股东带来大量的现金流量。其中隐含的意义在于，该目标公司的估值会很高。但是，正如从DCF模型中所看到的一样，所需要评估的是未来现金流量。

当公司所处行业的进入壁垒相对较低，这就意味着新公司很容易进入这一行业中。换句话说，该公司的暂时垄断地位并不会太持久，股东无法保持目前所获得的现金流量的风险就会比较高。如果公司拥有相同的相对市场份额，同时也有很高的行业进入壁垒，即图6-5中纵坐标靠上部分，那么在其他状况保持不变的前提下，公司就会有更稳定的现金流量，因此，公司的估值也会更高。从投资者的角度看，如果他们自认为可以提高进入该行业的壁垒或是有人可以做到，那么这些投资者就会对目标公司很感兴趣。提高进入壁垒的手段包括规模化、建立品牌忠诚度，或是更紧密地绑定重要的供应商和分销商。

考虑一个处于图6-5中左上角的位置的公司，这样的公司处于进入壁垒高的行业中，因此，该行业是被保护着防止新企业进入的。但是，该公司并没有占据行业中的主导地位，本行业中还有其他的公司占据着更大的市场份额。因此，目标公司在本行业中并没有垄断地位。在其他情况相同的前提下，拥有更高相对市场占有率的公司（如图6-5中在靠近横坐标右边的位置）会有更大的现金流量，进而也会拥有更高的价值。从投资者的角度看，如果他们相信公司将会并且可以提高市场份额，投资者就会对收购这一公司感兴趣。

二、未来的暂时垄断

公司的垄断程度及持久性可以为公司当前经营的价值提供有效的指导，但其中不包括任何对未来经营所得现金流量的分析。上面的例子只能解释当前已有的暂时垄断及其持久性，不能提供关于企业获得新的暂时垄断机会的任何信息。并且，"暂时"一词意味着垄断的状况不会一直持续下去。因此，判断公司创造新的暂时垄断的能力对于公司估值来讲是非常重要的，需要另外一个工具来分析公司。

当然，公司在未来确立垄断地位的能力很大程度上取决于公司自身。公司开发新产品和服务的能力，以及将这些产品或服务商品化，并在新领域里获得统治地位的能力，可以在某种程度上为分公司或是一个部门创造新生的机会。这一能力就是"创新能力"。在当今激烈的竞争环境中，产品的生命周期已经变得越来越短，这就意味着企业的创新能力变得越来越重要，通常情况下可以用过去三年的新产品或服务的销售额占公司整体销售额的比例来衡量公司的创新能力。

假设公司当前有足够的创新能力来开发新产品和服务，公司就能够自然地获得未来暂时的垄断地位吗？还需要考虑公司所处的整个大环境。

简单来说，必须存在公司确立其暂时垄断地位的机会以及公司内部创新的可能性。公司如果想建立新的暂时垄断地位，需要建立一个新的分公司或是细分部门。分公司或是细分部门建立的快慢程度被称为行业的动态程度，可以根据行业的增长率来估算公司的动态程度。高速增长的行业比低速增长的行业所能提供的行业机会多，因为新的暂时垄断地位的创造很大程度上取决于分公司和细分部门的形成。增长率越高，创造未来暂时垄断地位的行业机会就越多。

图6-6反映了公司内部为创造未来暂时垄断地位所需要的内部装备及行业机遇。横坐标通过行业增长来表示行业机会，行业增长速度越快，创造暂时垄断地位的行业机会就会越多，行业在图中的位置就越靠右。纵坐标通过衡量公司新产品或服务的收入相对于公司总收入的比率来表示公司的创新能力。在图中纵坐标的位置越高，表示企业的创新能力越强，相应地，其创造新的暂时垄断地位的内部能力就越强。45度分角线综合反映了公司创造未来暂时垄断地位的内部及

行业机会，越接近图中右上的部分机会就越大。

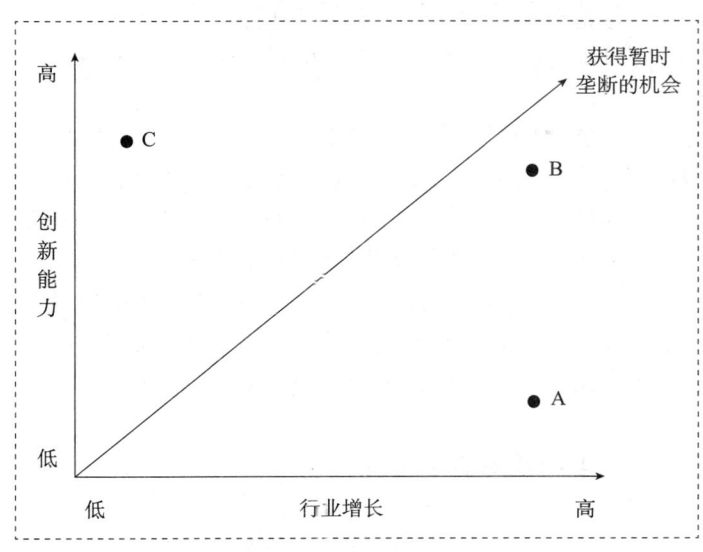

图 6-6 未来的暂时垄断

关于公司未来的机会，图 6-6 告诉了我们什么呢？考虑一家处在图中右下部分的公司 A，该企业处在一个高速增长的行业中，有很多创造新的暂时垄断地位的机会，但是其创新能力很低或是几乎没有。因此，公司没有能力通过开发新产品或是服务来抓住这个市场机遇。很明显，同一行业中有更高创新能力的另一家公司 B 将会有机会获得未来暂时性的垄断地位。正因为如此，假设其他经营状况相似，B 公司从新的暂时垄断地位中获得未来现金流量的可能性将会更高。因此，在其他条件都相同的前提下，B 公司价值会更高。

以另一家处于图 6-6 左上角的公司 C 为例。该公司拥有很强的创新能力，但是由于其处于增长速度很低的行业中，因此，公司几乎没有创造新的暂时垄断地位的可能性，该公司是在一个错误的行业中创新。还有一家具有相同的创新能力，但是处在有很高增长率的行业中的公司，其会有更多的行业机会，很明显地也将有更多的机会创造未来暂时性的垄断地位。通过建立其未来暂时垄断地位，公司将会有可能增加其未来现金流量，因此，其未来价值也会越来越大。

第六节 关键价值驱动因素分析的难点

一、宏观环境变化下的估值

如果不对公司运营所处的总体经济形势进行假设，那么，对一家公司进行估值显然是不现实的。由于经济的不稳定性会加剧公司收益和现金流的波动，因此，在通货膨胀率和真实增长率稳定的成熟经济体中，公司估值也相对较为容易。在这种情况下，随着时间的推移，公司价值的主要变动来源于公司具体变量的变化。如果作为估值对象的公司处于持续变化中的经济环境，那么，我们必将面对完全不同的挑战，因为宏观经济环境的变化可能会大幅改变全部公司的价值。

通常情况下，实务中公司价值的变化受制于三个总体性宏观经济变量。一是真实经济的增长率。这个增长率的变化会影响所有公司的增长率（和价值），但受影响最明显的当属周期性行业。二是预期的通货膨胀率。当通货膨胀率剧烈波动时，它给公司价值带来的影响既有可能是有利的，也有可能是不利的。与缺乏议价能力的公司相比，议价能力较强的公司可以将通货膨胀的上涨转嫁给它们的顾客，从而减小了通货膨胀率的影响。三是汇率。在将现金流的计价币种从一种货币转换为另一种货币时，需要对未来的预期汇率做出假设。

二、贯穿整个生命周期阶段的估值

虽然决定所有企业估值的关键价值驱动因素及变量都是一致的，但是针对不同生命周期阶段的公司估值时所面临的挑战会大不相同。所有企业都要经历一个生命周期，从最早的创意企业开始，逐步实现高成长，进而成熟并最终衰退。随着公司进入生命周期的不同阶段，确定估值变量的难度也各有不同。公司越是处于成熟稳定时期，就越应该将大部分的注意力集中在现金流量折现估值法上，而对于新成立的或是规模较小的公司，则应该选择基于乘数的估值方法。因此，有必要从生命周期的五个阶段开始，并考虑估值在每个阶段面对的挑战，如图6-7所示。

需要注意的是，各个阶段的时间跨度可能因企业而异。例如，百度、腾讯、谷歌、亚马逊这样的企业，它们会快速经历早期阶段，并迅速发展为成长型企业，而其他公司则需要调整，循序渐进地走过早期阶段。很多成长型企业经过几年时间的成长便进入成熟期。而对于海尔、联想、IBM和可口可乐这样的公司，它们的成长期可能要延长至数十年。在整个生命周期的每个阶段上，都会有一些公司中途夭折，或是因为在耗尽现金之时未能找到新资金，或是因为在偿还债务方面遭遇危机，如雅虎、柯达、乐视等。

（一）初创企业

每个企业都是从一个想法开始的。这个想法萌发于市场需求，此时，企业家看到了这种需求以及满足这种需求的方式。尽管大多数创意均无疾而终，但还是有些人走出了第二步：投资于这个创意。用于投资的资金通常源自个人资金（来自储蓄、朋友和家庭），在最理想的情况下，这笔投资可用于出售以得到产品或服务。假设产品或服务有现成的市场，那么，企业往往就需要得到更多的资金。这个阶段的资金通常由风险投资者提供，他们以出资来换取对企业的股权。同样做最乐观的假设，对这些企业的投资者来说，成功最终或将体现为向公众公开发

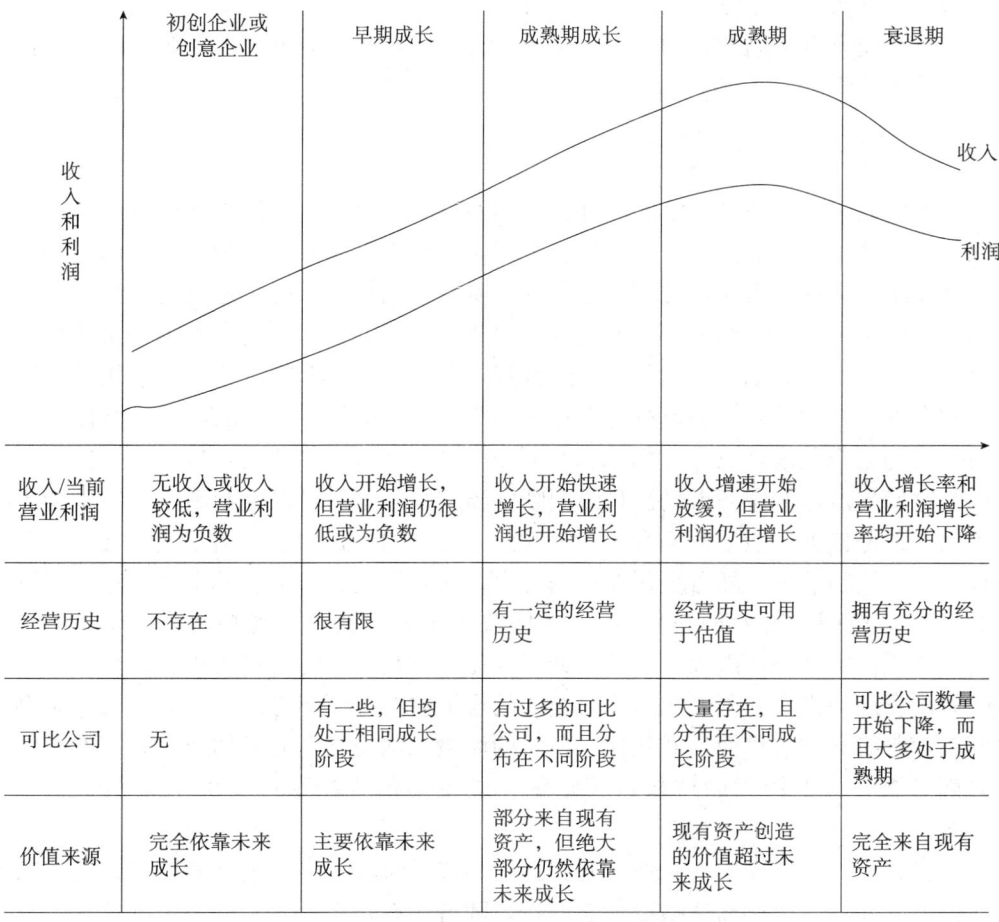

图 6-7　贯穿于整个生命周期的估值问题

资料来源：达莫达兰著. 估值：难点、解决方案及相关案例（第3版）[M]. 刘寅龙译. 北京：机械工业出版社，2019.

售股份或是整体出售给其他买家。

在这个过程中的每个阶段上，我们都需要估计企业的价值。在创意阶段，尽管价值可能还无法体现为写在纸面上的数字，但创造价值的潜力可以吸引企业家投入时间和金钱来兑现这个想法。在筹资过程的后续阶段中，估值开始逐渐清晰化，因为它们确定了企业家为换取外部资金而必须放弃的股权比例。在公开发行时，估值则是确定发行价格的关键。

该阶段估值难题：现有资产很少或根本就没有；几乎全部价值均来自未来的增长预期；目前的财务报表不能为预测未来的潜在利润和收益提供任何线索，而且几乎没有可用于制定风险衡量指标的历史数据。当然，在进行估计时，最糟糕的事情莫过于很多初创企业根本就活不到进入稳定增长的那一天，而且估计生存下来的企业会在何时进入成熟期同样难以做到。此外，这些公司的成功往往依赖于一个或几个关键人物，因此，一旦失去这些关键人物，就有可能给价值带来重大影响。在对初创企业股权进行估值时,一个需要解决的问题就是不同股权投资者对现金流享有不同的权利。对现金流享有优先索取权的投资者,其持有的股权自然更有价值。

(二) 成长型企业

有些创意企业通过竞争的历练进入初期成长阶段。这些成长型企业的产品或服务已找到了相应的细分市场,尽管个别企业仍维持私人拥有的状态,但很多企业已完成了公开上市企业的转型。在这个阶段,虽然收入增长速度通常维持较高水平,但是为培育市场份额而形成的相关成本,可能会造成经营损失和负的现金流,至少在增长周期的早期阶段,这种现象较为普遍。但随着收入持续增长,营业利润开始转为正数,而且往往会在前几年里呈现出指数形态的爆发式增长。

与初创企业或创意企业相比,针对早期成长型企业的估值相对要容易一些。因为它们的产品和服务市场已日渐明晰,当期财务报表可以为判断未来盈利能力提供一部分依据,但估值仍有不确定性。一是公司披露的收入增长速度会保持何种状态,换句话说,随着公司规模的扩大,收入增速的下降会有多快?这个问题的答案会因不同企业而有所不同,具体取决于公司的竞争优势及其所服务的市场。二是确定利润率随收入增长会如何变化。三是对如何通过再投资维持收入增长做出合理假设,并同时判断针对企业的投资收益率。四是随着收入增长率和利润率随着时间的推移而不断变化,公司的风险如何变化。五是如何对公司在不同时期可能向员工授予的期权进行估值,以及如何判断这种行为对每股价值的影响。

在整个成长周期中,企业从初露锋芒的成长阶段循序渐进地发展到稳健增长阶段,这些问题也逐渐变得更易于回答。随着现有资产的盈利能力不断增强,并成为公司整体价值的主要来源,增长型资产对总体价值的贡献比例开始下降。

(三) 成熟型企业

即便是最优秀的成长型企业也会遭遇增长瓶颈,因为任何企业发展到一定阶段,都会遇到规模不经济的制约。公司的收入及利润增长率会趋同于总体经济增长率。在此阶段中,公司价值的绝大部分来自现有投资,而财务报表则能提供更丰富的信息。收入增长趋于稳定,盈利模式已经形成,而且可以更容易地预测收益和现金流。

虽然针对这些企业的估值会变得更简单,但分析师还是需要关注某些潜在问题。第一个问题是经营成果(包括营业收入和营业利润)反映了公司对现有资产的利用情况如何。即使是在短期内,经营效率的变化也会对收入和现金流产生重大影响。第二个问题是成熟型企业有时会借助收购来寻找新的增长潜力。预测收购的规模和后果显然要比估计有机增长或内部投资带来的增长困难得多。第三个问题是成熟型企业更有可能寻求以财务重组来提升其价值。为企业提供资金的债务与股权组合可能会在一夜间发生天翻地覆的变化,而且资产(如应收账款)

本身是可证券化的。第四个问题是成熟型企业的股权往往在投票权和控制权方面存在不同诉求，因而导致其价值有所差异。成熟型企业往往会关注敌意收购和杠杆收购，在买方看来，通过改变公司的运营方式可以带来价值的显著增加。

（四）衰退型企业

大多数公司在生命周期中都不可避免地走到这一步：此时市场开始萎缩，盈利能力开始下降，对未来的预测更为悲观。面对这种形式，部分公司的反应就是出售资产并向投资者返还现金。换句话说，进入这个阶段，这些公司完全依赖现有资产获得价值，而且这个价值预期会随着时间的推移而减少。还有一些企业幻想着逆流而上，试图通过向不良业务注入更多资金来重新召回正在失去的青春，但是在这个过程中，它们只会丧失更多的价值。

对衰退型企业估值时，需要对随时间推移而被剥离的资产以及尚存资产的盈利能力做出判断。对资产剥离可以取得的现金数量以及如何利用这笔现金（用于支付股息、回购股票或是偿还债务）的判断，同样会影响到公司的价值。针对这个阶段的估值还存在另一个问题。有些进入衰退期的企业承担着巨额债务，这有可能将它们拉入危机中。尽管这个问题不止局限于衰退型企业，但在它们当中显然更为常见。

对习惯于站在未来增长预期立场上采用传统估值模型的分析师来说，衰退型企业的估值必然会给它们带来难以名状的巨大挑战。换句话说，如果继续假设当前盈利在未来会以合理速度继续增长甚至是永续增长，只会导致对这些公司估值过高。

三、新经济模式下不同类型企业的估值

未来已来！肇始于信息技术革命，由数字经济、共享经济、知识经济和创新经济构成的新经济已经对经济社会产生颠覆性影响。新经济模式呼唤新的估值方法。本节着重探讨以下几类企业的估值问题。

（一）金融服务公司

按照传统，金融服务公司一直被视为相对易于估值的稳定投资，但金融危机让这些假设摇摇欲坠。那么，在对金融服务公司进行估值时，需要面对哪些潜在的问题呢？

一是银行的现有资产主要是金融资产，其中的很大一部分可以在市场上交易。尽管会计准则要求对这些资产按公允价值计价，但这些准则不可能对所有类别资产均做到一视同仁。由于这些资产的风险在不同企业差异很大，而且针对这种风险的信息披露也做不到及时全面，由此带来的会计差错自然会造成估值偏差。

二是风险会因银行和投资银行居高不下的财务杠杆而被放大。在这种情况

下，资产价值的小幅波动即可转化为股权价值的大幅震荡。

三是金融服务公司的大部分业务均处于监管之下，而监管规则可能会影响企业的增长潜力。因此，监管规定的变化会对增长态势和价值造成重大影响，相对宽松（或严格）的规则会促使增长型资产创造出更多（或更少）的价值。当银行或投资银行陷入危机时，损失有可能在更大范围内蔓延。

四是由于存在具有债务及权益双重特征的优先股，使得对金融服务公司的估值变得更加复杂。

（二）轻资产企业

随着经济的发展，发达国家逐渐从以制造业为核心转向以服务和技术为核心。在此转型过程中，在当下的很多顶级大公司中，来自实物资产（如土地、设备和工厂）的价值越来越少，而无形资产创造的价值则越来越多。在无形资产中，既有海尔、联想、可口可乐这样的品牌商标，也有华为、百度、腾讯这类公司的专有技术和人力资本。

长期以来，针对实物资产开发的估值工具同样适用于无形资产。实际上，商标权或专利权的价值同样来源于该资产创造的现金流，在数量上，它应该等于这些现金流按风险调整后的折现率进行折现得到的现值。面临的估值问题是：一是适用于无形资产的会计准则和适用于实物资产的会计准则并不完全一致；二是难以估计预期增长率；三是估计轻资产企业什么时候进入稳定状态同样非常复杂。

（三）多元化经营及全球企业

在构建投资组合时，随着投资者不断放眼海外、放眼全球，企业的全球化特征也日趋明显，当今的很多超级企业巨人均采取多元化经营战略，业务横跨若干领域。考虑到这些业务在风险和经营特征上截然不同，因此，即使是最熟练的分析师，对多元化全球企业进行估值也是一项严峻的挑战。

企业估值的传统方法通常采用合并口径的收益和现金流，并使用综合反映业务及地域组合的综合风险指标对这些现金流进行贴现。这种方法显然适用于拥有单一或少数业务线的企业，但随着公司不断向跨行业、跨地域的市场发展，传统估值方法已力不从心。不妨考虑一家像通用电气这样的企业，公司的业务范围覆盖了几十个行业，几乎遍及全球每个国家。因此，公司财务报表反映的是汇总各地区和各项业务的综合情况，仅仅是对现有资产进行估值就已经非常困难了，因为这些资产在风险和收益能力等方面相去甚远。虽然通用电气可以按不同业务领域对收益进行分解，但这些数字还是会受到不同业务之间内部交易的影响。

（四）基于用户和顾客的公司

新经济模式下，某些最有价值的新公司已开始专注于用户、预订者和顾客，而不再是销售量或产能等传统指标。例如，微博、微信、腾讯等社交媒体企业显然就属于这种情况，而且这种模式也是携程网、滴滴出行等旅行、乘车共享平台实现价值崛起的核心。传统企业似乎也发现了用户的命门，因为微软和 Adobe 等公司已开始调整业务模式，从依赖软件升级转化为 Office 365 和 Adobe Creative Cloud 的年度订阅费。

随着这种对数字（用户、预订者和顾客）的关注与日俱增，人们开始质疑，以总数为基础的传统模型（根据市场和市场份额估算的总收入与总收益）是否已不合时宜。换句话说，以现有资产和未来增长为核心的问题，或许需要让位于围绕用户、预订者和顾客的问题。在对基于用户、预订者和顾客的公司进行估值时，分析师往往会把定价与估值混为一谈，以投资者对公司支付的金额估算一个用户的价值，并以此推断出总体价值。因此，如果投资者对每个用户的市场价值支付 100 美元，按照这个逻辑，对一家拥有 2.5 亿用户的公司，其估值就应该是 250 亿美元。但这种方法的问题在于，市场本身不仅会在评估定价时出现错误，而且由于获取成本、使用强度和忠诚度等的差异，也会导致不同公司的单位用户价值相去甚远。

四、厘清估值中的其他难点

面对一系列的估值难题，分析师可以有两种选择。积极合理的反应当然是正视挑战，调整现有模式以反映被估值公司的特殊性；但更普遍的反应则是扭曲估值规则，并以所谓的捷径验证他们先入为主的主观臆测。

（一）参数导入阶段

在参数导入阶段，我们需要为个别企业估值找到一个标准起点——出自最新财务报表的收益和营业详情、由分析师和管理层提供的未来预测以及无风险利率、风险溢价和汇率等宏观经济参数。

（二）估值阶段

只有将输入变量纳入估值模型和指标中，才能获得对最终价值的判断。这个阶段分析师很自然会怀疑这些数字的可靠性，而且不同公司的不确定性也不尽相同。在处理这种不确定性的过程中，会出现某些常见估值的错误，如忽视递减规律、估值不一致、关注特殊事项对估值的影响等。

（三）后估值阶段

在很多情况下，对估值原则，尤其是估值技术的真正破坏，往往出现在估值完成后。至少有两种常见做法给估值带来了巨大影响：一是估值修饰，这种做法最常见的手法是，以对估值结果的溢价和折价来反映分析师认为估值中未予以考虑的要素。例如，在针对收购进行的估值中，在估值基础上对控制权增加 20%的溢价并不少见，而以 20%~25%的折价来反映股权的非流动性则是非上市公司估值中的常见手段。同样，还有人通过溢价或折扣增加或减少估值结果，以反映品牌名称和其他无形资产以及新兴市场风险对估值的影响。这些主观调整的最终结果是价值只反映了分析师对公司的先入之见。

二是市场反馈，对于上市公司，在完成估值后看到的第一个数字就是市场价格。当分析师对采用的变量将信将疑时，如果价值和市场价格之间出现巨大差异，他们就会按市场价格调整估值。因此，随着输入参数的变化，价值自然会无止境地向市场价格靠拢，使得整个估值过程彻底丧失了意义。既然我们认为市场是正确的，为什么还要绞尽脑汁地去估值呢？

本章小结

通过本章，首先学习了基础性分析的重要性，以及通过确定价值驱动因素来理解公司内在价值创造过程的重要性。分析关键价值驱动因素，对于帮助确定正确的现金流量折现模型分析所需要的变量是至关重要的，可以区分财务价值驱动因素，以及非财务价值驱动因素。其次掌握了关键价值驱动因素的基础分析，把分析分成三个截然不同的部分——公司内部资源，即公司的智力资本；公司外部环境，即公司所处行业的结构；公司的战略。在智力资本和行业结构中阐述到的 7 个关键价值驱动因素，对公司价值有着非常重要的影响。再次熟悉了关键价值作为驱动因素的例外情形，主要是区分了当前暂时垄断和未来暂时垄断。当前暂时垄断是通过公司相对市场份额和进入壁垒来衡量的，以此来估算公司当前的市场位置和其持久性。未来暂时垄断是通过创新能力和行业增长率来进行估算的，因此，它可以用来衡量企业创造新的暂时垄断的潜力。最后理解了从宏观环境、生命周期、新经济模式等情境下估值关键价值驱动因素的难点问题。

复习思考题

1. 什么是关键价值驱动因素？
2. 如何开展关键价值驱动因素的基础分析？
3. 通用的营业价值驱动因素有哪些？
4. 行业结构价值驱动分析需要考虑哪些因素？
5. 智力资本价值驱动分析需要考虑哪些因素？
6. 关键价值驱动因素分析的例外情形有哪些？
7. 估值关键价值驱动因素的难点问题有哪些？

案例分析

小米估值关键价值驱动因素分析

小米公司创建于 2010 年，是一家专注于智能手机、互联网电视以及智能家居生态链建设的创新型科技企业。成立 10 多年的小米现在已经成为营业额超 2 000 亿元，布局海内外的国际公司。小米公司应用了互联网开发产品的模式，用极客精神做产品，用互联网模式去掉中间环节，致力于让全球每个人都能享用来自中国的优质科技产品。为此，小米始终追求创新、质量、设计、用户体验与效率提升，致力于以厚道的价格持续提供最佳科技产品和服务。

2011~2014 年，小米互联网饥饿式营销一时风光无二，第一批以互联网模式销售手机的公司，开始只有手机一种单品，手机出货量从 2011 年的 30 万台增长至 2014 年的 6 112 万台，打败三星成为中国智能手机出货量第一品牌。

2015~2016年也是小米品牌定位遭遇冲击的两年,随着线上渠道红利消退,当2015年下半年开始公司手机销量连续下滑,2016年遭遇惨败,销量跌幅达36%,市场份额压缩至8.9%,跌出前五。

从2017年起,新零售模式呼之欲出,线上线下同款同价模式,战略逐渐清晰(铁人三项:硬件、新零售与互联网服务)。小米2018年中期赴港上市,自上市价格最大跌幅逾50%。2019年,5G迎来元年,小米紧跟5G布局当前已经形成手机+AIOT双王牌,线上线下同步发力,业绩重新回到高速增长。2019年小米在印度连续保持手机销量第一,东南亚与西欧表现都非常出色,小米走向国际化,渐渐开始崭露头角。2020年,小米10与10Pro冲击高端品牌战略将价格提升至前所未有的4 000~6 000元级别,双品牌策略(红米主打性价比、小米冲击高端与苹果、华为科技巨头比拼),小米正式开启进军高端旗舰领域,覆盖不同消费人群,提高品牌价值,毛利率也有正面提升;AIOT为小米成长提供新动能。

表6-1展示了截至2020年12月31日小米分部业务收入占比。截至2021年8月19日,小米市值达到6 033.09亿港元。

表6-1   小米分部业务收入占比

名称	同比增长(%)	分部收入(亿元)	占比(%)
智能手机	24.65	1 521.91	61.90
IoT与生活消费产品	8.57	674.10	27.42
互联网服务	19.72	237.55	9.66
其他	38.3	25.09	1.02

(资料来源:小米公司2020年年报)

思考分析:

试运用本章讲到的关键价值驱动因素分析方法,分析小米集团快速发展的关键价值驱动因素是什么?并分析对小米进行估值的难点有哪些?

第七章 公司估值在实践中的综合应用

【学习重点】
- 了解公司估值方法的抉择；
- 领会对案例公司的基础分析；
- 掌握现金流量折现法对公司估值；
- 掌握基于乘数的估值方法对公司估值；
- 熟悉剩余收益估值模型的应用。

第一节 公司估值方法的抉择

大多数投资者、估值分析师和其他专业人士，都有他们各自喜欢的估值方式。在选择估值方法时，需要考虑以下三个因素。

一是估值的目的。有很多不同的情形和不同的情景需要对公司进行估值。例如，并购、投资机会或者是员工股票激励计划。在每一种情形下，都不得不先决定估值需要达到的详细程度及估值的准确程度。

二是可用的时间和精力。哪些资源可以用来进行估值活动呢？对于不同类型的估值，基础分析执行得越彻底，估值假设做得越仔细，估值结果就会越准确。但在资源、耗费的精力和精确度之间，需要做一个平衡。

三是需要输入的假设数据是否充分。你掌握了多少数据？如果你希望进行一个完整的现金流量折现的价值评估，通常需要有可靠的及更新的当前和未来财务信息。如果没有或者几乎没有可以用来输入的财务数据，那么使用乘数估值法会是一个更好的选择，因为乘数估值法对输入数据的要求比较少。

为了帮助读者更容易地做出选择，本教材给出以下三个不同级别的价值评估的例子。

首先，最简单和最快速的估值方法就是单纯使用相对乘数估值法。使用这种方法估值只需通过将目标公司和上市可比公司的乘数进行对比，计算出公司价值。

其次，使用基本面财务比率和相对乘数相结合，评估者通过对比同行的基础数据对目标公司进行估值。

最后，如果读者希望真正彻底地了解目标公司及其价值，可以使用独立的估值方式，如围绕公司的关键价值驱动因素对公司的业务和经营环境进行基础分析，利用现金流量折现价值评估法。当然，利用该方法时评估模型的输入变量合理性也需要进行检验。此外，还需要使用相对和基础乘数估值法来对现金流量折现价值评估进行有效补充。

当需要进行价值评估时，通常需要在可用时间和想要达到评估的精确程度及确定性之间进行权衡。本章主要利用现金流量折现价值评估方法进行实践。首先，要对明确预测期的损益表和资产负债表进行预测。这部分预测对估值结果至关重要，因为财务报表预测的数据决定了很多估值需要的输入数据。估值是使用历史和当前数据来预测未来数据的一门艺术。已经有研究表明，短期预测可以是相当准确的，但是对于未来的长期预测，其准确程度就会相对较低。因此，从估值的经验法则来说，对于长期假设不要过于激进。预测未来财务状况最常用的方法是从历史数据着手，分析主要比率。例如，销售收入增长率、边际利润率和营运资本水平等。一般情况下，假设在可明确的预测期，历史趋势会继续维持几年。其次，基于估值分析师对公司、行业及经济形势的预测进行调整。此外，可以考虑分析竞争者的财务数据，通过与竞争者相同的关键比率分析来找到偏差，可以帮助目标公司找到可能改善的机会或是可能恶化的风险。

在大多数情况下，上述内容仅仅是预测的基础。在某些情况下，也许希望能用更全面的估值方法。为了对宇通客车及其所在的行业有一个最基本的了解，需要从前一章所提到的关键价值驱动因素分析开始。这样的分析可以将宇通客车和其竞争者的历史数据联系在一起，为预测公司的损益表、资产负债表和其他假设提供基础，并为进行现金流量折现估值做好准备。

第二节　对宇通客车的基础分析

基础分析的方法有很多种，所需要分析的潜在变量也有很多。然而，正如第六章中所提到的，7个关键价值驱动变量已经在很多公司和行业中体现出了其重要性。需要指出的是，以这些变量来引导估值的进行，而不是将其视为精确的模型。在具体分析时，根据不同情形可以将这7个变量中的一些从分析中剔除出去，并加入另一些更有用的变量，以使分析达到更完美的状态。很显然，这取决于目标公司自身及行业的具体状况。

一、行业结构价值驱动因素分析

（一）行业增长率

对于特定的行业来说，公司或行业的增长通常可以被定义为整个行业销售的总增长。行业增长率通常会由行业组织、市场调研公司、投资银行分析师或是公司自己来进行评估。通常来说，行业增长来自两部分——顾客数量的增加和单一顾客销售额的增加。2013~2019年宇通客车大中型客车市场份额如图7-1所示。

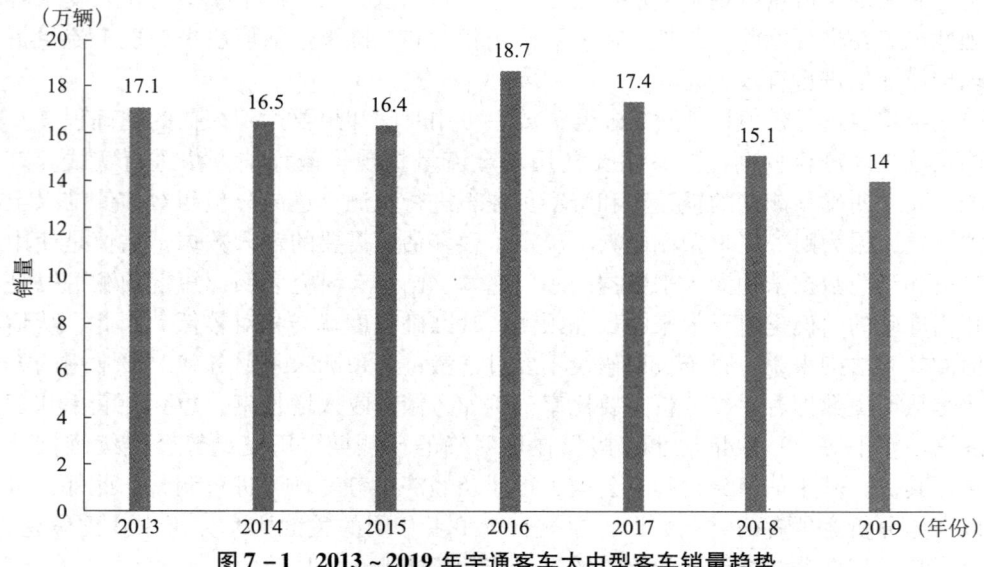

图7-1　2013~2019年宇通客车大中型客车销量趋势

资料来源：根据产业信息网相关资料整理。

宇通客车产品主要覆盖大中型客车市场，市场份额如图7-2所示。大中型客车市场按使用目的主要分为城市公交、长途客运、旅游客运三个市场，三个市场分别约占54%、38%、8%，如图7-3所示。其中，城市公交车需求主要受城市化率水平变化和政府财政支付能力影响。近几年，随着城市化水平与政府财政能力的提升叠加国家大力推广新能源产品的政策影响，公交车市场进入快速增长期。长途客运市场需求下滑，主要原因在于高铁的替代以及长途客运线路审批严格。旅游客车市场长期看好，旅游客车需求的主要影响因素为旅游业的发展。随着人们生活水平的不断提高，旅游成为人们更加普遍的娱乐方式。旅游业在城市经济发展中的地位逐步增强，旅游业对城市经济的拉动性、社会就业的带动力以及对文化环境的促进作用日益显现。然而，旅游客车市场占总的大中型客车市场的比例并不高，只有10%左右，导致旅游客车市场的发展对整个客车市场并没有很大影响。

（二）集中程度

通常情况下，集中程度是反映行业竞争强度的一个很好的指标。衡量特定行业的竞争强度和目标公司在本行业中地位的一个很好的方法就是测量目标公司的相对市场份额。

> 相对市场份额：公司销售收入的市场份额与四个最大的竞争者市场份额之和的比率。

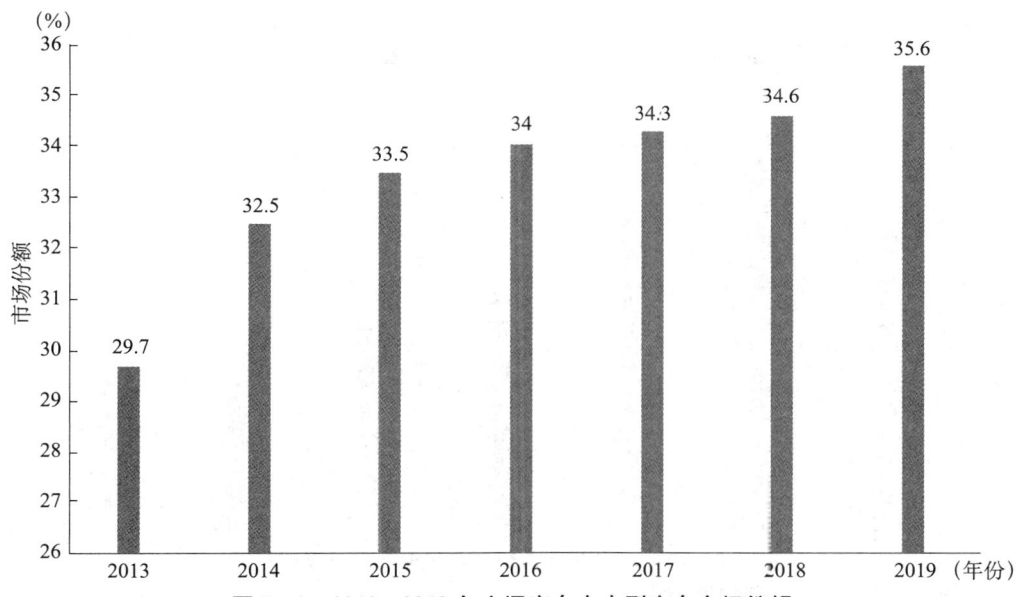

图 7-2　2013~2019 年宇通客车大中型客车市场份额

资料来源：根据产业信息网相关资料整理。

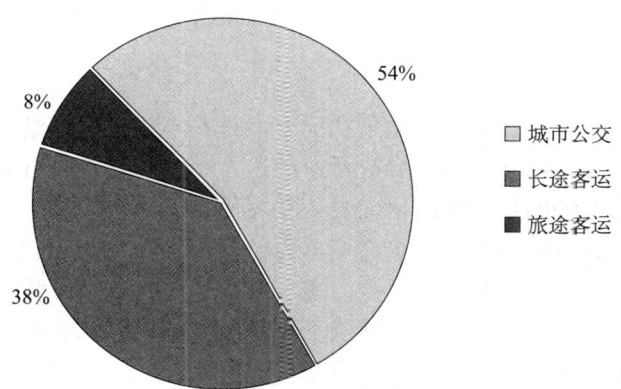

图 7-3　宇通客车大中型客车市场按使用目的分类情况

资料来源：宇通客车年报。

集中程度的分析可以揭示公司目前维持的利润水平以及未来可能实现的利润水平。当然，集中程度主要取决于分析人员如何对需要分析的行业进行定义。近年来，随着新能源汽车产业的发展，行业格局发生了一些变化，部分客车企业抓住了新能源产业机会获得快速发展。客车行业目前已进入成熟期，总量趋于稳定。据产业信息网数据统计显示，2013~2019 年大中型客车前五名的市场占有率如图 7-4 所示。

中国客车统计信息网数据显示，2020 年大中型客车销量前五名的市场占有率为 76.4%，行业集中度进一步提升。宇通客车 2019 年大中型客车总销量 49 826 辆，受新冠肺炎疫情影响，公司 2020 年大中型客车总销量 34 035 辆，但

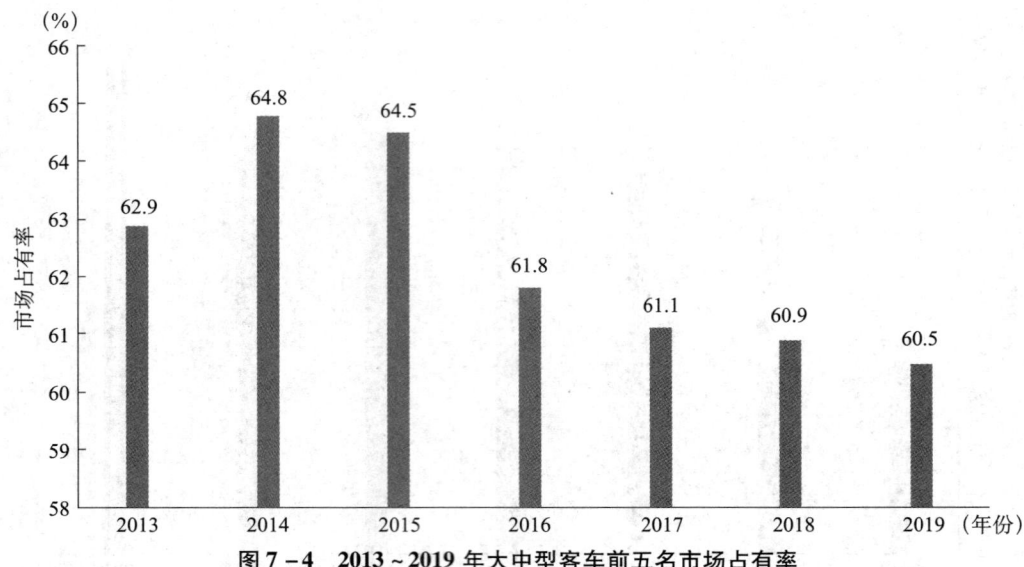

图 7-4　2013~2019 年大中型客车前五名市场占有率

资料来源：根据产业信息网相关资料整理。

其行业龙头地位依然稳固。随着新能源补贴政策退坡，市场逐渐回归理性，未来市场竞争将更加依靠产品、服务及品牌等综合竞争力。

（三）进入壁垒

集中程度体现了行业目前的竞争状况，但是并不能对行业结构的稳定性给出任何有价值的信息。因此，需要分析行业的进入壁垒，它将对行业未来发展状况和行业目前竞争态势的稳定性给出大量的相关信息。

进入壁垒：在行业中建立一个有竞争力的公司所需要花费的时间和成本。

客车行业的进入壁垒有准入壁垒、资金壁垒、规模壁垒、技术壁垒、出口认证壁垒等。图 7-5 和图 7-6 分别展示了同行业的金龙客车和中通客车的市场份额，这在一定程度上说明了行业的竞争及进入壁垒。

二、智力资本价值驱动因素分析

（一）品牌

关于公司品牌的分析可以分成两部分，即品牌忠诚度和品牌认知度。实务中，品牌优势性的分析有多种方法可供选择，下面介绍其中一种评估方法。

> 品牌忠诚度：重复购买的消费者所占的百分比。
> 品牌认知度：目标客户群体中能识别公司品牌客户所占的百分比。

一般而言，公司可以获得品牌认知度和重复消费者的信息。由世界品牌实验室颁布的 2006 年度"中国品牌年度大奖"，中国客车行业龙头企业——宇通客车

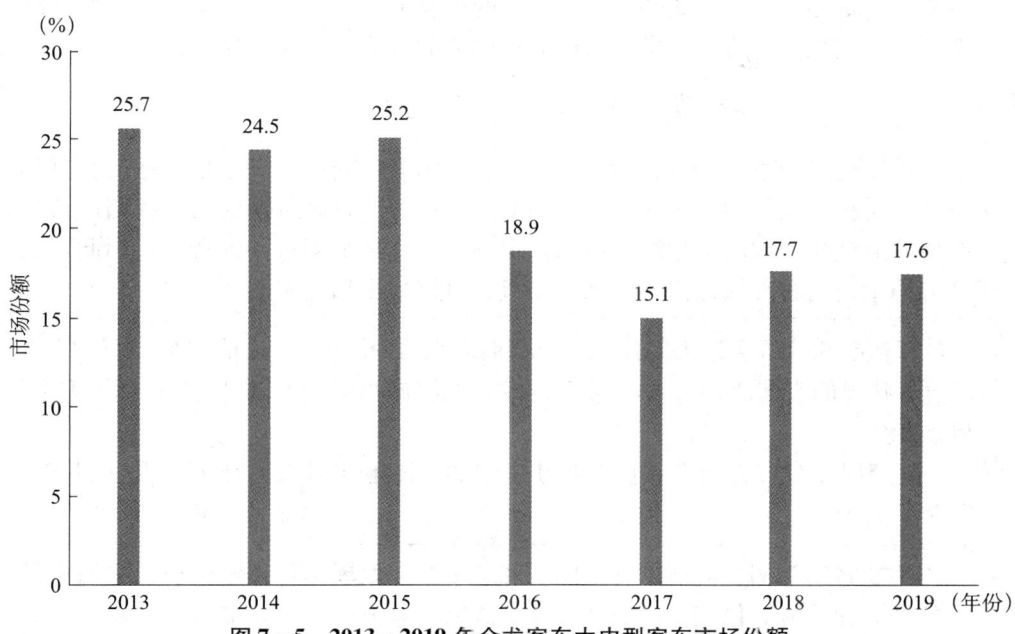

图 7-5 2013~2019 年金龙客车大中型客车市场份额

资料来源：根据产业信息网相关资料整理。

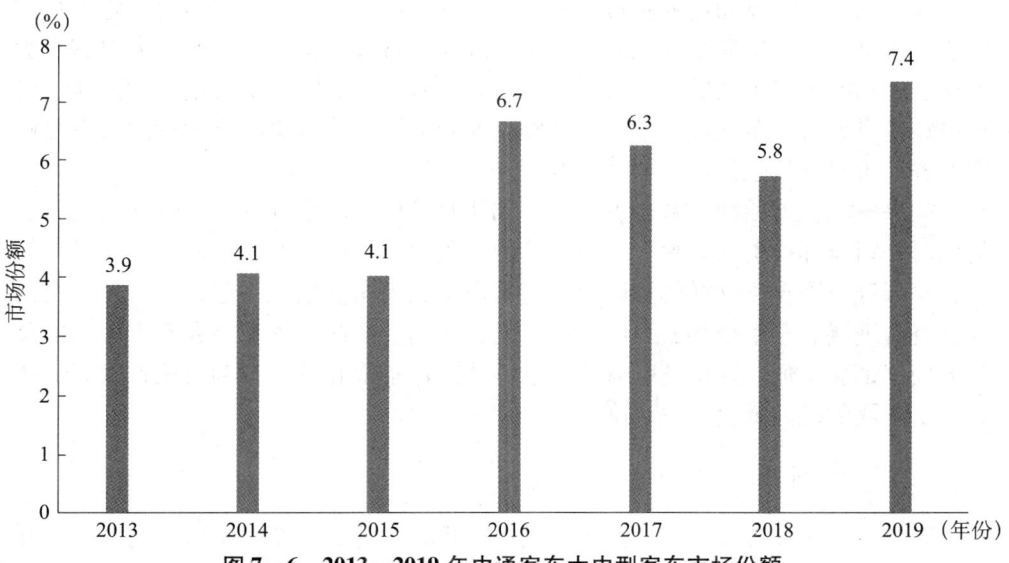

图 7-6 2013~2019 年中通客车大中型客车市场份额

资料来源：根据产业信息网相关资料整理。

凭借其客车第一品牌的实力，获得"中国品牌年度大奖"。这些数据很好地体现了宇通客车和其当前的客户间保持着非常良好的关系。大多数时候，顾客流失率或其忠诚度对于分析公司未来成长所需要的成本预算是非常重要的，因为吸引新客户比留住已有客户的花费要高得多。在宇通客车获得新客户后，这些新客户将很可能变成重复购买者。此外,由于公司的重复消费者数量多,单个客户的持续预期累计收益很高,所以开发的新产品和服务的价值也会有所提高。

(二) 管理层和董事会过去的业绩和动机

讨论管理层和董事会过去的业绩和动机,因为该变量本身不是硬性的,对其进行估计是很难做到的。正如前一章中对这个话题的讨论所提到的,我们认为将追踪过往业绩表现和动机相结合可以捕捉到这一变量很多重要的特征。因此,关于如何衡量公司管理层过去的表现和动机,可以采用如下表述。

> 管理层和董事会过去的业绩:选择任何评估者过去认为能够恰当反映公司业务状况的当前或是过去的财务指标,关注该指标是否适用于当前管理层和董事会。
>
> 管理层和董事会动机:基于业绩表现的薪酬和当前管理水平下员工的流失率。

以宇通客车为例,当前的管理团队和董事会在发展和管理整个公司方面有很专业的经验和技能。他们已经成功选择了战略决策方向,并且取得了很好的投资回报。正因为如此,管理团队过去的良好表现预示着企业未来的良好发展,管理层和董事会是企业发展最重要的资本。

谈到动机,需要知道的是董事会成员、管理层、员工都持有公司一定数量的股票,或是公司长期期权计划的一分子。因此,管理团队中员工的个人财富在很大程度上和宇通客车的股票价格联系在一起。基于公司的现金流量和营业额,管理层和董事会可以拿到额外的现金奖励。换句话说,管理团队毫无疑问会有足够的财务动机来促使他们把公司经营好。

如果情况变得糟糕,管理者只能拿到相对较低的基本收入,同时面临着失去他们对公司全部投资的风险。从公司估值的角度看,这一点是正面的有积极作用的,一部分原因在于这样的激励机制将管理层和公司联系在一起,另一部分是因为其将管理层、董事会和股东的利益绑定在一起。最终,管理层和整个公司的员工流失率都会很低。这也意味着公司的整体工作氛围和员工福利政策都很好,优秀员工离职的风险就会进一步降低。

(三) 创新能力

开发新产品和服务的能力是企业的一个重要的特征,特别是对于高速增长和创新的行业。这是因为在上述行业中,现有的产品会很快过时,需要很快地开发出新产品来替代旧的产品。创新能力在短时间内不会对收入或是现金流量造成影响,但它是决定公司长期竞争力的一个很重要的变量,可以通过下列指标衡量企业创新能力。

$$创新能力 = \frac{新产品销售收入}{总销售收入}$$

很明显，对于新产品的定义因公司的不同会有所不同，这往往取决于本行业中新产品开发的频率。例如，在移动通信行业，产品的生命周期很少能持续几年以上；而在医药行业，产品的生命周期则可以达到数十年。

宇通客车新能源以纯电动、混合动力、燃料电池客车研发和产业化为主线，以行业共性关键技术"电驱动、电控、电池"的自主攻关为切入点，基于"全生命周期成本最低"的开发理念，历经一余年技术攻关，在节能与新能源客车高效动力系统、动力电池集成与管理、整车控制与节能等方面取得重大突破。通过技术创新，公司实现了混合动力、插电式、纯电动共享平台开发，形成了具有国际竞争力的 6-18 米系列化新能源客车产品，提出了行业首个覆盖产品、配套、服务、金融的新能源客车商业推广模式，新能源客车产品市场占有率持续位居行业第一。

（四）独立于个体的技能

独立于个体的技能是很难被量化和测量的，其根据行业的不同而有所不同，可采用如下方法测量独立于个人的技能。

> 独立于个人的知识：顾客、员工和供应商在与公司的交易中涉及一些工厂投资——与这些工厂投资的周转和使用相关的工厂投资。

宇通客车公众持股比例接近60%，在减少对员工依赖程度方面做出了很大努力，同时也尽可能实现公司工作流程的自动化和计算机化。高频率重复购买产品的客户是公司非常喜欢的客户类型，其与公司间的业务是通过计算机化的客户支持系统平台处理的。客户数据库以及所有客户通信方式都基于一个 CRM 平台进行存储管理，这一做法在某种程度上将客户关系从单纯依赖员工转移到了依赖公司。

然而，管理层和董事会的知识却很难独立于个人而转化成 IT 形式，这使得宇通公司对其管理层和董事会非常依赖。公司已经意识到了这一点，但是鉴于公司的整个管理团队都已经成为公司的股东，有很强的意愿和动机留在公司，因此，这一威胁对公司而言也不是很大。

第三节　宇通客车的现金流量折现价值评估[①]

一、公司财务报表分析

通过 7 个关键价值驱动因素，我们已经对宇通客车有了较为深入的了解。在正式估值之前，再对宇通客车的财务报告进行分析，以便为正式的公司价值评估

---

① 本章案例企业财务数据均来源于 Wind 数据库。

奠定基础。因此，本部分着重从收入及盈利质量、营运成本及费用、资产结构及质量、现金流量四个方面进行分析。

（一）收入及盈利质量分析

1. 历史盈利质量分析。收入及盈利质量分析主要从宇通客车自身情况的描述以及同业的数据对比方面解释其竞争能力，从市场占有率方面解释行业壁垒，从政策方面以及客车行业的替换周期来解释收入未来的增长方向，并通过上述三点来支持销售预测的假设。表7-1列示了宇通客车历史盈利质量分析。

表7-1　　　　　2015~2020年宇通客车历史盈利质量分析　　　　单位:%

项目	2015年	2016年	2017年	2018年	2019年	2020年
总资产净利润率	11.90	11.67	8.76	6.33	5.35	1.56
净资产收益率	27.73	29.99	20.30	13.90	11.10	3.35
营业毛利率	25.33	27.82	26.32	25.33	24.35	17.48
营业利润率	12.27	12.25	10.84	7.77	6.62	1.40
营业净利率	11.50	11.44	9.54	7.33	6.43	2.39
息税前营业利润率	12.69	14.11	12.43	9.04	7.53	1.94

总体来说，表7-1显示了2017~2019年宇通客车的盈利能力逐年下降，主要原因是财政部于2016年12月30日下发了《关于调整新能源汽车推广应用财政补贴政策的通知》，对新能源汽车补贴政策进行了调整：（1）补贴标准：客车行业主销的8米以上纯电动客车最高国家补贴均下降20万元，最小下调幅度40%，其他新能源客车车型国家补贴也有不同程度的下调，对客车行业销售量和新能源行业盈利能力均产生了较大影响。（2）资金拨付周期：增加三万公里运营里程的申领条件，应收账款中的国家补贴资金回款周期拉长，对公司的资金和应收账款计提都产生了重大影响。

虽然受到宏观政策的不利影响，但从宇通客车的销售毛利率指标来看，2015~2019年依然较为平稳，说明宇通客车在上下游的议价能力仍然强势，依据销售毛利率数据可以推测，宇通客车在经营过程中依然会保持这样的优势地位，有效地控制成本，即使主要业务从传统能源客车改变为新能源客车之后毛利率也不会出现较大波动。而2020年由于受新冠肺炎疫情影响，行业整体都受到了较大影响，所以在后续分析过程中剔除了2020年非正常年份的数据。

图7-7是2019年客车同行业销售毛利率对比。明显可以看出，宇通客车在同行业的盈利能力处于绝对优势地位，符合宇通客车在整个客车市场中的龙头地位。查阅公司财务报告，中国客车统计信息网数据显示，2019年行业大中型客车销量前5名的市场占有率为74.6%，行业集中度较高，宇通客车行业排名第一，其中，国内市场占有率为37.1%，公司大型车市场占有率为32.7%，中型车市场占有率为42.3%，各年之间的市场份额逐渐上升。总体来说，宇通客车在同行业中竞争能力较强；另外，行业集中程度在各年之间的变化不大且有逐渐上升的趋势，说明客车行业进入壁垒高，预计短期之内不会出现新进入者。

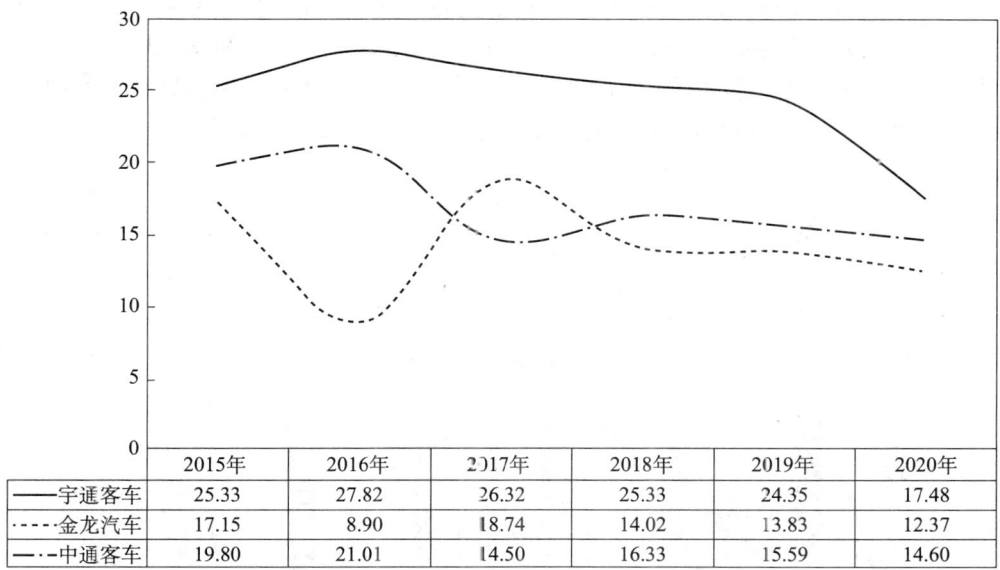

图 7-7 2015~2020 年客车同行业销售毛利率对比

2. 客车市场未来方向。国务院印发《打赢蓝天保卫战三年行动计划》的通知，要求自 2019 年 7 月 1 日起，重点区域、珠三角地区、成渝地区提前实施国六排放标准，推广使用达到国六排放标准的燃气车辆。交通运输部等十二部门发布《绿色出行行动计划（2019-2022 年）》，要求到 2022 年，初步建成布局合理、生态友好、清洁低碳、集约高效的绿色出行服务体系，要求加快城际交通一体化建设，提升现代化客运服务水平，推进实施旅客联程联运。

从上述文件的描述来看，中国客车市场受政策影响从传统能源客车开始向新能源过渡，新能源客车将成为市场主流。综合前两点的结论来说，对宇通客车的未来的收入预测进行假设，宇通客车在后续发展过程中营业重心从传统能源客车向新能源客车过渡，同时在发展过程中会保持现有的市场地位，从纵向来看，其保持优势地位控制成本能力不会出现大幅变化，从横向来看，其保持在行业中的龙头地位，将传统能源市场的份额优势带入新能源客车市场。

（二）营运成本及费用分析

图 7-8 列示了宇通客车的资产周转情况。不难看出，应收账款周转率的水平比较稳定，结合报表附注分析不难发现，在应收账款增长较大时，宇通客车会通过保理等金融手段将应收账款变现从而控制应收账款的水平，避免在发展过程中出现大量应收账款资产占用流动资金的现象。

但存货周转率在不断下降，也导致了经营业周期随之上升。主要原因是存货周转的速度不断下降，宇通客车本身也注意到了这个问题，通过建立公司自有的销售网络来解决这一问题。首先，通过查阅报表附注发现，在建工程项目中的明细项目——新能源基地销售中心项目、研发中心项目和仓储中心项目的建设已经接近尾声。其次，从长期股权投资的明细内容来看，2016 年之后主要增加的投资项目多为建设在各地的分销公司。从这两点来看，预计宇通客车后期的销售能力会有明显的提升，同时也支持了后续的估值假设，宇通客车在销量增加的情况之下依然能够将经营资本保持在稳定的状态。

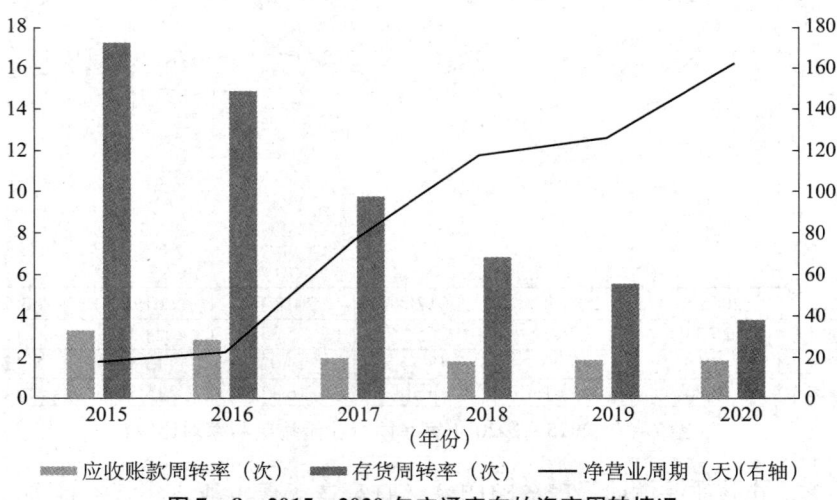

图 7-8　2015~2020 年宇通客车的资产周转情况

　　表 7-2 是间接费用表。可以看出，宇通客车销售费用呈逐年增加态势，这与前述分析相吻合，即宇通客车 2016 年之后在布局销售网络的建设，造成了销售费用的提升。报表附注也显示，广告费用以及咨询费用、职工薪酬的项目呈增加态势，值得注意的是，在 2016 年宇通客车销售费用相对于 2015 年提升了 43.8%，而增加的主要原因是售后服务费用的提升，宇通客车对于售后服务费用大量出现的原因也做出了说明，主要原因是销售新能源汽车所导致的计提费用的增加。在 2016 年之后计提费用保持稳定，根据宇通客车新能源客车的销量来看，2015 年宇通客车销量突破两万辆相对于以前年度有明显的增长，同时考虑到技术不确定性因素的存在，我们认为该解释是合理的。

　　管理费用及研发费用的变化主要是因为在 2017 年之前研发费用在管理费用中体现。2018 年 6 月，财政部印发《关于修订印发 2018 年度一般企业财务报表格式的通知》（财会〔2018〕15 号），指出从"管理费用"项目中分拆"研发费用"项目进行单独列示。并且，宇通客车在 2018 年研发费用明显提升的主要原因为人工费用的提升。研发能力是宇通客车重要的核心竞争力之一，研发费用的提升表现出宇通客车管理层对组织智力资本的重视，通过不断提高这一核心竞争能力来保持其在行业中的领先地位。所以在后续的管理费用及销售费用假设中，预计宇通客车的研发及管理费用在短期内依然会处于这一状态。

　　财务费用偏低甚至为负与宇通客车一直以来的资本结构有关，宇通客车的管理层偏好零负债的资本结构，有息负债的规模相对于总资产规模来说基本处于零的状态，所以财务费用的比值一直处于偏低水平。

表 7-2　　　　　　　　　2015～2020 年间接费用情况　　　　　　　单位：百万元

项目	2015 年	2016 年	2017 年	2018 年	2019 年	2020 年
销售费用	2 034.37	2 926.67	2 353.43	2 511.79	2 796.26	1 553.33
管理费用	1 812.93	1 825.54	2 051.28	771.85	830.43	835.09
研发费用				1 862.87	1 773.60	1 552.01
财务费用	-142.40	274.59	492.11	324.67	211.64	73.15

注：根据财政部印发《关于修订印发 2018 年度一般企业财务报表格式的通知》（财会〔2018〕15 号），将"管理费用"中研究费用作为"研发费用"单列；2019 年财政部印发《关于修订印发 2019 年度一般企业财务报表格式的通知》（财会〔2019〕6 号），废止财会〔2018〕15 号文件，但将"研发费用"单独列示没有变化。因此，在 2018 年以前年度报告中，"研发费用"包含在"管理费用"中。

（三）资产结构及质量

表 7-3、表 7-4 分别是资本来源结构、资产结构分析表。由表 7-3 可知，宇通客车的有息负债持续处于低值，在 2015 年及 2016 年的有息负债的总额基本处于零，虽然在 2017 年发行了 10 亿元的永续债，但是总体来说对资产结构并没有产生较大的影响。且该项永续债在 2019 年便偿还，从 2015～2020 年整体状况来看，宇通客车的管理层偏好零负债的资本结构，同时企业本身也有能力将负债控制在较低的水平。该分析支持后续融资结构、资本成本的预测假设，即零负债结构假设。

表 7-3　　　　　　　　2015～2020 年资本来源结构分析　　　　　　　单位：百万元

项目	2015 年	2016 年	2017 年	2018 年	2019 年	2020 年
短期借款			770.15	5.00		75.00
交易性金融负债		6.38			17.61	0.02
应付票据	4 322.97	5 389.63	5 887.78	4 902.23	5 099.24	3 887.65
应付账款	7 868.17	10 371.41	8 175.11	9 035.65	6 540.81	5 580.75
预收账款	1 933.62	1 182.62	1 027.14	1 019.73	1 837.30	0.91
合同负债						2 336.89
一年内到期的非流动负债				22.54	18.68	
长期借款				21.24	18.98	
股本	2 213.94	2 213.94	2 213.94	2 213.94	2 213.94	2 213.94
其他权益工具			1 000.00	1 000.00	1 000.00	
其他权益工具：优先股						
其他权益工具：永续债			1 000.00	1 000.00	1 000.00	

表 7-4 显示宇通客车主要资产为流动资产，占总资产比例均值维持在 76% 左右，流动资产中以经营资产为主，仅货币资金、应收账款和应收票据三项内容的金额占比超 60%，近两年有所下滑。原因在于：在 2017 年与 2018 年由于受到新能源客车政策补贴影响，货币资金总体降低，这也是宇通客车当年发行中期票据来补充营运资金的原因；在 2019 年后货币资金占比回升，主要是因为企业将一部分应收账款进行了保理。查阅报表附注发现，应收款项的账龄结构以 1～3 年的应收账款为主，其中，一年以内的应收账款占比较高。截至 2019 年 12 月 31 日，公司前五大客户的应收账款占本公司应收账款总额的 63.56%。结合宇通客车的市场地位综合判断，宇通客车应收账款质量较高。

表7-4 2015~2020年资产结构

项目	2015年 金额(百万元)	比例(%)	2016年 金额(百万元)	比例(%)	2017年 金额(百万元)	比例(%)	2018年 金额(百万元)	比例(%)	2019年 金额(百万元)	比例(%)	2020年 金额(百万元)	比例(%)
货币资金	6 699.16	22.23	5 616.35	15.98	2 487.71	6.88	2 912.00	7.91	4 718.52	12.89	6 150.85	18.46
交易性金融资产	1 307.90	4.34	358.49	1.02	159.12	0.44	8.02	0.02	2 505.51	6.84	912.54	2.74
应收票据及应收账款	11 363.42	37.70	16 184.44	46.04	18 872.94	52.19	18 492.28	50.25	14 102.98	38.51	9 054.32	27.18
预付款项	427.60	1.42	226.63	0.64	299.98	0.83	669.45	1.82	240.66	0.66	280.68	0.84
存货	1 547.38	5.13	1 923.47	5.47	3 074.44	8.50	3 832.62	10.42	4 377.37	11.95	5 016.71	15.06
其他流动资产	1 336.98	4.44	2 047.86	5.83	1 746.04	4.83	689.00	1.87	158.18	0.43	222.89	0.67
流动资产合计	22 983.10	76.26	26 911.05	76.55	27 431.24	75.85	27 967.91	76.00	27 388.10	74.79	22 945.85	68.88
长期股权投资			321.64	0.91	664.49	1.84	673.56	1.83	745.46	2.04	806.18	2.42
固定资产	4 071.84	13.51	4 537.66	12.91	3 985.23	11.02	3 812.84	10.36	3 799.23	10.37	4 127.10	12.39
在建工程	584.84	1.94	90.85	0.26	297.25	0.82	681.58	1.85	755.47	2.06	773.87	2.32
无形资产	1 463.51	4.86	1 457.54	4.15	1 426.62	3.94	1 181.33	3.21	1 272.39	3.47	1 241.08	3.73
非流动资产合计	7 156.03	23.74	8 242.75	23.45	8 734.16	24.15	8 831.11	24.00	9 231.39	25.21	10 366.03	31.12
资产总计	30 139.13	100.00	35 153.80	100.00	36 165.41	100.00	36 799.02	100.00	36 619.49	100.00	33 311.87	100.00

存货不断增加是宇通客车房地产板块业务导致的，从报表附注披露的信息来看，开发成本与开发项目的占比较高。固定资产、在建工程与无形资产作为支持主营业务的项目，总体比较平稳，固定资产中主要内容为建筑与生产设备，无形资产主要为土地，而在建工程主要为新建新能源销售中心、已经开区建设项目等。因此，总体来说公司资产质量较高。

（四）现金流量分析

表7-5是现金流量数据表。从表7-5中营业收入现金含量来看，宇通客车的现金能力比较稳定，维持在1左右，说明宇通客车的现金能力匹配其营收能力，从后两项指标可以更直观地看到宇通客车在筹资活动中对债权流入的依赖很低，这也符合前述表格提到的宇通客车有能力控制负债，有偏好于零负债的资本结构。而股东现金流量的持续分配也表现出宇通客车的现金充足，现金能力总体来说比较良好。

表7-5 2015~2020年现金流量数据

项目	2015年	2016年	2017年	2018年	2019年	2020年
净利润现金净含量	1.68	0.86	-0.55	1.11	2.72	6.89
营业收入现金含量	1.02	0.83	0.87	0.99	1.24	1.30
筹资活动债权人现金净流量（百万元）	117.97	-4.62	1 294.94	-233.06	-264.37	-790.54
筹资活动股东现金净流量（百万元）	-1 608.35	-3 451.58	-2 367.53	-1 320.89	-1 179.85	-2 275.64

二、企业自由现金流量估值

（一）营业收入的假设与预测

宇通客车的产品主要服务于公交、客运、旅游、团体、校车及专用出行等细分市场。党的十九届五中全会将"碳排放达峰后稳中有降"列入我国2035年远景目标，要求制定2030年前碳排放达峰行动方案。这实际也为新能源汽车、电动汽车发展带来了重要机遇。在启动新能源客车替换背景下，宇通客车2015~2017年迎来高速增长期，2017年起随新能源补贴持续大幅退坡（补贴金额从2016年单车37万元到2019年10万元），公司连续三年业绩出现小幅下滑，股价最低回落到2014年水平。站在当前时点，一方面，补贴退坡空间有限，公司内部对新能源补贴退坡常态化消化；另一方面，作为民生工程的公交车需求刚性，即将迎来新一轮替换周期（6~8年更新），2020年新冠肺炎疫情延迟采购需求，2021年开始客车行业有望触底回升。从补贴退坡来看，搭便车的新能源客车企业会逐步被行业淘汰，宇通客车由于其研发实力强大，生产能力优秀，新能源市场部分会进一步稳固，同时宇通客车积极布置营销体系，为扩大新能源客车市场份额做准备。根据以上资料对宇通客车的营业收入进行假设分析，随着新能源汽车的技术成熟以及生产能力的支持，新能源客车系列对传统能源客车逐步替代，成为主要销售车型。以 2012 年新能源客车初次销售时间开始到 2020 年作为历史期间对未来销量进行估计,预计 2021 年、2022 年、2023 年 3 年抢占新能源市场,新能源客车对传统能源客车更新换代会出现高速增长,在 2024~2030 年进入稳定增长期。根据智研资讯报告,2010 年以后我国汽车产销量趋于平缓,2010~2015 年我国汽车产销量年均复合增长率为 6.05% 及 6.37%,在 2030 年后进入永续增长期,并结合我国宏观 GDP 增长调整,将增长率设置为 4%。

查阅宇通客车历年财务报告,2012~2020 年新能源客车与传统客车销售量情况如表 7-6 所示。由于 2020 年销售量受新冠肺炎疫情影响,新能源销量回归线拟合程度较低,剔除之后拟合效果较好。横轴设定为以 2012 年为起点的特定数列,2012 年作为数列首项 1 的等差数列,每个差代表一年,以 2012 年作为数列首项的原因为新能源汽车开始销售,在之后会在几年内随年数呈线性增长,而传统能源汽车则逐渐下降。在此基础上,利用线性回归方法得出新能源销量与传统客车销量的变化趋势如图 7-9 所示。从图 7-9 可以看到,新能源客车的销量呈明显上升趋势,而传统客车呈下降趋势。由此得到如下回归方程:

传统客车的线性回归方程:

$y = 56\ 514 - 2\ 506.3x$

新能源客车的线性回归方程:

$y = 167.57 + 3\ 632.3x$

表 7-6　　2012~2020 年新能源客车与传统客车销售量对比　　单位:辆

项目	2012 年	2013 年	2014 年	2015 年	2016 年	2017 年	2018 年	2019 年	2020 年
总量	51 688	56 068	61 398	67 018	70 988	67 268	60 868	58 688	41 756
新能源车	1 795	3 897	7 405	20 446	26 856	24 865	24 748	22 090	16 461
传统能源车	49 893	52 171	53 993	46 572	44 132	42 403	36 120	36 598	25 295

资料来源:宇通客车历年财务报告。

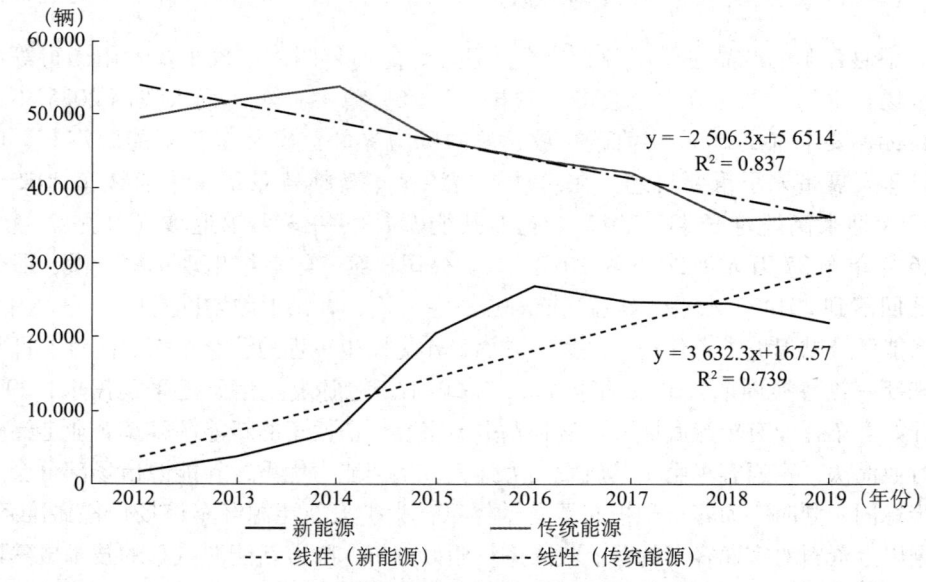

图 7-9　宇通客车销量线性拟合示意

根据上述公式对2021~2023年销量依据数列值进行预测，在2024~2026年新能源客车销量以6%的速度稳定增长，而传统能源客车预计销量逐渐降低。宇通客车的销售结构中大型客车为主，少量轻型客车。查阅中国客车网等数据进行测算得出，新能源客车平均售价为65万元，传统能源客车均价为50万元。2021~2026年销量及销售收入如表7-7和表7-8所示。

表7-7　　　　　　　　　　　2021~2026年销量预测　　　　　　　　　　　单位：辆

项目	2021年	2022年	2023年	2024年	2025年	2026年
新能源	36 491	40 123	43 755	47 387	51 020	54 652
传统能源	31 451	28 945	26 438	23 932	21 426	18 920
总计	67 942	69 068	70 194	71 320	72 446	73 572

资料来源：经过前述公式测算。

表7-8　　　　　　　　　　　2021~2026年销售收入　　　　　　　　　　　单位：万元

项目	2021年	2022年	2023年	2024年	2025年	2026年
新能源客车贡献的销售收入	2 371 887	2 607 987	2 844 086	3 080 186	3 316 285	3 552 385
传统能源客车贡献的销售收入	1 572 550	1 447 235	1 321 920	1 196 605	1 071 290	945 975
销售收入总计	3 944 437	4 055 222	4 166 006	4 276 791	4 387 575	4 498 360

资料来源：经过前述公式测算。

（二）营业成本及成本费用预测

营业成本与费用的测算以2015~2020年数据为基础进行测算，因为从2015年开始，宇通客车新能源客车生产线建设完工，生产销售能力具有代表性，以前年度由于生产线没有完工，数据参考性差，历史数据如表7-9所示。根据公司发展情况，参考客车行业研究报告，预期2021~2030年宇通客车会对新能源市场进行布局，销售费用占比应当呈上升态势，采取五年平均值的近似值。管理及研发费用在一定时期内保持不变，或者增幅较小，2021~2030年采用历史平均值8%。同时，宇通客车营业成本占比保持稳定，同时宇通客车市场占比大，处于行业龙头地位对上下游议价能力强，预计营业成本不会出现较大变化。采用历史平均值74%。营业税金及附加均采用历史平均值0.65%作为未来期间的预测值。具体如附表7-4所示。

表7-9　　　　　宇通客车2015~2020年营业成本与销售费用历史数据　　　　　单位：%

项目	2015年	2016年	2017年	2018年	2019年	2020年	均值
营业成本占比	74.67	72.18	73.68	74.67	75.65	82.52	75.56
销售费用占比	6.52	8.16	7.08	7.91	9.17	7.16	7.67
管理及研发费用占比	5.81	5.09	6.17	8.30	8.54	11.00	7.49
营业税金及附加占比	0.49	0.45	0.56	0.61	0.80	0.84	0.62

（三）所得税费用预测与假设

通过查阅宇通客车历年财务报告及 Wind 数据库获取公司历史所得税率，具体如图 7-10 所示。可以发现，公司所得税率保持在 15% 左右，2018 年及 2019 年的税率下降，是由于子公司认定高新技术企业，获得税收减免导致的。由于公司存在不同纳税主体，纳税税率从 0~25% 不等，郑州宇通客车股份有限公司所得税率为 15%，以此作为公司所得税率。

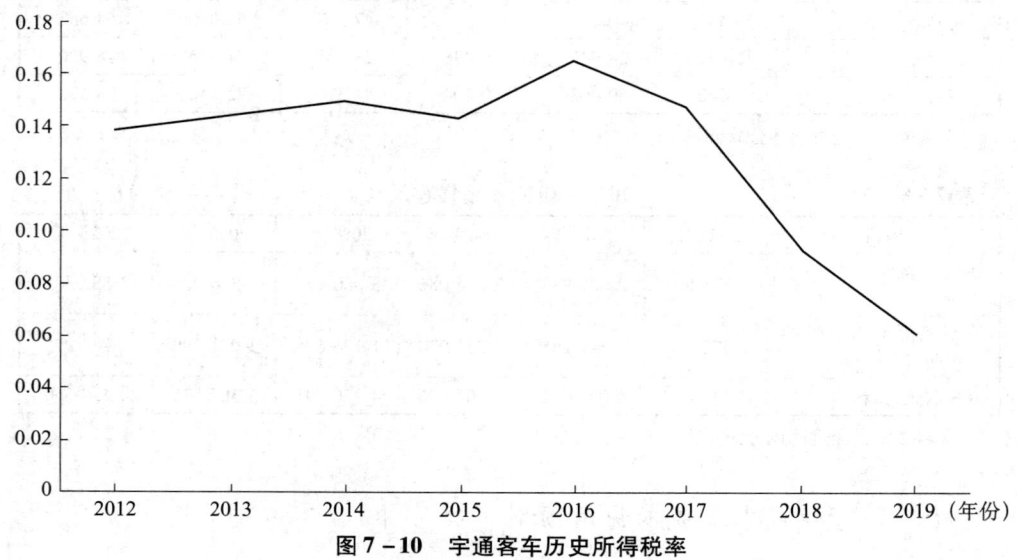

图 7-10　宇通客车历史所得税率

（四）固定资产折旧

图 7-11 是固定资产预测相关指标图，可以看出，宇通客车的新增固定资产与营业收入相比，在 2012 年有显著增加，主要原因是，在 2012 年宇通客车开始正式生产销售新能源汽车，需要新增制造设备所以占比相对较高达到 12.2%，2015 年后相对平稳。根据预测的销量对比宇通客车的现有产能还有一定的差距，从 2017~2020 年宇通客车财务报表附注可知，新生产线的建设早已提上日程，且从 2020 年披露信息来看，经开区生产基地、新能源客车研发中心、销售中心、多层停车场等项目工程进度都达到了 90% 以上，预计接下来几年不会有较大的固定资产投入。所以将固定资产的增加与营业收入比率采用历史平均值 2.17%，由于宇通客车采用双倍余额递减法，折旧占期初固定资产比值有一定的规律性，为分析方便，在估计折旧时采用了直线法，具体如附表 7-5 所示。

（五）无形资产摊销

查阅宇通客车财务报表附注可知，宇通客车的无形资产主要是土地使用权、商标、线路经营、外购系统等，占比最大的是土地使用权。对制造业企业而言，

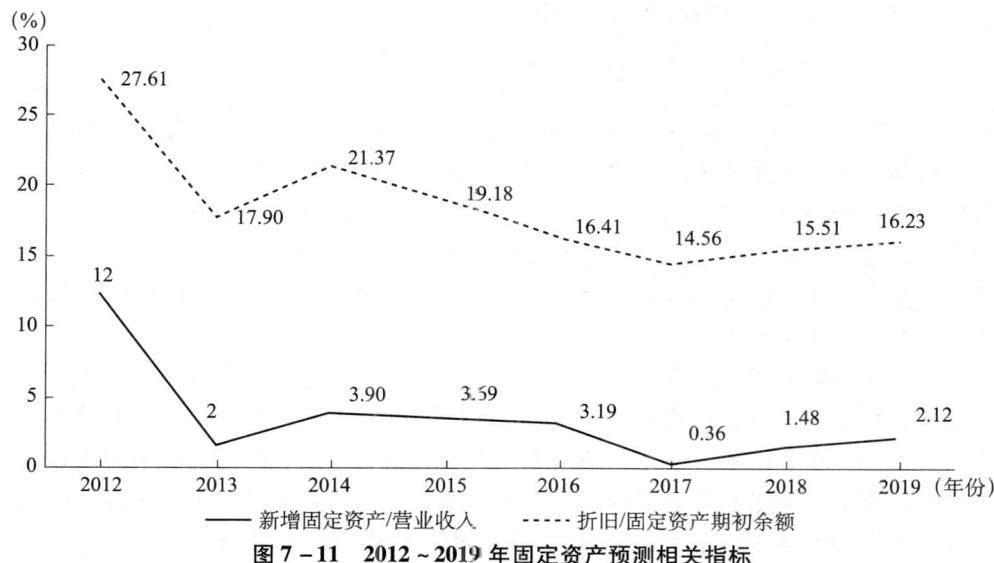

图 7-11　2012~2019 年固定资产预测相关指标

土地的使用经常与建厂房、生产线等资本支出活动相关。无形资产摊销也采用了直线法，具体如附表 7-5 所示。

（六）营运流动资金预测与假设

营运资金项目占营业收入比例的历史数据如表 7-10 所示。

表 7-10　　　　2015~2020 年营运资金项目占营业收入比例　　　　单位:%

项目	2015 年	2016 年	2017 年	2018 年	2019 年	2020 年	均值
货币资金	21	16	7	9	15	28	16
应收票据及应收账款	36	45	57	58	46	42	47
预付款项	1	1	1	2	1	1	1
其他应收款	1	1	2	4	4	4	3
存货	5	5	9	12	14	23	12
其他流动资产	4	6	5	2	1	1	3
应付票据及应付账款	39	44	42	44	38	44	42
预收账款	6	3	3	3	6	11	5
应付职工薪酬	2	3	3	2	2	3	3
应交税费	1	2	1	1	1	1	1
其他应付款	4	4	4	5	6	9	5

表 7-10 显示，2015~2019 年应收项目占营业收入比重逐渐增大，主要原因是新能源项目补贴产生，在补贴政策逐渐退坡之后，预计应收项目的占比会逐渐减小。同时考虑到估计宇通客车会在 2021~2023 年抢占市场，以及新能源客车售价较高等因素，预计下降幅度不大，在 2024~2026 年高速增长期间宇通客车完成市场份额抢占之后，会收缩信用政策将应收项目占比调整。其他营运项目各

年之间保持稳定,具体如附表7-6所示。

(七) 资本成本假设与预测

从2015~2019年财务报表数据来看,宇通客车的有息负债较低,基本上处于零负债状态,虽然在2017年发行了10亿元永续债,但在2019年即完全偿还,总体来说企业的长期资本结构以权益资本为主,且在宇通发展过程当中,管理层稳定,预计在未来期间不会发生较大变化,所以极端估计宇通客车仍然会实行零负债的融资策略,但也不排除临时运用短期借款等融资手段,为此我们合理假设其融资金额并予以分析。

R_f无风险收益率的测算,选取2016~2019年10年期国债收益率作为无风险收益率,数据来源中国债券信息网。R_m的测算,已有文献在估算市场平均收益率时,采用方法有四种,使用上证指数、深证成指、沪深300指数以及国外资本市场如道琼斯工业指数几何平均之后,加上国别溢价,总体来说采用沪深300指数的居多。宇通客车属于上证指数、上证180、沪深300的成分股,在经过测算对比之后,沪深300指数测算出的市场平均收益率较为客观。同时查阅CCER数据库,获取宇通客车近六年股票β值分别为0.771、0.630、0.483、0.834、1.047、0.956。因此,在CAPM模型计算报酬率中,β值取近六年均值0.787。查阅Wind数据库获取了过去六年10年期国债年收益率为3.27%,利用沪深300指数收益作为市场收益,测算得出过去六年平均股票风险溢价6.58%。通过CCER数据库查阅公司β值数据,使用CAPM法计算宇通客车股本成本,债务成本选择贷款基准利率4.75%,计算综合资本成本作为宇通客车最终资本成本,如表7-11所示。

表7-11 资本成本计算

项目	合理值
无杠杆Beta	0.787
无风险利率	3.27%
股票风险溢价	6.58%
公司股价(元/股)	12.3
发行在外股数(百万股)	2 213.94
股票市值(E)(百万元)	27 231
债务总额(D)(百万元)	3 441
债务资本成本(K_d)	4.75%
企业所得税率(T)	15.00%
无杠杆时股权资本成本(K_a)	8.45%
有杠杆Beta	0.87
有杠杆时股权资本成本(K_e)	9.00%
E/(D+E)	88.78%
D/(D+E)	11.22%
WACC	8.45%

（八）现金流预测与计算

公司自由现金流量现金流预测具体如表 7-12 所示。

假设 2030 年后的自由现金流量永续增长率为 2%，则 2030 年后的终值为 $TV = \dfrac{2\,522.2 \times (1 + 4\%)}{8.45\% - 4\%} = 58\,945.8$（百万元），折现后的价值 $= 58\,945.8 \times 0.444 = 26\,191.3$（百万元）。所有折现值合计为 38 785.74 百万元，扣除净债务 3 441.4 百万元，得到股票总价值 35 344.34 百万元，除以流通在外的股数 2 213.94 百万股，可得每股价值 15.96 元。

三、估值结果的情景分析

当使用现金流量折现分析法进行公司估值时，引入情景分析是非常必要的，因为公司所有的价值都是取决于其未来的现金流量，但是未来是不确定的。在基于基本情景的情况下，加入至少两种其他情景，会为公司估值带来很多益处。估值分析师通常既会对公司和行业发展预测一个高于基本状况的乐观情景，也会预测一个不那么乐观的情景。鉴于终值对整个公司价值的作用是非常重要的，而且终值又是最难估计的，所以在估算终值时，用情景分析法是最有益处的。以公司的财务预测为起点进行估值分析，假设可以预见的预测期内假设不变，仅对终值期的假设进行分析。

在对宇通客车的乐观情景分析中，沿用上述假设值，仅改变自由现金流量永续增长率为 6%，即宇通客车的永续增长率在永续增长期不会下降，最终计算出宇通客车股价为 26.02 元。同理，在悲观情景时，将永续增长率调整至 2%（美国、日本等发达国家的长期 GDP 增长率），计算可知宇通客车的股价为 12.15 元。因为最后一年的现金流量对公司价值的影响较大，所以仅调整最后一年数据即可。

第四节 其他价值评估模型的估值分析

一、基于乘数的价值评估

可以使用公司价值与息税折旧摊销前利润的比值乘数对宇通客车的价值进行评估，这一乘数经常被很多专业的估值分析师使用，基本公式为：

$$\dfrac{EV}{EBITDA} = \dfrac{ROIC - g}{ROIC \times (WACC - g)} \times (1 - T) \times (1 - D)$$

其中，ROIC 表示投资资本回报率；g 表示长期增长率；WACC 表示加权平均资本成本；T 表示税率；D 表示折旧和摊销费用占 EBITDA 的百分比。在计算这一数值时我们依然采用 2021 年预测数据进行计算。具体计算如表 7-13 所示。

表 7-12 公司自由现金流量测算

单位：百万元

预测年度	2020年	2021E	2022E	2023E	2024E	2025E	2026E	2027E	2028E	2029E	2030E	TV
EBIT①		3 244.0	3 336.5	3 429.0	3 521.5	3 614.0	3 706.5	3 799.0	3 891.5	3 984.0	4 076.5	
所得税率②（%）		15.00	15.00	15.00	15.00	15.00	15.00	15.00	15.00	15.00	15.00	
EBIT×（1-所得税率）③		2 757.4	2 836.0	2 914.6	2 993.3	3 071.9	3 150.5	3 229.1	3 307.8	3 386.4	3 465.0	
折旧与摊销④		33	35.9	38	40	42	44	45.9	47.9	49.9	51.9	
营运资金的净变动⑤		4 267.1	489.4	497.2	546.9	602.4	621.2	724.8	797.3	877.0	964.7	
资本性投资⑥		30	30	30	30	30	30	30	30	30	30	
公司自由现金流量（FCFF）⑦=③+④-⑤-⑥		-1 506.8	2 352.5	2 425.4	2 456.3	2 481.4	2 543.3	2 520.3	2 528.4	2 529.3	2 522.2	58 945.80
折现系数（8.45%）⑧		0.922	0.850	0.784	0.723	0.667	0.615	0.567	0.523	0.482	0.444	0.444
PV（FCFF）⑨=⑦×⑧		-1 389.4	2 000.2	1 901.5	1 775.7	1 654.1	1 563.2	1 428.4	1 321.3	1 218.8	1 120.7	26 191.3
企业价值⑩	38 785.74											
减：净债务	3 441.4											
股票价值	35 344.34											
每股价值	15.96											

表 7-13 投入资本分析

投入资本——资产	2018 年	2019 年	2020 年	2021E
非现金流动资产	25 034	20 163	15 882	26 113
经营性应收款项	19 843	15 222	9 964	20 533
存货净额	3 833	4 377	5 017	4 003
其他流动资产	1 359	563	901	1 578
无息流动负债	17 752	16 437	14 940	6 363
经营性应付款项	13 938	11 640	9 468	5 847
其他流动负债	3 814	4 797	5 471	516
无息长期负债	2 249	2 517	2 854	2 854
非现金营运资本	5 034	1 209	-1 912	16 896
经营性现金	2 912	4 719	6 151	4 000
长期资本	8 831	9 231	10 366	5 711
固定资产合计	4 494	4 555	4 901	276
无形资产及其他长期资产	3 663	3 931	4 659	4 609
长期投资合计	674	745	806	826
其中：核心长期投资	0	0	0	0
非核心长期投资	674	745	806	826
投资性房地产				
全部投入资本	16 777	15 159	14 605	26 607
减：非核心长期投资	674	745	806	826
核心投入资本	16 104	14 414	13 799	25 781

查阅附表 7-7 可知，2021 年预计 EBIT 为 3 244 百万元，通过计算可得：

$$\text{ROIC} = \frac{3\,244}{(13\,799 + 25\,781)/2} = 16.39\%$$

预计的长期增长率为 4%，折旧摊销占比为 2.44%，所得税税率为 15%，可以计算出：

$$\frac{\text{EV}}{\text{EBITDA}} = \frac{16.39\% - 4\%}{16.39\% \times (8.45\% - 4\%)} \times (1 - 15\%) \times (1 - 2.44\%) = 14.09$$

利用 2021 年预测的 EBITDA 值为 3 324 百万元，二者相乘获得企业价值 46 835.16 百万元，扣减净债务价值 3 441.4 百万元得到 43 393.76 百万元，除以总股数 2 213.94 百万股，最终得到宇通客车公司股价为 19.6 元/股。

二、剩余收益的价值评估

根据第五章剩余收益估值模型，具体如下：

$$公司价值 = BV_0 + \sum_{t=1}^{n} \frac{RI_t}{(1+r)^t} + \frac{TV}{(1+r)^n}$$

为计算剩余收益相关数据，表7-14展示了宇通客车的收益数据。同时查阅CCER数据库，获取宇通客车近六年股票β值分别为0.771、0.630、0.483、0.834、1.047、0.956。因此，在CAPM模型计算报酬率中，β值取近六年均值0.787。查阅Wind数据库获取了过去六年10年期国债年收益率为3.27%，利用沪深300指数收益作为市场收益，测算得出过去六年平均股票风险溢价为6.58%。这样根据CAPM模型计算的投资者要求的报酬率为r = 3.27% + 0.787 × 6.58% = 8.45%。

表7-14　　　　　　　　　　2015~2020年宇通客车收益数据

项目	2015年	2016年	2017年	2018年	2019年	2020年
每股净资产（元）	5.81	6.14	6.55	7.06	7.47	6.93
每股收益-基本（元）	1.60	1.83	1.41	1.01	0.85	0.21
净资产收益率（%）	29.88	30.58	21.52	14.32	11.35	3.14

资料来源：Wind数据库。

根据剩余收益计算公式，宇通客车2019年的剩余收益 $RI = NI_t - r \times BV_{t-1}$ = 0.85 - 7.06 × 8.45% = 0.253元/股。由于宇通客车过去十年营业收入复合增长率为12.48%，因此，假定未来六年剩余收益RI增长率按照12%增长，那么2026年末的每股剩余收益RI将达到0.499元/股，之后进入一个较为缓慢的平稳发展阶段（假定剩余收益增长率为5%），据此计算出2025年的持续价值TV = 0.499 × (1+2%) / (8.45% - 5%) = 19元/股，如表7-15所示。

表7-15　　　　　　　　　　2020~2025年剩余收益及折现数据

项目	2020年	2021年	2022年	2023年	2024年	2025年	持续价值
剩余收益	0.283	0.317	0.355	0.398	0.446	0.499	19.00
折现因子	0.928	0.861	0.799	0.742	0.688	0.639	0.639
折现价值	0.263	0.273	0.284	0.295	0.307	0.319	12.133

资料来源：编者整理计算。

根据剩余收益估值模型计算出公司最终价值：

V = 7.47 + 0.263 + 0.273 + 0.284 + 0.295 + 0.307 + 0.319 + 12.133
= 21.34（元/股）

第五节 估值结果的综合比较

该部分为对前文的总结性描述,将不同方法估计出的数值进行汇总分析,得出宇通客车的最终股价,如图 7-12 所示。从前述检查假设分析中我们得出了中性假设较为合理的结论,从图 7-12 观察则可以得出剩余收益法和乐观情形的估值较高不宜作为最终估值依据,而悲观情形的估值较低也应当剔除。最终结论是宇通客车的每股价值应当在 12.15 元/股到 26.02 元/股之间。

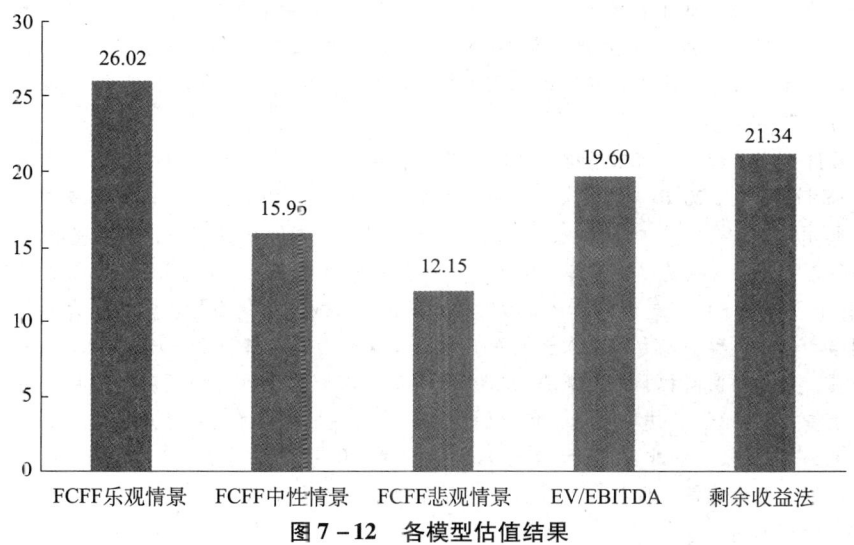

图 7-12 各模型估值结果

对比不同的估值方法可以分析得出:在检查隐含的假设条件时,现金流量折现估值方法中的低情景分析(悲观分析)看起来似乎过于保守了;从中性情景分析中的假设可以看出,隐含投入资本回报率和股本回报率也都低于其资本成本;高情景分析(乐观分析)得出的投入资本回报率高于其资本成本,但股本回报率略低于其股本成本。

本章小结

通过本章学习,我们了解了公司估值方法的抉择,以及对案例企业的基础分析思路,清楚了利用现金流量折现价值评估的步骤及流程,明白了基于乘数估值及剩余收益估值的应用,理解了不同估值方法得到不同结果的原因,为深入理解和运用价值评估方法奠定了基础。

复习思考题

1. 公司估值方法应该如何选择?不同估值方法得到不同结论的原因是什么?

2. 如何对案例企业进行基础分析？
3. 实务中如何利用现金流量折现价值评估方法对公司估值？
4. 实务中如何利用基于乘数的价值评估及剩余收益估值对公司估值？

案例分析

京东估值

1998年，京东创始人刘强东在北京中关村创办了京东，2001年，京东演变为零售商，受2003年"非典"疫情影响，2004年向网上零售商转型，2014年5月22日，与腾讯达成战略合作不久的京东正式在美国纳斯达克交易所挂牌上市，并通过首次公开发行股票筹集资金17.8亿美元。京东由此正式成为一家以3C产品和家电为主的网上零售企业。通过上市后的快速发展，京东商城已成为国内最大的自营类电商，地位稳固。2019年，京东GMV（Gross Merchandise Volume）① 突破2万亿元，2020年增长至2.61万亿元，截至2020年，Q4平台活跃用户数为4.72亿人。

新冠肺炎疫情期间，京东坚持不间断的运营，持续保障民生供应和医疗物资运输，多管齐下促进社会就业。2016年始，京东全面推进落实电商精准扶贫工作，通过品牌打造、自营直采、地方特产、众筹扶贫等模式，在全国各地贫困地区开展扶贫工作，上线贫困地区商品超过300万种，实现扶贫销售额超1 000亿元；京东积极投身乡村振兴，全面启动"奔富计划"，并于2020年10月发布"三年带动农村一万亿产值成长"的目标。依托强大的物流基础设施网络和供应链整合能力，京东大幅提升了行业运营效率，降低了社会成本。通过打造高质量消费，京东以商品和服务为抓手、以技术创新为依托，带动实体经济数字化转型，促进产业和消费"双升级"，进一步助力供给侧结构性改革，推动实体经济高质量发展。目前，京东拥有员工37万人（含非上市公司部分），其中包括20多万名一线员工。京东持续促进高质量就业，不仅努力为每一位员工提供施展才干和实现梦想的舞台，还努力成为让所有员工有归属感、幸福感的企业。

京东集团目前的业务已经涵盖了电商、物流、金融、健康四大板块。

1. 京东商城。

京东商城是中国仅次于阿里巴巴的第二大电商平台，通过将业务侧重于B2C的细分市场，开展专业化的批发零售业务。京东商城在初创时就是从批发零售业务即自营业务做起，目前已成为中国最大的自营类电商平台。从2010年开始，京东商城便引入了第三方平台业务，直到2020年，京东商城的自营业务收入贡献仍然占到总体的91%。

京东商城最早通过自营业务起家，也因此建立了比较稳定和良好的声誉，被视为价格合理且商品质量较高的电商平台。通过自营业务，京东商城能够提供标准化的发票、快速的配送服务和高质量的商品。京东商城最初就尝试与品牌供应商建立批发零售关系，这使得京东能够实现比同行尤其是平台类电商更低的客户投诉率和更高的客户满意度。2017年，京东商城的服装得到了美国服装和鞋履协会（AAFA）的认证，而主要竞争者之一的淘宝网则被列入了黑名单。京东的自营业务能够提供标准化的发票也是竞争优势之一，京东和天猫都能够为企业类买家提供采购的平台，但京东在服务质量标准方面更胜一筹。快速的物流服务也是京东商城能够培养较高的客户忠诚度的重要因素，越来越多的消费者为了追求更准时和及时的

---

① GMV指的是一定时间段内的成交总额，在电商网站的定义里是网站成交金额，实际指拍下订单金额，其中包含付款和未付款的部分。

配送服务而选择京东。

京东商城的第三方平台业务实际上是比自营业务更具有增长潜力的业务。阿里巴巴旗下的天猫和淘宝网是京东商城在中国本土的主要竞争者，但在平台业务方面，阿里巴巴的主要收入来自在线商城的布局、数据分析及渠道拓展这类市场营销方面的服务，京东则以直接收取交易佣金费用为主（京东商城平台业务的交易佣金收入占到50%以上）。可以看出，京东商城的平台业务是更加注重交易而非渠道建设的。从收取的交易佣金费用占销售额的比重来看，京东达到了5%~8%，高于天猫的0.4%~5%和聚划算的3%，淘宝网是不收取平台交易佣金的。此外，虽然天猫商城的交易佣金较低，但商家需要为每一次的点击支付一定的成本，这也是天猫和京东的平台业务分别注重渠道和流量这一不同特征决定的。相较于天猫商城，京东的平台业务可以在品类和流量的拓展方面努力，而这也确实是京东正在做的：一方面，近年来京东商城引入了较多的第三方商家，并从最初主要经营家电和电子产品到日用品、书籍、服装，极大地扩展了商品品类；另一方面，京东与我国国内的互联网企业如腾讯、百度、今日头条等深度合作，致力于增加来自不同渠道的流量。

2. 京东物流。

京东集团2007年开始自建物流，2017年4月25日正式成立京东物流集团。目前，京东物流仍然是京东的全资子公司。京东内部的自建物流使其能够大大提高送货效率，并保持较高的服务质量，这是京东的主要竞争优势之一。通过内部的自建物流，京东的存货周转天数减少到32天（行业平均水平为70~90天）。在2020年，京东物流助力约90%的京东线上零售订单实现当日和次日达。基于5G、人工智能、大数据、云计算及物联网等底层技术，京东物流正在持续提升自身在自动化、数字化及智能决策方面的能力，不仅通过自动搬运机器人、分拣机器人、智能快递车等，在仓储、运输、分拣及配送等环节大大提升效率，还自主研发了仓储、运输及订单管理系统等，支持客户供应链的全面数字化，通过专有算法，在销售预测、商品配送规划及供应链网络优化等领域实现决策。凭借这些专有技术，京东物流已经构建了一套全面的智能物流系统，实现服务自动化、运营数字化及决策智能化。2018年2月，京东物流获中国物流行业最大单笔融资25亿美元。

截至2021年3月31日，京东物流运营超过1 000个仓库，包含京东物流管理的云仓面积在内，仓储总面积超过2 100万平方米。同时，京东物流着力推行战略级项目"青流计划"，从"环境（planet）""人文社会（people）""经济（profits）"三个方面，协同行业和社会力量共同关注人类的可持续发展。

3. 京东金融。

京东金融是京东自2013年开始独立经营的子公司，包括消费者金融、供应链金融、支付服务、数据服务，金融的主要业务包括消费者金融、供应链金融、支付资产管理业务和综合业务等板块。其中，供应链金融是最具盈利能力的业务。对于消费者而言，京东白条是京东金融提供的最主要的产品。京东白条允许客户在30天内免息延迟付款，同时提供3~24个月的分期付款期限供选择，根据使用者的信贷历史记录收取0.5%~1.2%的月利息。

京东金融最主要的收入来源于供应链融资业务，主要产品包括京保贝、京小贷和动产融资业务，目标用户为京东商城的供应商，他们可以在0.033%的日利率下进行12个月、额度达200万元的借款。对于动产融资，则有最高5 000万元的借款限额，主要根据借贷人的资信状况决定。京东金融在2014年7月推出了新一代第三方支付产品——京东支付，此时国内第三方支付市场已被阿里巴巴占领。2017年，京东金融通过和中国银联合作推出了京东闪付，不同于目前占据了支付市场90%以上份额的支付宝和微信，京东闪付采用了和ApplePay类似的基于NFC技术的支付方式，试图通过差异化获得市场份额。2018年7月，京东金融签署B

轮融资协议，融资130亿元人民币，估值1 330亿元人民币。11月，京东金融完成品牌升级，京东数字科技成为整个公司的母品牌，旗下包括京东金融、京东城市、京东农牧、京东钼媒、京东少东家五大子品牌。

4. 京东健康。

2019年5月，京东健康正式宣布独立运营，积极布局"互联网+医疗健康"生态，为用户提供基于医药健康电商、互联网医疗、健康服务、智慧医疗解决方案四大业务板块的产品和服务。2019年11月，京东健康完成A轮优先股融资，估值约70亿美元。2020年12月，京东健康于香港联交所主板上市。基于"以供应链为核心、医疗服务为抓手、数字驱动的用户全生命周期全场景的健康管理平台"的战略定位，京东健康已经实现全面、完整的"互联网+医疗健康"布局，产品及服务可覆盖医药健康实物全产业链、医疗全流程、健康全场景、用户全生命周期，以打造更加完整的大健康生态体系。

在医药供应链板块，京东健康现拥有药品、医疗器械，以及泛健康类商品的零售及批发业务，覆盖线上线下全渠道；互联网医疗板块主要围绕患者需求，开展在线挂号、在线问诊等医疗服务，并结合医药供应链优势，打造了"医+药"闭环；健康管理板块为用户提供家庭医生服务，以及包括体检、医美、齿科、基因检测、疫苗预约等在内的消费医疗服务等；"智慧医疗"板块则主要服务于医院和政府部门等合作方，向其提供基于互联网+技术的信息化、智慧化解决方案，促进医疗健康信息实现互通共享。

2020年6月，京东集团在香港联交所二次上市，募集资金约345.58亿港元，用于投资以供应链为基础的关键技术创新。和其他互联网公司一样，京东逐渐发展成"生态圈"，囊括了电商、物流、金融、健康等多个业务板块。

(资料来源：陈玉罡，刘彧，莫昕，等. 大数据与互联网公司估值 [M]. 大连：东北财经大学出版社，2019)

思考分析：

1. 运用行业结构价值驱动因素、智力资本价值驱动因素对京东集团进行基础分析。
2. 查阅京东集团最新财务报告，利用现金流量折现价值评估方法对京东进行估值。
3. 尝试运用其他估值方法对京东进行估值分析。

附基本假设供大家参考：

1. 2021年的自由现金流量（free cash flow，FCF）预计增长率为40%（与预计的GMV增长率相当），并以每年5%递减至2026年。自由现金流量是企业所产生的、在满足了再投资需要之后剩余的现金流量。简单地说，自由现金流量是指企业经营活动产生的现金流量扣除资本性支出（capital expenditures，CE）后的差额，用来衡量企业实际持有的能够回报股东的现金，而这部分现金才是股东所真正能够合理获得的部分，被视为企业价值的组成部分。

2. 永续增长率为2%，永续增长期间从2027年开始。

我们可以注意到，这里假设京东的增长速度将不断放缓，从2025年开始进入增长率稳定的永续增长阶段，这里沿用的是永续增长的现金流模型。

3. 在计算WACC时，我们可以先参考一些经验值，同时参考了纽约大学斯特恩商学院提供的美国上市公司行业WACC的数据。京东属于零售行业，该行业的WACC相关数据见表7-17。

表7-17 零售行业 WACC 相关数据

行业名称	企业数量（家）	β系数	权益资本成本（%）	权益价值占比（%）	标准差（%）	债务资本成本（%）	税率（%）	税后债务资本成本（%）	债务价值占比（%）	加权平均资本成本（%）
零售（线上）	72	1.48	12.23	94.36	4.78	4.47	13.13	3.30	5.64	11.73

资料来源：达摩达兰（Aswath Damodaran）. 全球分地区分行业资本成本测算结果［EB/CL］. http://pages.stern.nyu.edu/~adamodar/New_Home_Page/dataarchived.html.

本章附录

附表 7-1 宇通客车 2016~2020 年损益表

单位：百万元

项目	2016 年度	2017 年度	2018 年度	2019 年度	2020 年度
一、营业总收入	35 850.44	33 221.95	31 745.84	30 479.44	21 705.05
营业收入	35 850.44	33 221.95	31 745.84	30 479.44	21 705.05
二、营业总成本	31 502.46	30 121.45	29 572.46	28 912.77	22 107.41
营业成本	25 876.32	24 478.64	23 706.09	23 057.96	17 911.98
营业税金及附加	161.37	185.64	195.04	242.87	181.85
销售费用	2 926.67	2 353.43	2 511.79	2 796.26	1 553.33
管理费用	1 825.54	2 051.28	2 634.72	2 604.03	2 387.10
财务费用	274.59	492.11	324.67	211.64	73.15
三、其他经营收益					
投资净收益	-12.67	86.31	111.45	107.77	88.67
其中：对联营企业和合营企业的投资收益	28.64	32.85	6.59	72.34	81.72
公允价值变动净收益	58.01	121.32	-151.10	-20.12	93.65
资产减值损失	437.97	560.35	200.15	19.03	38.25
加：营业利润差额（特殊报表科目）	0.00	0.00	0.00	0.00	0.00
加：营业利润差额（合计平衡项目）	0.00	0.00	0.00	0.00	0.00
四、营业利润	4 393.33	3 601.55	2 468.00	2 018.29	304.00
加：营业外收入	423.46	51.26	98.63	77.81	61.71
减：营业外支出	34.50	16.87	20.09	12.36	17.99

续表

项目	2016 年度	2017 年度	2018 年度	2019 年度	2020 年度
其中：非流动资产处置净损失	1.72	0.00	0.00	0.00	0.00
加：利润总额差额（特殊报表科目）	0.00	0.00	0.00	0.00	0.00
加：利润总额差额（合计平衡项目）	0.07	0.13	0.00	0.00	0.00
五、利润总额	4 782.29	3 635.95	2 546.53	2 083.74	347.71
减：所得税	679.95	468.10	218.15	123.01	-170.36
加：未确认的投资损失	0.00	0.55	0.00	0.00	0.00
六、净利润	4 102.34	3 167.85	2 328.38	1 960.72	518.08
持续经营净利润		3 166.88	2 328.38	1 960.72	518.08
终止经营净利润		0.97			
减：少数股东损益	58.59	38.65	26.89	20.51	2.09
归属于母公司所有者的净利润	4 043.75	3 129.19	2 301.49	1 940.21	515.99
七、每股收益：					
（一）基本每股收益（元）	1.83	1.41	1.01	0.85	0.21
（二）稀释每股收益（元）	1.83	1.41	1.01	0.85	0.21

附表 7-2　宇通客车 2016~2020 年资产负债表

单位：百万元

项目	2016-12-31	2017-12-31	2018-12-31	2019-12-31	2020-12-31
流动资产：					
货币资金	5 616.35	2 487.71	2 912.00	4 718.52	6 150.85
结算备付金	0.00	0.00	0.00	0.00	0.00
拆出资金	0.00	0.00	0.00	0.00	0.00
交易性金融资产	358.49	159.12	8.02	2 505.51	912.54
应收票据	1 135.12	1 484.85	1 219.04	241.23	102.06
应收账款	15 049.32	17 388.10	17 273.23	13 861.75	8 952.27
预付款项	226.63	299.98	669.45	240.66	280.68
其他应收款	512.82	752.77	1 350.80	1 119.20	910.11
存货	1 923.47	3 074.44	3 832.62	4 377.37	5 016.71
一年内到期的非流动资产	40.98	38.04	13.69	1.05	0.00
待摊费用	0.00	0.00	0.00	0.00	0.00
其他流动资产	2 047.86	1 746.04	689.00	158.18	222.89
流动资产合计	26 911.05	27 431.24	27 967.91	27 388.10	22 945.85
非流动资产：					
可供出售金融资产	1 008.58	1 329.97	1 489.15	1 670.16	2 210.14
持有至到期投资	0.00	0.00	0.00	0.00	0.00
长期应收款	0.00	0.00	0.00	0.00	0.00
长期股权投资	321.64	664.49	673.56	745.46	806.18
投资性房地产	0.00	0.00	0.00	0.00	0.00
固定资产	4 537.66	3 985.23	3 812.84	3 799.23	4 127.10
在建工程	90.85	297.25	681.58	755.47	773.87
工程物资	0.00	3.08	0.00	0.00	0.00

续表

项目	2016-12-31	2017-12-31	2018-12-31	2019-12-31	2020-12-31
无形资产	1 457.54	1 426.62	1 181.33	1 272.39	1 241.08
商誉	0.49	0.49	0.49	0.10	0.10
长期待摊费用	10.81	11.33	3.82	12.76	11.96
递延所得税资产	774.87	881.37	945.21	948.80	1 165.77
其他非流动资产	40.30	137.40	43.12	27.00	29.83
非流动资产合计	8 242.75	8 734.16	8 831.11	9 231.39	10 366.03
资产总计	35 153.80	36 165.41	36 799.02	36 619.49	33 311.87
流动负债:					
短期借款	0.00	770.15	5.00	0.00	75.00
应付票据	5 389.63	5 887.78	4 902.23	5 099.24	3 887.65
应付账款	10 371.41	8 175.11	9 035.65	6 540.81	5 580.75
预收款项	1 182.62	1 027.14	1 019.73	1 837.30	2 337.80
应付职工薪酬	1 126.85	1 011.26	742.02	703.09	680.13
应交税费	559.39	400.96	399.99	425.37	175.40
应付利息	0.00	0.00	0.37	0.42	0.49
其他应付款	1 290.64	1 357.12	1 651.98	1 813.57	1 927.06
一年内到期的非流动负债	0.00	22.54	18.68	0.00	0.00
流动负债合计	19 920.54	18 652.06	17 775.28	16 436.98	15 014.76
非流动负债:					
长期借款	0.00	21.24	18.98	0.00	0.00
应付债券	0.00	0.00	0.00	0.00	0.00
长期应付款	0.00	0.00	0.00	0.00	0.00
专项应付款	0.00	0.00	0.00	0.00	0.00

续表

项目	2016-12-31	2017-12-31	2018-12-31	2019-12-31	2020-12-31
预计负债	1 234.66	1 574.73	1 620.71	1 743.35	1 829.56
递延所得税负债	1.07	18.89	0.44	20.77	136.76
递延收益——非流动负债	318.41	292.63	627.45	752.59	888.17
其他非流动负债	0.00	0.00	0.00	0.00	1.14
非流动负债合计	1 554.14	1 907.49	2 267.57	2 516.70	2 854.49
负债合计	21 474.69	20 559.55	20 042.85	18 953.68	17 869.25
所有者权益（或股东权益）：					
实收资本（或股本）	2 213.94	2 213.94	2 213.94	2 213.94	2 213.94
资本公积	1 278.77	1 278.77	1 278.77	1 278.77	1 270.73
减：库存股	0.00	0.00	0.00	0.00	0.00
盈余公积	1 951.07	2 274.07	2 553.88	2 734.94	2 810.16
未分配利润	8 138.54	8 730.79	9 590.51	10 211.08	8 397.06
少数股东权益	95.45	106.12	115.26	125.49	109.03
归属于母公司所有者权益合计	13 583.66	15 499.74	16 640.91	17 540.32	15 333.58
所有者权益合计	13 679.11	15 605.86	16 756.17	17 665.81	15 442.62
负债和所有者权益总计	35 153.80	36 165.41	36 799.02	36 619.49	33 311.87

附表 7-3　宇通客车 2016~2020 年现金流量表

单位：百万元

项目	2016 年度	2017 年度	2018 年度	2019 年度	2020 年度
一、经营活动产生的现金流量：					
销售商品、提供劳务收到的现金	29 825.40	29 017.56	31 385.69	37 733.32	28 174.03
收到的税费返还	566.70	442.55	460.35	340.90	218.98
收到其他与经营活动有关的现金	398.08	447.88	1 079.11	793.43	955.51
经营活动现金流入小计	30 790.18	29 907.99	32 925.15	38 867.65	29 348.53
购买商品、接受劳务支付的现金	21 332.97	24 879.74	22 967.69	25 611.03	19 914.35
支付给职工以及为职工支付的现金	2 478.45	2 692.95	2 755.94	2 927.49	2 833.90
支付的各项税费	1 087.35	1 250.71	928.78	1 062.76	870.09
支付其他与经营活动有关的现金	2 359.07	2 833.56	3 694.91	3 926.19	2 161.72
经营活动现金流出小计	27 257.85	31 656.95	30 347.33	33 527.48	25 780.05
经营活动产生的现金流量净额	3 532.33	-1 748.96	2 577.83	5 340.17	3 568.47
二、投资活动产生的现金流量：					
收回投资收益收到的现金	7 738.56	12 613.43	19 875.59	9 209.82	9 178.13
取得投资收益收到的现金	49.39	47.30	63.90	37.13	36.49
处置固定资产、无形资产和其他长期资产收回的现金净额	23.07	3.13	4.77	531.26	210.37
处置子公司及其他营业单位收到的现金净额	0.00	0.00	0.00	0.00	0.00
收到其他与投资活动有关的现金	0.00	0.00	0.00	0.00	0.00
投资活动现金流入小计	7 811.03	12 663.85	19 944.26	9 778.21	9 424.98
购建固定资产、无形资产和其他长期资产支付的现金	444.78	730.07	1 058.03	925.76	957.00
投资支付的现金	8 374.51	12 752.29	19 038.98	11 161.88	7 401.18
取得子公司及其他营业单位支付的现金净额	0.00	0.00	0.00	0.00	15.04
支付其他与投资活动有关的现金	0.00	0.00	0.00	0.00	0.00
投资活动现金流出小计	8 819.30	13 482.36	20 097.02	12 087.63	8 373.22
投资活动产生的现金流量净额	-1 008.27	-818.51	-152.76	-2 309.42	1 051.76

续表

项目	2016 年度	2017 年度	2018 年度	2019 年度	2020 年度
三、筹资活动产生的现金流量：					
吸收投资收到的现金	0.00	0.00	0.00	0.10	2.45
其中：子公司吸收少数股东投资收到的现金	0.00	0.00	0.00	0.10	2.45
取得借款收到的现金	300.00	6 385.42	6 165.73	3 510.00	75.00
收到其他与筹资活动有关的现金	13.91	1 018.53	538.68	0.00	220.77
发行债券收到的现金	0.00	1 000.00	1 500.00	0.00	0.00
筹资活动现金流入小计	313.91	8 403.96	8 204.41	3 510.10	298.22
偿还债务支付的现金	300.00	6 570.31	8 437.47	3 552.65	0.00
分配股利、利润或偿付利息支付的现金	3 451.58	2 367.53	1 320.89	1 179.96	2 278.09
其中：子公司支付给少数股东的股利、利润	42.00	28.20	18.00	10.56	9.00
支付其他与筹资活动有关的现金	18.53	538.71	0.00	221.72	1 086.31
筹资活动现金流出小计	3 770.11	9 476.54	9 758.36	4 954.33	3 364.40
筹资活动产生的现金流量净额	-3 456.20	-1 072.59	-1 553.95	-1 444.23	-3 066.18
四、现金及现金等价物净增加：					
汇率变动对现金的影响	0.00	0.00	0.00	0.00	0.00
现金及现金等价物净增加额	-1 087.43	-3 648.82	962.97	1 584.79	1 527.44
期初现金及现金等价物余额	6 667.29	5 579.86	1 931.03	2 894.01	4 516.35
期末现金及现金等价物余额	5 579.86	1 931.03	2 894.01	4 478.80	6 043.79
补充资料：					
净利润	4 102.34	3 167.85	2 328.38	1 960.72	518.08
加：资产减值准备	437.97	560.35	200.15	106.44	88.43
信用减值损失				-125.47	-126.68
固定资产折旧、油气资产折耗、生产性生物资产折旧	662.18	659.49	617.33	618.94	615.72
无形资产摊销	38.19	38.90	39.80	37.45	38.44
长期待摊费用摊销	13.70	12.99	8.90	5.73	2.80

续表

项目	2016 年度	2017 年度	2018 年度	2019 年度	2020 年度
待摊费用减少	0.00	0.00	0.00	0.00	0.00
预提费用增加	0.00	0.00	0.00	0.00	0.00
处置固定资产、无形资产和其他长期资产的损失	-14.41	-1.08	-53.68	-123.22	-107.91
固定资产报废损失	0.00	11.03	0.83	1.19	1.49
公允价值变动损失	-58.01	-121.32	151.10	20.12	-93.65
财务费用	243.08	340.57	140.02	41.36	26.77
投资损失	12.67	-86.31	-111.45	-107.77	-88.67
递延所得税资产减少	-213.66	-106.50	-63.84	-3.59	-214.16
递延所得税负债增加	1.07	17.82	-18.45	-0.34	18.34
存货的减少	-441.39	-1 189.33	-867.98	-651.19	-713.75
经营性应收项目的减少	-4 707.19	3 171.08	2 677.45	4 530.77	5 068.54
经营性应付项目的增加	3 455.79	-1 882.34	-2 470.74	-970.96	-1 465.31
未确认的投资损失	0.00	0.55	0.00	0.00	0.00
其他	0.00	0.00	0.00	0.00	-0.15
经营活动产生的现金流量净额	3 532.33	-1 748.96	2 577.83	5 340.17	3 568.47
债务转为资本	0.00	0.00	0.00	0.00	0.00
一年内到期的可转换公司债券	0.00	0.00	0.00	0.00	0.00
融资租入固定资产	0.00	0.00	0.00	0.00	0.00
现金的期末余额	5 579.86	1 931.03	2 894.01	4 478.80	6 043.79
减：现金的期初余额	6 667.29	5 579.86	1 931.03	2 894.01	4 516.35
加：现金等价物的期末余额	0.00	0.00	0.00	0.00	0.00
减：现金等价物的期初余额	0.00	0.00	0.00	0.00	0.00
间接法——现金及现金等价物净增加额	-1 087.43	-3 648.82	962.97	1 584.79	1 527.44

附表 7-4　经营活动假设条件

单位：%

1. 经营活动

	2021E	2022E	2023E	2024E	2025E	2026E	2027E	2028E	2029E	2030E
营业成本/营业收入	74.00	74.00	74.00	74.00	74.00	74.00	74.00	74.00	74.00	74.00
管理费用/营业收入	9.00	9.00	9.00	9.00	9.00	9.00	9.00	9.00	9.00	9.00
销售费用/销售收入	8.00	8.00	8.00	8.00	8.00	8.00	8.00	8.00	8.00	8.00
营业税及附加/营业收入	0.65	0.65	0.65	0.65	0.65	0.65	0.65	0.65	0.65	0.65
所得税税率	15.00	15.00	15.00	15.00	15.00	15.00	15.00	15.00	15.00	15.00
股利分配比率	70.00	70.00	70.00	70.00	70.00	70.00	70.00	70.00	70.00	70.00

2. 营运资金

	2021E	2022E	2023E	2024E	2025E	2026E	2027E	2028E	2029E	2030E
应收账款周转天数（相对于销售收入）（天）	190.0	190.0	190.0	190.0	190.0	190.0	190.0	190.0	190.0	190.0
存货周转天数（相对于销货成本）（天）	60.0	60.0	60.0	60.0	60.0	60.0	60.0	60.0	60.0	60.0
待摊费用和其他流动资产/营业收入（%）	4.0	4.0	4.0	4.0	4.0	4.0	4.0	4.0	4.0	4.0
应付账款周转天数（相对于销货成本）（天）	200.0	200.0	200.0	200.0	200.0	200.0	200.0	200.0	200.0	200.0
其他流动负债比经营成本总额（%）	13.0	13.0	13.0	13.0	13.0	13.0	13.0	13.0	13.0	13.0
少数股东权益分红比例（%）	70.0	70.0	70.0	70.0	70.0	70.0	70.0	70.0	70.0	70.0

3. 资本开支

	2021E	2022E	2023E	2024E	2025E	2026E	2027E	2028E	2029E	2030E
固定资产新建项目投资	30	30	30	30	30	30	30	30	30	30
现有固定资产年限（年）	18									
新建固定资产的折旧年限（年）	18									
各年的固定资产改造投资比率（%）	5.00									
固定资产减值准备比率（%）	2.10									
无形资产摊销期（年）	25									

4. 债务利息

	2021E	2022E	2023E	2024E	2025E	2026E	2027E	2028E	2029E	2030E
a. 最低现金余额	4 000	4 000	4 000	4 000	4 000	4 000	4 000	4 000	4 000	4 000
现金存款利率（%）	2.50	2.50	2.50	2.50	2.50	2.50	2.50	2.50	2.50	2.50
b. 最低循环贷款余额	200.0	200.0	200.0	200.0	200.0	200.0	200.0	200.0	200.0	200.0
循环贷款利率（%）	4.50	4.50	4.50	4.50	4.50	4.50	4.50	4.50	4.50	4.50

5. 交易性金融资产

	2021E	2022E	2023E	2024E	2025E	2026E	2027E	2028E	2029E	2030E
交易性金融资产	912.5	912.5	912.5	912.5	912.5	912.5	912.5	912.5	912.5	912.5

6. 贴现率

行业平均资产 Beta	0.787
无风险利率	3.27%
风险溢价	6.58%
公司股价（2021年8月31日，单位：元/股）	12.3
Kd	4.75%
T	15.00%

7. TV 增长率

TV 增长率	4.0%

8. 总股本（百万股）

	2021E	2022E	2023E	2024E	2025E	2026E	2027E	2028E	2029E	2030E
总股本	2 214	2 214	2 214	2 214	2 214	2 214	2 214	2 214	2 214	2 214

附表 7-5　宇通客车 2021~2030 年资本开支、折旧与摊销表

单位：百万元

假设：
现有固定资产的折旧年限为（剩）	10
新建固定资产的折旧年限为	15

使用直线折旧法

		2021E	2022E	2023E	2024E	2025E	2026E	2027E	2028E	2029E	2030E
初始固定资产原值	4 216	422	422	422	422	422	422	422	422	422	422
新增固定资产 2021E	58	2	4	4	4	4	4	4	4	4	4
新增固定资产 2022E	31		1	2	2	2	2	2	2	2	2
新增固定资产 2023E	30			1	2	2	2	2	2	2	2
新增固定资产 2024E	30				1	2	2	2	2	2	2
新增固定资产 2025E	30					1	2	2	2	2	2
新增固定资产 2026E	30						1	2	2	2	2
新增固定资产 2027E	30							1	2	2	2
新增固定资产 2028E	30								1	2	2
新增固定资产 2029E	30									1	2
新增固定资产 2030E	30										1

在建工程与工程物资	2021E	2022E	2023E	2024E	2025E	2026E	2027E	2028E	2029E	2030E
期初原值	774	8	7	7	7	7	7	8	8	8
改造投入	211	14	14	14	13	13	12	11	11	10
改造投入比率（%）	5.0	5.0	5.0	5.0	5.0	5.0	5.0	5.0	5.0	5.0
在建投入	(181)	16	16	16	17	17	18	19	19	20
利息资本化	0	0	0	0	0	0	0	0	0	0
当期增加	30	30	30	30	30	30	30	30	30	30
改造转固	211	14	14	14	13	13	12	11	11	10

续表

在建工程与工程物资	2021E	2022E	2023E	2024E	2025E	2026E	2027E	2028E	2029E	2030E
转固比率(%)	100.0	100.0	100.0	100.0	100.0	100.0	100.0	100.0	100.0	100.0
在建转固	504	17	16	16	17	17	18	18	19	20
在建转固比率(%)	85.0	70.0	70.0	70.0	70.0	70.0	70.0	70.0	70.0	70.0
累计资本化利息	0	0	0	0	0	0	0	0	0	0
利息资本化转固	0	0	0	0	0	0	0	0	0	0
当期转固	58	31	30	30	30	30	30	30	30	30
期末余额	8	7	7	7	7	7	8	8	8	9

固定资产	2021E	2022E	2023E	2024E	2025E	2026E	2027E	2028E	2029E	2030E
期初固定资产净值	4 216	280	277	271	263	254	242	228	212	194
固定资产增加	58	31	30	30	30	30	30	30	30	30
折旧	31	34	36	38	40	42	44	46	48	50
资产减值与公允价值降低	(35)	0	0	0	0	0	0	0	0	0
期末固定资产净值	280	277	271	263	254	242	228	212	194	174

无形资产投资和折旧

使用直线摊销法

	2021E	2022E	2023E	2024E	2025E	2026E	2027E	2028E	2029E	2030E
期初无形资产净值	1 241.1	1 191.4	1 141.8	1 092.2	1 042.5	992.9	943.2	893.6	843.9	794.3
摊销	49.6	49.6	49.6	49.6	49.6	49.6	49.6	49.6	49.6	49.6
无形资产资本开支	0.0	0.0	0.0	0.0	0.0	0.0	0.0	0.0	0.0	0.0
期末无形资产净值	1 191.4	1 141.8	1 092.2	1 042.5	997.9	943.2	893.6	843.9	794.3	744.6

假设：
无形资产的摊销年限为 25

附表 7-6　营运资本变动预测

单位：百万元

营运资金	2020	2021E	2022E	2023E	2024E	2025E	2026E	2027E	2028E	2029E	2030E
销售收入	21 705	39 444	40 552	41 660	42 768	43 876	44 984	46 091	47 199	48 307	49 415
销货成本	17 478	14 323	16 351	17 987	19 788	21 768	24 269	26 698	29 371	32 310	35 544
营业费用＋管理费用	3 902	6 706	6 894	7 082	7 271	7 459	7 647	7 836	8 024	8 212	8 401
流动资产											
应收账款（百万元）	9 964	20 533	21 109	21 686	22 263	22 839	23 416	23 993	24 569	25 146	25 723
周转天数（相对于销售收入）（天）	168	190	190	190	190	190	190	190	190	190	190
应收账款/销售收入（%）	45.9	52.1	52.1	52.1	52.1	52.1	52.1	52.1	52.1	52.1	52.1
存货（百万元）	5 017	4 003	4 569	5 027	5 530	6 083	6 782	7 461	8 208	9 029	9 933
周转天数（相对于销货成本）（天）	105	60	60	60	60	60	60	60	60	60	60
存货/销货成本（%）	28.7	27.9	27.9	27.9	27.9	27.9	27.9	27.9	27.9	27.9	27.9
待摊费用和其他流动资产（百万元）	901	1 578	1 622	1 666	1 711	1 755	1 799	1 844	1 888	1 932	1 977
比销售收入（%）	4.2	4.0	4.0	4.0	4.0	4.0	4.0	4.0	4.0	4.0	4.0
流动负债											
应付账款（百万元）	9 468	5 847	6 675	7 343	8 078	8 886	9 907	10 899	11 990	13 190	14 510
周转天数（相对于销货成本）（天）	198	200	200	200	200	200	200	200	200	200	200
预提费用（百万元）	0	0	0	0	0	0	0	0	0	0	0
比营业费用和管理费用（%）	0.0	0.0	0.0	0.0	0.0	0.0	0.0	0.0	0.0	0.0	0.0
其他流动负债（百万元）	5 471	516	587	647	712	784	862	949	1 043	1 148	1 263
比经营成本总额（%）	25.6	13.0	13.0	13.0	13.0	13.0	13.0	13.0	13.0	13.0	13.0

第七章 公司估值在实践中的综合应用

单位：百万元

长期资产和长期负债										
长期股权投资	806	826	826	826	826	826	826	826	826	826
绝对增加	61	20	0	0	0	0	0	0	0	0
其他长期负债	2 854	2 854	2 854	2 854	2 854	2 854	2 854	2 854	2 854	2 854
绝对增加	338	0	0	0	0	0	0	0	0	0
营运资金	(1 106)	4 518	5 008	5 505	6 051	6 653	7 274	7 998	8 795	9 671	10 635
营运资金的净变动		(4 287)	(489)	(497)	(547)	(602)	(621)	(724)	(797)	(876)	(964)

附表 7－7　宇通客车 2021~2030 年预计损益表

项目	2021E	2022E	2023E	2024E	2025E	2026E	2027E	2028E	2029E	2030E
营业收入（百万元）	39 444	40 552	41 660	42 768	43 876	44 984	46 091	47 199	48 307	49 415
营业成本（百万元）	29 189	30 009	30 828	31 648	32 468	33 288	34 108	34 927	35 747	36 567
营业成本/营业收入（%）	74.0	74.0	74.0	74.0	74.0	74.0	74.0	74.0	74.0	74.0
营业毛利（百万元）	10 256	10 544	10 832	11 120	11 408	11 696	11 984	12 272	12 560	12 848
营业税金及附加（百万元）	(256)	(264)	(271)	(278)	(285)	(292)	(300)	(307)	(314)	(321)
营业税金率（%）	0.65	0.65	0.65	0.65	0.65	0.65	0.65	0.65	0.65	0.65
销售费用（百万元）	(3 156)	(3 244)	(3 333)	(3 421)	(3 510)	(3 599)	(3 687)	(3 776)	(3 865)	(3 953)
销售费用/营业收入（%）	8.0	8.0	8.0	8.0	8.0	8.0	8.0	8.0	8.0	8.0
管理费用（不含无形资产摊销）（百万元）	(3 550)	(3 650)	(3 749)	(3 849)	(3 949)	(4 049)	(4 148)	(4 248)	(4 348)	(4 447)
管理费用（不含无形资产摊销）/营业收入（%）	9.0	9.0	9.0	9.0	9.0	9.0	9.0	9.0	9.0	9.0
EBITDA	3 324	3 420	3 514	3 609	3 703	3 798	3 892	3 987	4 081	4 176
EBITDA/销售收入（%）	8.4	8.4	8.4	8.4	8.4	8.4	8.4	8.4	8.4	8.5
折旧（百万元）	(31)	(34)	(36)	(38)	(40)	(42)	(44)	(46)	(48)	(50)
摊销（百万元）	(50)	(50)	(50)	(50)	(50)	(50)	(50)	(50)	(50)	(50)
EBIT	3 244	3 336	3 429	3 521	3 614	3 706	3 799	3 891	3 984	4 077
EBIT/销售收入（%）	8.2	8.2	8.2	8.2	8.2	8.2	8.2	8.2	8.2	8.2
利息费用（百万元）	(84)	(146)	(122)	(95)	(65)	(30)	(11)	(11)	(11)	(11)
利息收入（百万元）	127	100	100	100	100	100	100	100	100	100
财务费用（百万元）	(81)	(143)	(120)	(93)	(62)	(27)	3	27	54	84
资产减值及公允价值变动（百万元）	(35)	0	0	0	0	0	0	0	0	0
税前利润（百万元）	2 320	2 261	2 501	2 764	3 081	3 430	3 807	4 211	4 657	5 147

续表

项目	2021E	2022E	2023E	2024E	2025E	2026E	2027E	2028E	2029E	2030E
所得税（百万元）	(348)	(339)	(375)	(415)	(462)	(515)	(571)	(632)	(698)	(772)
实际税率（%）	15.0	15.0	15.0	15.0	15.0	15.0	15.0	15.0	15.0	15.0
少数股东损益（百万元）	(60)	(58)	(64)	(71)	(79)	(88)	(98)	(108)	(120)	(132)
税后利润（百万元）	1 912	1 864	2 062	2 279	2 539	2 828	3 138	3 471	3 838	4 242
净利率（%）	9.7	8.5	8.5	8.6	8.7	8.8	8.8	8.9	8.9	9.0
发行在外股份数量（百万股）	2 214	2 214	2 214	2 214	2 214	2 214	2 214	2 214	2 214	2 214
EPS（元/股）	0.86	0.84	0.93	1.03	1.15	1.28	1.42	1.57	1.73	1.92

附表 7-8 宇通客车 2021～2030 年预计资产负债表

单位：百万元

项目	2021E	2022E	2023E	2024E	2025E	2026E	2027E	2028E	2029E	2030E
资产										
现金	4 000	4 000	4 000	4 000	4 000	4 000	4 000	4 000	4 000	4 000
交易性金融资产等短期投资项	913	913	913	913	913	913	913	913	913	913
应收款项净额	20 533	21 559	22 637	23 769	24 958	26 205	27 516	28 892	30 336	31 853
存货	4 003	4 569	5 027	5 530	6 083	6 782	7 461	8 208	9 029	9 933
待摊费用和其他流动资产	1 578	1 657	1 739	1 826	1 918	2 014	2 114	2 220	2 331	2 448
流动资产总额	10 953	12 342	13 566	14 913	16 395	18 133	20 844	23 836	27 139	30 782
固定资产净值	280	277	271	263	254	242	228	212	194	174
减：固定资产减值准备	(12)	(12)	(12)	(11)	(11)	(10)	(10)	(9)	(8)	(7)
固定资产净额	268	265	260	252	243	232	218	203	186	167
在建工程	8	7	7	7	7	7	8	8	8	9
固定资产清理	0.0	0.0	0.0	0.0	0.0	0.0	0.0	0.0	0.0	0.0
固定资产总额	276	272	267	259	250	239	226	211	194	175
无形资产	1 191	1 142	1 092	1 043	993	943	894	844	794	745
长期股权投资	826	826	826	826	826	826	826	826	826	826
其他长期资产	3 418	3 418	3 418	3 418	3 418	3 418	3 418	3 418	3 418	3 418
资产总额	11 323	12 706	13 923	15 260	16 731	18 455	21 150	24 126	27 410	31 032
负债和股东权益										
循环贷款	3 441	2 964	2 390	1 752	1 033	200	200	200	200	200
应付款项	5 847	6 675	7 343	8 078	8 886	9 907	10 899	11 990	13 190	14 510
预提费用	0	0	0	0	0	0	0	0	0	0
其他流动负债	516	587	647	712	784	862	949	1 043	1 148	1 263

续表

项目	2021E	2022E	2023E	2024E	2025E	2026E	2027E	2028E	2029E	2030E
流动负债	9 804	10 226	10 380	10 542	10 703	10 969	12 047	13 233	14 538	15 972
长期借款	0	0	0	0	0	0	0	0	0	0
应付债券	0	0	0	0	0	0	0	0	0	0
其他长期负债	2 854	2 854	2 854	2 854	2 854	2 854	2 854	2 854	2 854	2 854
负债总额	9 845	10 267	10 421	10 583	10 744	11 010	12 088	13 274	14 578	16 013
少数股东权益	48	77	109	145	185	229	278	332	392	458
股东权益	1 430	2 362	3 393	4 532	5 802	7 216	8 784	10 520	12 439	14 560
负债和股东权益	11 323	12 706	13 923	15 260	16 731	18 455	21 150	24 126	27 410	31 032

附表 7-9　宇通客车 2021~2030 年预计现金流量表

单位：百万元

	2021E	2022E	2023E	2024E	2025E	2026E	2027E	2028E	2029E	2030E
经营活动产生的现金流量										
税后利润	1 912	1 864	2 062	2 279	2 539	2 828	3 138	3 471	3 838	4 242
加：少数股东损益	30	29	32	36	40	44	49	54	60	66
公允价值变动	35	0	0	0	0	0	0	0	0	0
折旧和摊销	33	36	38	40	42	44	46	48	50	52
营运资金的变动										
应收账款的减少/（增加）	(10 568)	(1 027)	(1 078)	(1 132)	(1 188)	(1 248)	(1 310)	(1 376)	(1 445)	(1 517)
存货的减少/（增加）	(3 801)	(567)	(457)	(503)	(553)	(699)	(679)	(747)	(821)	(904)
待摊费用和其他流动资产	(676)	(79)	(83)	(87)	(91)	(96)	(101)	(106)	(111)	(117)
其他长期资产的减少/（增加）	0	0	0	0	0	0	0	0	0	0
固定资产减值准备的增加（减少）	(0)	(0)	(0)	(0)	(0)	(1)	(1)	(1)	(1)	(1)
应付账款的增加/（减少）	5 553	828	668	735	808	1 021	992	1 091	1 200	1 320
预提费用的增加/（减少）	0	0	0	0	0	0	0	0	0	0
其他流动负债的增加/（减少）	482	72	60	66	71	78	86	95	104	115
其他长期负债的增加/（减少）	0	0	0	0	0	0	0	0	0	0
固定资产清理	0	0	0	0	0	0	0	0	0	0
营运资金的净变动	(4 267)	(489)	(497)	(547)	(602)	(621)	(725)	(797)	(877)	(965)
合计	(2257)	1 440	1 635	1 807	2 019	2 295	2 508	2 776	3 071	3 396
投资活动的现金流量										
短期投资	0	0	0	0	0	0	0	0	0	0
长期股权投资	(20)	0	0	0	0	0	0	0	0	0
固定资产投资	(30)	(30)	(30)	(30)	(30)	(30)	(30)	(30)	(30)	(30)
合计	(50)	(30)	(30)	(30)	(30)	(30)	(30)	(30)	(30)	(30)

续表

	2021E	2022E	2023E	2024E	2025E	2026E	2027E	2028E	2029E	2030E
融资活动产生的现金流量										
股权融资	0	0	0	0	0	0	0	0	0	0
长期贷款的增加/（减少）	0	0	0	0	0	0	0	0	0	0
公司债券发行/（偿还）	0	0	0	0	0	0	0	0	0	0
股利分配	(956)	(932)	(1 031)	(1 139)	(1 270)	(1 414)	(1 569)	(1 736)	(1 919)	(2 121)
计入循环贷款前融资活动产生的现金流量	(956)	(932)	(1 031)	(1 139)	(1 270)	(1 414)	(1 569)	(1 736)	(1 919)	(2 121)
循环贷款的增加（减少）	3 210	(478)	(574)	(638)	(719)	(833)	0	0	0	0
合计	2 254	(1 410)	(1 605)	(1 777)	(1 989)	(2 247)	(1 569)	(1 736)	(1 919)	(2 121)
现金净变动	(53)	0	0	0	0	17	909	1 010	1 122	1 245
期初现金余额	6 151	4 000	4 000	4 000	4 000	4 000	4 000	4 000	4 000	4 000
期末现金余额	6 097	4 000	4 000	4 000	4 000	4 017	4 909	5 010	5 122	5 245

主要参考文献

[1] [美] 阿斯瓦斯·达莫达兰著. 估值：难点、解决方案及相关案例（第3版）[M]. 刘寅龙译. 北京：机械工业出版社，2019.

[2] [美] 大卫·弗里克曼，雅各布·托勒瑞德著. 公司估值[M]. 注册估值分析师协会译. 北京：机械工业出版社，2017.

[3] [美] 罗斯·L·瓦茨，杰罗尔德·L.齐默尔曼著. 实证会计理论（第四版）[M]. 陈少华、黄世忠、陈光、陈箭深译. 大连：东北财经大学出版社，2016.

[4] [美] W. A. 佩顿，A. C. 利特尔顿著. 公司会计准则导论[M]. 厦门大学会计系翻译组译. 北京：中国财政经济出版社，2004.

[5] 陈玉罡，刘彧，莫昕，等. 大数据与互联网公司估值[M]. 大连：东北财经大学出版社，2019.

[6] 陈玉罡，刘彧，莫昕，等. 大数据与互联网公司估值Ⅱ[M]. 大连：东北财经大学出版社，2020.

[7] 达莫达兰著. 估值：难点、解决方案及相关案例（第3版）[M]. 刘寅龙译. 北京：机械工业出版社，2019.

[8] 胡玉明. 财务报表分析[M]. 大连：东北财经大学出版社，2016.

[9] 黄世忠. 财务报表分析：理论·框架·方法与案例[M]. 北京：中国财政经济出版社，2007.

[10] 克莱德·P·斯蒂克尼，保罗·R·布朗，詹姆斯·M·瓦伦著. 财务呈报、报表分析与公司估值[M]. 朱国泓译. 北京：中国人民大学出版社，2014.

[11] 李连燕，王伟红. 国外智力资本研究综述及展望[J]. 国外社会科学，2019（6）：89-97.

[12] 克雷沙·G. 帕利普，保罗·M. 希利. 经营分析与估值（第五版）[M]. 刘媛媛译. 大连：东北财经大学出版社，2014.

[13] 王化成，支晓强，王建英. 财务报表分析（第2版）[M]. 北京：中国人民大学出版社，2018.

[14] 薛云奎，郭照蕊. 财务报表分析[M]. 北京：机械工业出版社，2019.

[15] 薛云奎. 穿透财报，发现企业的秘密[M]. 北京：机械工业出版社，2018.

[16] 张先治，陈友邦. 财务分析（第9版）[M]. 大连：东北财经大学出

版社，2019.

[17] 张新民，钱爱民. 财务报表分析（第5版）[M]. 中国人民大学出版社，2019.

[18] Alchian, A. A., Demsetz, H. Production, Information Costs, and Economic Organization [J]. The American Economic Review, 1972, 62 (5): 777-795.

[19] Ball, R., Brown, P. An Empirical Evaluation of Accounting Income Numbers [J]. Journal of Accounting Research, 1968, 6 (2): 159-178.

[20] Cahan, S. F. The Effect of Antitrust Investigationson Discretionary Accruals: A Refined Test of the Political-Cost Hypothesis [J]. The Accounting Review, 1992, 67 (1): 77-95.

[21] Coase, R. H. The Nature of the Firm [J]. Economica, 1937, 4 (16): 386-405.

[22] Deakin, E. B. An Analysis of Differences between Non-Major Oil Firms Using Successful Efforts and Full Cost Methods [J]. The Accounting Review, 1979, 54 (4): 722-734.

[23] De Fond, M. L., Jiambalvo, J. Debt Covenant Violation and Manipulation of Accruals [J]. Journal of Accounting and Economics, 1994, 17 (1): 145-176.

[24] Fama, E. F. Efficient Capital Markets: A Review of Theory and Empirical Work [J]. The Journal of Finance, 1970, 25 (2): 383-417.

[25] Fama, E. F., Jensen, M. C. Agency Problems and Residual Claims [J]. The Journal of Law and Economics, 1983, 26 (2): 327-349.

[26] Fama, E. F., Jensen, M. C. Separation of Ownership and Control [J]. The Journal of Law & Economics, 1983, 26 (2): 301-325.

[27] Feltham, G. A., Ohlson, J A. Valuation and Clean Surplus Accounting for Operating and Financial Activities [J]. Contemporary Accounting Research, 1995, 11 (2): 689-731.

[28] Franke, R. H. Fraud: Bringing Lightto the Dark Side of Business [J]. Academy of Management Perspectives, 1995, 9 (1): 93-95.

[29] Healy, P. M. The Effect of Bonus Schemes On Accounting Decisions [J]. Journal of Accounting and Economics, 1985, 7 (1): 85-107.

[30] Jensen, M. C., Meckling, W. H. Theory of the Firm: Managerial Behavior, Agency Costs and Ownership Structure [J]. Journal of Financial Economics, 1976, 3 (4): 305-360.

[31] Jones, J. J. Earnings Management During Import Relief Investigations [J]. Journal of Accounting Research, 1991, 29 (2): 193-228.

[32] Ohlson, J. A. Earnings, Book Values, and Dividends in Equity Valuation [J]. Contemporary Accounting Research, 1995, 11 (2): 661-687.

[33] Zeff, S. A. The Rise of Economic Consequences [J]. The Journal of Accountancy, 1978 (12): 56-63.

敬 告 读 者

  为了帮助广大师生和其他学习者更好地使用、理解、巩固教材的内容，本教材配课件和部分习题答案，读者可关注微信公众号"会计与财税"获取相关信息。

  如有任何疑问，请与我们联系。

QQ：16678727

邮箱：esp_bj@163.com

教师服务 QQ 群：606331294

读者交流 QQ 群：391238470

经济科学出版社
2021 年 10 月

会计与财税

教师服务 QQ 群

读者交流 QQ 群

经科在线学堂